LES ÉLÉMENTS
DU CARACTÈRE
ET LEURS LOIS DE COMBINAISON

LES ÉLÉMENTS
DU CARACTÈRE

ET LEURS LOIS DE COMBINAISON

PAR

PAULIN MALAPERT

Professeur de Philosophie au Collège Rollin
Docteur ès lettres

PARIS
ANCIENNE LIBRAIRIE GERMER BAILLIÈRE ET Cie
FÉLIX ALCAN, ÉDITEUR
108, BOULEVARD SAINT-GERMAIN, 108
—
1897
Tous droits réservés.

A LA MÉMOIRE

DE

HENRI MARION

INTRODUCTION

« L'Éthologie, écrivait St. Mill il y a plus d'un demi-siècle, est encore à créer. Mais sa création est à la fin devenue possible. » D'importantes contributions à la science du caractère ont été apportées depuis. En ces dernières années notamment, les travaux de MM. Pérez, Ribot, Paulhan, Fouillée, peuvent être considérés comme apportant plus que des matériaux pour la constitution d'une théorie solide. Toutefois, et la diversité même de ces œuvres, la différence des points de vue auxquels se placent ces auteurs, suffirait à le prouver, la question n'est pas épuisée, et il semble qu'on peut avoir encore le droit de l'aborder. En un problème si difficile, d'une si déconcertante complexité, et en même temps d'une importance psychologique, morale et sociale si vraiment capitale, il est permis d'apporter le résultat de ses observations et de ses réflexions, même si elles ne devaient servir qu'à préciser quelques points particuliers et n'avaient pas la prétention de fournir une théorie complète et nouvelle.

Une obligation toutefois s'impose à nous dès le début : celle de dire comment nous avons compris et délimité notre sujet, sur quels points nous nous sommes surtout proposé d'insister. Or la question de l'objet propre d'une science est si étroitement unie à la question de la méthode, qu'on ne peut traiter l'une sans traiter l'autre.

I. — Seul, à ma connaissance, St. Mill s'est expressément occupé de la méthode de l'Éthologie. Il y a consacré l'un des chapitres les plus curieux et aussi les plus connus de sa « Logique[1] ». Voici, très en bref, quelles sont ses conclusions. Les hommes ne sentent ni n'agissent tous de la même manière dans les mêmes circonstances ; mais il y a des causes générales qui font que, dans telles ou telles conditions, telle ou telle personne sentira ou agira d'une façon déterminée. « En d'autres termes, il n'existe pas de caractère universel dans l'humanité ; mais il y a des lois universelles de la formation du caractère. » Ces lois sont des « lois dérivées résultant des lois générales de l'esprit » ; on ne saurait donc les découvrir par l'observation et l'expérimentation ; pour les obtenir « il faudra les déduire de ces lois générales » ; la méthode doit être « entièrement déductive ». Du même coup se trouvent établies et les différences et les relations de la Psychologie et de l'Éthologie. La Psychologie est « la science des lois fondamentales de l'esprit », c'est-à-dire des uniformités de succession que présentent les phénomènes de l'esprit. L'Éthologie sera « la science ultérieure qui détermine le genre de caractère produit conformément à ces lois générales par un ensemble quelconque de circonstances physiques et morales », qu'il s'agisse d'ailleurs de la formation du caractère national ou collectif, ou bien de celle du caractère individuel.

Malgré l'autorité de Mill et de ceux qui ont accepté — un peu trop facilement peut-être — ses idées sur ce point, la

---

1. Livre VI, chap. v.

légitimité et surtout la nécessité d'une telle méthode peut être contestée. — Tout d'abord, en effet, il n'est pas absolument exact que les lois dérivées soient toujours *découvertes* par déduction. En fait, on peut dire au contraire que, dans presque tous les cas, elles sont expérimentalement établies (lois empiriques), avant d'être rattachées à des lois plus hautes dont elles apparaissent comme des cas particuliers (lois dérivées). Les lois de la chute des corps étaient connues bien avant qu'on les put déduire de la loi de la gravitation universelle. L'ordre de la recherche est ici l'inverse de l'ordre logique. Et l'on ne voit pas pourquoi les lois de l'Ethologie feraient exception à cette règle.

Mais il y a plus. Les lois générales que la Psychologie cherche à dégager sont l'expression des rapports constants de succession que soutiennent entre eux les phénomènes mentaux, considérés en général. Ces lois connues, on en pourrait sans doute déduire les effets que chacune d'elles, dans des conditions données, tend à produire, et quels phénomènes complexes doivent ordinairement résulter de l'entrecroisement d'un certain nombre de ces lois. Mais encore faut-il bien reconnaître que causes et lois, pour donner naissance à leurs effets, présupposent certaines circonstances; et parmi ces circonstances il convient de compter les aptitudes psychologiques individuelles, la nature psychique de chacun, c'est-à-dire précisément l'être humain réel et concret avec ses prédispositions originales, d'un mot avec son caractère. Comment la connaissance de cet élément essentiel pourrait-elle être dérivée de celle des lois psychologiques générales?

C'est qu'aussi bien, il est juste de remarquer la façon très particulière dont St. Mill pose et délimite le problème. Par Éthologie il entend, non pas précisément la science du Caractère ou des Caractères, mais la science « des lois de formation » du caractère en général. En dernière analyse, il s'agit pour lui de la détermination scientifique des moyens susceptibles de développer, dans les hommes pris en masse, certaines dispositions mentales. Comme il existe des lois qui régissent le développement des diverses fonctions psychiques, ce sont ces lois qui « combinées avec les circonstances de chaque cas déterminé » produisent l'ensemble des phénomènes de la conduite humaine. On ne peut pas, à coup sûr et St. Mill le reconnaît expressément, espérer connaître la totalité de ces circonstances avec une exactitude et une précision suffisantes pour qu'une prévision positive et certaine des effets produits en chaque cas particulier soit rendue possible; toutefois il suffit *pratiquement*, pour exercer une influence sur un ordre donné de phénomènes, de savoir que « certaines causes ont une *tendance* à produire un effet donné, et d'autres une *tendance* à le faire manquer ». De telle manière que la considération de l'individu disparaît. Et cela d'autant plus que ces circonstances dont parle Mill, ce sont les circonstances extérieures. C'est par leurs particularités (combinées avec les lois psychologiques générales) que doivent être expliquées les particularités caractéristiques « des différents types que la nature humaine peut présenter à travers le monde, le résidu, s'il est prouvé qu'il y en ait un, étant seul mis sur le compte des prédispositions congénitales ». — De ces prédispositions congénitales, St. Mill ne semble guère se soucier ; il doute presque de leur réalité. L'Éthologie c'est donc pour lier la Théorie Générale de l'Éducation. Encore n'en est-ce qu'une partie, à savoir la détermination des procédés généraux grâce auxquels on peut espérer diriger dans un certain sens le développement des facultés. C'est la science des *moyens* de l'Éducation et la science de l'Éducation suppose aussi une détermination de la *fin* à poursuivre. En ce sens elle relève de la Morale et de la Sociologie autant et plus que de la Psychologie. Quoi qu'il en soit, au reste, il nous semble que telle est bien la conception de St. Mill, et c'est ainsi qu'on s'explique des passages comme celui-ci : « A part l'incertitude qui règne encore sur l'étendue des différences naturelles des esprits individuels et sur les circonstances physiques dont elles peuvent dépendre (circonstances d'ordre secondaire quand on considère le genre humain dans sa moyenne ou *en masse*), je crois que les juges compétents s'accorderont à reconnaître que les lois générales des éléments constitutifs de la nature humaine sont dès maintenant assez bien comprises pour pouvoir déduire de ces lois le type particulier de caractère que produirait, *dans l'humanité en général*[1], un ensemble donné de circonstances. »

II. — Et maintenant, n'est-ce pas au moins une partie de l'Éthologie que de rechercher jusqu'où vont « les différences naturelles des individus », quelles sont ces « prédispositions congénitales » qui les caractérisent et les distinguent, quels sont les types les plus nets et les plus généraux qui résultent de leur rencontre et de leurs multiples combinaisons ? Cette étude ne ressortit pas à la Psychologie proprement dite, telle du moins que l'entendent Mill et son école. Celle-ci, en effet, préoccupée avant tout de décomposer l'esprit en ses éléments, d'isoler les phénomènes qui se succèdent dans la conscience, de découvrir les lois de leur enchaînement mutuel, était mal placée pour considérer les fonctions de la vie psychique dans leur complexité, dans leur individualité. Cependant à la Psychologie analytique et abstraite il est possible et nécessaire de joindre une Psychologie synthétique et concrète.

Cette idée, c'est Taine qui l'a le mieux et le plus fortement exprimée. A côté de la « Psychologie générale » qui a pour objet les *phénomènes mentaux en général*, il y a place

---

1. C'est moi qui souligne ce membre de phrase.

pour une « Psychologie appliquée » comme il dit, qui envisagerait *les êtres* et leurs caractères spécifiques, les individus réels, vivants, agissants, sentants et pensants. La première, par définition même, néglige tout ce qui n'est pas général ; la seconde s'intéresse avant tout à ce qui est individuel, — ou plutôt, car en ce cas elle ne serait pas une science, elle se tient à mi-chemin entre l'individuel et l'universel, s'appliquant à déterminer et à classer les formes principales que peut revêtir la nature humaine, en un mot à distinguer et à définir des *types*. Il y a des types en psychologie comme en zoologie : les fixer appartient à l'Éthologie.

Le problème ainsi posé ne nous semble comporter qu'une méthode : l'observation et la comparaison. Sans aucun doute, dans cette étude il conviendra d'avoir constamment présents à l'esprit les faits et les lois que détermine la psychologie générale, les conclusions les plus élevées auxquelles elle est arrivée, concernant la nature de l'esprit humain et de ses opérations ; mais ce seront là des principes régulateurs plutôt que des prémisses dont il s'agirait de déployer les conséquences. De même que des lois de la Physiologie générale on ne saurait déduire les formes variables sous lesquelles apparaissent les divers systèmes organiques dans les espèces animales ou végétales et les lois de corrélation de ces organes ; — de même, des lois de la Psychologie générale il nous semble impossible de tirer par déduction les différents aspects essentiels que présentent la sensibilité, l'activité, etc., chez les individus humains, non plus que leurs modes de combinaison. Il s'agit en effet ici de quelque chose de tout à fait analogue à une Morphologie et à une Taxinomie.

De tout ce qui précède se dégage une conclusion. L'Éthologie, envisagée dans toute sa généralité, comprend, ainsi que A. Comte l'a établi pour la Sociologie, deux parties : une statique et une dynamique. La première étudiera le caractère dans sa structure, si j'ose dire, dans ses organes et dans ses fonctions, dans les lois de coexistence qui relient les uns aux autres les organes et les fonctions ; la seconde l'étudiera dans ses manifestations, dans ses transformations, dans les causes qui déterminent cette évolution, dans les lois de succession qui y président. Or, la dynamique présuppose et tout à la fois complète nécessairement la statique. Cela semble évident surtout à qui estime que le caractère est essentiellement chose modifiable, perpétuellement en voie de changement. C'est pourquoi, — bien que nous nous soyons surtout placé au point de vue statique et pour ainsi dire morphologique, — il nous a paru impossible de faire totalement abstraction de l'autre face du problème. Sans doute nous ne pouvions songer à aborder dans son ensemble un sujet si vaste, si complexe, si digne aussi de tenter la plume d'un moraliste. Toute la science de l'Éducation y entrerait, avec la détermination de son but, de ses moyens, de ses méthodes, de ses résultats moraux et sociaux. Il était nécessaire d'imposer à nos investigations des limites très étroites. Nous devions étudier l'évolution du caractère à un double point de vue, et pour une double raison. Tout d'abord notre conception du caractère serait apparue singulièrement défigurée et inexacte, si nous avions laissé supposer que le caractère est fixe et immuable. L'étude morphologique des animaux à métamorphoses ne serait-elle pas irrémédiablement faussée, si l'on ne tenait nul compte de ces métamorphoses. D'autre part, en vertu même des lois de combinaison, d'action et de réaction mutuelles que nous avons à rechercher, les éléments constitutifs du caractère tendent à s'altérer réciproquement, à modifier profondément la physionomie primitive de l'individu. Les lois de composition du caractère ne prendront à nos yeux leur véritable signification que si nous avons soin d'en indiquer ces effets nouveaux et d'une capitale importance.

Ainsi se dessinaient les grandes lignes de notre étude, ainsi s'imposait à nous notre plan. Trois grands ordres de questions doivent être successivement abordés.

Tout d'abord, il s'agissait de déterminer quels sont les éléments du caractère, j'entends par là les divers modes spécifiques de chacune des fonctions de la vie mentale. La sensibilité, l'intelligence, l'activité, la volonté, envisagées, non dans leurs phénomènes mais dans leur nature individuelle, se présentent chez les hommes avec mille et mille nuances variées ; mais ces différences sont d'inégale importance, les unes sont superficielles, les autres profondes ; certaines, expriment simplement des variétés au sein d'une même espèce, d'autres ont une valeur spécifique ou générique. Dégager ces formes essentielles et les distribuer méthodiquement, tel était le premier problème.

Maintenant, ces formes définies des diverses fonctions psychiques ne se peuvent unir indifféremment et comme au hasard, et de toutes les manières logiquement possibles ; certains traits de physionomie morale vont ordinairement ensemble, certains autres répugnent en quelque sorte à se trouver associés et s'excluent normalement. De même qu'entre les formes organiques, il y a des rapports constants de coexistence ou d'exclusion, de même il doit y avoir des lois de composition des éléments du caractère. Il faudra les rechercher. C'est par là que l'Éthologie, telle que nous venons de la définir, est une science. C'est, pensons-nous, un des points essentiels d'une étude du caractère, un point aussi qui nous semble avoir été presque entièrement négligé par les auteurs qui ont traité la question.

Enfin, nous aurons à nous demander si, en vertu de la nature même de ces éléments et de leurs lois de combinaison, tout caractère n'est pas soumis à la loi du changement, quelles causes essentielles conditionnent cette évolution, enfin si elle ne dépend pas, partiellement au moins, de la réaction propre que l'individu est en possession d'exercer sur sa nature primitive et donnée.

III. — Une dernière observation. Nous ne traitons ici que de l'Éthologie individuelle, et même uniquement de l'Éthologie normale. Nous demanderons à la pathologie un très grand nombre de renseignements, mais seulement afin de nous éclairer sur ce qui a lieu dans la santé ou ce qu'on nomme ainsi. C'est là à coup sûr une limitation du sujet qui est arbitraire, mais qui ne nous paraît pas absolument illégitime. Théoriquement, l'Éthologie individuelle pour se constituer d'une manière scientifique supposerait peut-être achevées l'Éthologie des races, des peuples, des sexes, des groupes sociaux, etc. Car le caractère d'un individu donné peut être considéré comme constitué par un certain nombre de couches successives de plus en plus profondes ; sous les traits qui le diversifient, le distinguent de tous les hommes qui l'entourent, il y a des traits communs à tous les individus appartenant au même type social[1] ; plus au fond les traits du type national, puis ceux de la race, du sexe, et enfin ceux de l'humanité et de l'animalité même. L'Anthropologie générale doit évidemment creuser de plus en plus dans chacune de ces directions, et c'est de l'ensemble de toutes ces découvertes partielles que pourra un jour sortir une théorie complète de l'homme. Mais il n'est pas possible d'oublier que la loi de la division du travail nous oblige à n'explorer que successivement et chacun pour soi ces multiples cantons de la science. Nous avons donc laissé de côté, dans la limite du possible, toutes ces considérations de sexe, de race, etc. ; nous avons aussi écarté la question de savoir si le caractère de l'enfant n'est pas autre chose que celui de l'adulte. Nous

---

1. Voir les intéressantes observations de M. Tarde sur les « types professionnels » ; — *La Criminalité comparée*, p. 51 et suiv.

ne parlons que de l'adulte civilisé, indépendamment de sa nationalité, de sa profession ; et nous cherchons à déterminer en quoi consiste son caractère, et quels divers types on peut rencontrer, à cet égard, dans l'infinie multiplicité des individus donnés. Le problème, même ainsi restreint, nous a paru suffisamment délicat et complexe.

Enfin nous n'avons pas voulu proposer une théorie *explicative* : l'état actuel de la science ne nous semble guère en comporter de définitive. Avant qu'une interprétation rigoureuse des faits soit devenue possible, il faudra accumuler encore une masse considérable d'observations. Nous voudrions seulement en apporter quelques-unes.

En résumé, le caractère d'un homme, tel qu'il se manifeste à nous, c'est-à-dire sa physionomie psychique propre, ce qu'on pourrait nommer son « idiosyncrasie morale », est constitué par un certain nombre de traits essentiels, d'éléments fondamentaux, c'est à savoir l'aspect particulier que présentent chez lui les diverses fonctions psychiques : sa sensibilité, son intelligence, son activité ; et chacune de ces fonctions peut revêtir un nombre défini de formes spécifiques assez nettement définies. — Ces éléments sont combinés entre eux suivant certaines relations constantes, qui donnent ainsi naissance à une pluralité de genres, d'espèces, de variétés, en un mot de types ; quelques-unes de ces lois de composition, quelques-uns de ces types peuvent être dégagés. — En dernier lieu, le caractère qui, en un certain sens, est inné, est néanmoins soumis à une évolution individuelle et la volonté peut être un des agents les plus importants de cette transformation. Voilà ce qu'on voudrait faire voir ici, et là pourrait être, dans la mesure où l'on y aurait réussi, l'intérêt de ce travail.

LES ÉLÉMENTS DU CARACTÈRE
ET LEURS LOIS DE COMBINAISON

PREMIÈRE PARTIE.
LES ÉLÉMENTS DU CARACTÈRE.

CHAPITRE PREMIER.

LE TEMPÉRAMENT PHYSIQUE. — LE TEMPÉRAMENT ET LES TEMPÉRAMENTS. — RAPPORTS DU TEMPÉRAMENT ET DU CARACTÈRE.

« L'homme, a-t-on écrit, est tout entier dans les langes de son berceau. » Parole décourageante et méconnaissance singulière de l'action que peuvent exercer sur les hommes, bien qu'à des degrés divers, ces deux forces très puissantes : l'éducation et la volonté. Mais vérité partielle, incontestable toutefois, car les hommes ne naissent pas également aptes à toutes choses, ou également indéterminés. Tout germe contient en soi une capacité de développement en un sens donné et dans des limites données. Cela est manifestement vrai tout d'abord au point de vue physique ou physiologique. Tout animal possède non seulement les organes et les formes organiques propres à l'espèce, mais il les possède d'une façon qui lui est propre. A ne le considérer que dans sa forme extérieure, il a une certaine couleur des pigments, une certaine taille, un certain poids, une prédisposition à la maigreur ou à l'embonpoint, une physionomie. A aller plus au fond, à voir le jeu des organes, il a une puissance variable de vitalité, avec prédominance de tel ou tel système organique : d'un mot, il a un tempérament qui lui vient de la race, du sexe, de l'hérédité, du milieu, de mille causes entrecroisées, aussi réelles que mystérieuses.

Or, les relations unissant la vie mentale à la vie organique sont si étroites que, de tout temps, on a remarqué que la physionomie morale des individus semble correspondre à leur physionomie physique, qu' « à toute empreinte morale tranchée correspond une empreinte physique tranchée ». Dès la plus haute antiquité les philosophes et surtout les médecins se sont efforcés de distinguer et de classer divers tempéraments, puis de rattacher aux particularités qu'ils leur attribuaient les traits essentiels des grandes classes de caractères que l'observation psychologique permettait de noter. Enfin, on a voulu voir dans le tempérament la base et la cause du caractère, « le caractère moral n'étant que la physionomie du tempérament physique », son expression consciente, sa face subjective. De telle sorte qu'il faudrait partir de l'étude du tempérament pour arriver à la détermination du caractère. Et parmi les physiologistes, ceux-là mêmes qui n'accordent guère de valeur à l'antique théorie des tempéraments, en concluent qu'on ne peut rien savoir du caractère. « Les particularités attribuées aux divers tempéraments que l'on a tenté de distinguer, écrit par exemple M. Ch. Féré, ne se sont jamais présentées sous forme de groupes assez naturels pour être unanimement acceptés par les physiciens. On ne peut donc pas s'attendre à trouver de meilleures classifications des caractères. »

Essayons donc de préciser cette notion de tempérament qui, après avoir été presque entièrement abandonnée, semble reprendre aujourd'hui quelque crédit ; et demandons-nous ce que la théorie des tempéraments pourrait apporter de renseignements à celle des caractères.

I. — Un premier fait curieux à noter, c'est qu'en somme, depuis Hippocrate jusqu'à Kant, Wundt et M. Fouillée, on s'accorde à compter 4 tempéraments principaux. Quelques auteurs sans doute ont ajouté un 5°, voire un 6° tempérament simple ; on a compté des tempéraments partiels ou mixtes en nombre variable ; on a changé les noms ; mais on en revient toujours à cette tétralogie : sanguin, nerveux, bilieux, lymphatique. Ces quatre types sont trop connus pour que nous nous attardions à en rappeler la description. Ce qui nous importe ici, c'est de rechercher à quoi on les rapporte, par quels caractères physiologiques on les explique.

Ici les divergences les plus singulières vont s'accuser. Et sans faire une revue historique de toutes les théories du Tempérament qui ont été proposées[1], il est important de montrer brièvement combien les points de vue ont dû se modifier.

Hippocrate rattachait sa classification des tempéraments à sa théorie des quatre humeurs : sang, atrabile, bile, pituite, et à leur prédominance dans l'organisme. Galien qui accepte les quatre tempéraments d'Hippocrate les explique par les qualités suivantes : chaud et froid, sec et humide. Mais il fallut bien se débarrasser de ces puériles hypothèses dès que la physiologie tendit à devenir scientifique. Stahl, à cet égard, mérite une place à part : il montre qu'à la considération des humeurs il faut joindre, en lui accordant une

---

1. Sur ce point, voir, entre autres : H. Royer-Collard, Article dans le *Bulletin de l'Académie des sciences*, 1842 ; — Article Tempérament du *Dict. de méd. et de chirurgie* de Jaccoud ; — Letourneau, *Physiol. des Passions* ; — George, *Lehrbuch der Psychologie*, etc.

importance plus considérable, celle de la texture des solides; c'est lui qui porte les premiers coups victorieux aux hypothèses humoristes et prépare l'avènement des solidistes. Haller précise les idées de Stahl, insiste sur le rôle que joue la solidité variable des tissus et surtout montre qu'il faut tenir compte de leur dose plus ou moins forte d'irritabilité propre.

Dès lors une double tendance va se manifester. Tantôt on s'attachera surtout à la considération du développement de certains organes ou systèmes d'organes ; tantôt on fera dépendre le tempérament de la nature propre des centres nerveux. Hallé et Thomas, par exemple, voient partout des prédominances organiques bien localisées; ce dernier compte des crâniens, des thoraciques, des abdominaux. Cabanis, sans aller aussi loin, — et tout en faisant entrer en ligne de compte la structure du système nerveux, — insiste particulièrement sur le développement relatif des organes qui envoient leurs impressions au système nerveux : poumon, foie, système musculaire. D'un autre côté, Zimmermann avait remarqué que le système nerveux est l'organe capital, celui dont l'activité particulière caractérise le tempérament ; il définissait donc le tempérament : « cette constitution du cerveau et des nerfs suivant laquelle l'homme sent, pense et agit ; en tant qu'abandonné à ce ressort corporel, il pense et agit comme il sent [1]. » Dans cette voie entrent Bordeu, Pinel et surtout les Phrénologues. Ces derniers, au milieu

---

1. Zimmermann, *Von der Erfahrung in Arzneikunst*, 1797. — Zimmermann en arrive à placer dans la sensibilité de l'odorat la caractéristique du tempérament, ce qui ne l'empêche pas d'ailleurs de compter quatre tempéraments : sanguin, nerveux, bilieux et lymphatique, plus un certain nombre de tempéraments mixtes.

d'une foule d'exagérations et d'hypothèses téméraires sur les localisations cérébrales et crâniennes, ont du moins contribué singulièrement à mettre en lumière cette vérité que le système nerveux est le grand régulateur des activités vitales et qu'il faut lui accorder un rôle prépondérant.

Sans doute nos connaissances actuelles en anatomie et surtout en physiologie cérébrales sont absolument insuffisantes à nous renseigner sur les particularités qui conditionnent telles ou telles aptitudes mentales. Sans doute un grand nombre de névropathies, parmi celles qui provoquent les modifications les plus profondes du caractère, sont sans localisations, et nous ignorons complètement les altérations d'où elles dépendent. Et pourtant toute la pathologie mentale tend à démontrer de plus en plus victorieusement que c'est à la désorganisation, à la dégénérescence des éléments nerveux qu'on doit rapporter ces troubles profonds. Aussi est-ce de l'activité propre du système nerveux qu'on fera dériver les traits fondamentaux de notre physionomie physique et morale.

C'est ainsi que Henle est conduit à sa théorie du ton nerveux. Le système nerveux (centres sensitifs et centres moteurs) a une tonicité propre, variable avec les individus, c'est-à-dire une aptitude particulière à être ébranlé et à réagir avec plus ou moins d'intensité[1]. Et Wundt[2], reprenant la théorie de Henle sur la tonicité des nerfs, a essayé de montrer que ces différences se devaient ramener à des différences, d'une part dans l'*énergie*, d'autre part dans la *rapidité de succession* des vibrations nerveuses ; et il aboutit ainsi à la

---

1. Henle, *Anthropologische Vorträge*.
2. Wundt, *Éléments de Psychol. physiologique*.

classification suivante : Tempéraments Forts, et Faibles ; Tempéraments Prompts, et Lents. [Tempérament Fort et Prompt : colérique ; — Fort et Lent : mélancolique ; — Faible et Prompt : sanguin ; — Faible et Lent : flegmatique.]

Seulement n'est-ce pas là restreindre singulièrement le sens et la portée du mot tempérament ? Pourquoi Wundt ne tient-il pas compte de l'opposition entre le sentir et l'agir, de la relation avec le sentiment ou l'action, comme faisait Kant ? Pourquoi ne distingue-t-il pas entre les centres sensitifs et les centres moteurs ? La tonicité des uns et celle des autres sont-elles donc nécessairement corrélatives ? Cela ne semble guère exact. — Mais surtout, est-il possible de ne considérer, dans une théorie du tempérament, que le système nerveux ? Sans doute, en lui retentit le mouvement de la vie totale, dont il est en un sens le régulateur ; mais on ne peut le regarder comme vivant d'une vie indépendante, on ne peut faire abstraction de cette « vie totale », de cette sorte d'atmosphère vivante et vibrante au sein de laquelle il plonge, d'où il reçoit non seulement ses ébranlements, mais sa vitalité propre. C'est à l'activité de la circulation, à la qualité du sang, à l'activité générale de l'organisme qu'il doit, en partie du moins, sa tonicité, l'énergie et la rapidité de ses vibrations. Et dès lors, à s'en tenir à la théorie de Wundt, le tempérament ne sera rien autre chose que la sensibilité morale, l'aptitude variable à être ému[1]. De telle sorte qu'on

---

1. Cf. Wundt, *Éléments de Psych. physiol.* (trad. fr., II, p 390-391). « Nous indiquerons les dispositions individuelles et particulières de l'âme, à la naissance des émotions ou passions. Ces dispositions ce sont les tempéraments. Ce qu'est l'excitabilité par rapport à la sensation sensorielle, le tempérament l'est par rapport à l'émotion et à l'instinct. » — « La répartition des tempéraments en quatre classes se justifie, puisque, dans la conduite individuelle des émotions et des désirs, nous pouvons distinguer deux sortes d'op-

est conduit à élargir le sens du mot et à tenir compte de facteurs différents. Sans aller, comme M. Mario Pilo (*Nuovi Studii sul Carattere,* Milan, 1892), jusqu'à faire dépendre le Tempérament de la composition et de la chaleur du sang, il faut manifestement le rattacher à la qualité, à l'énergie, à la direction du « ressort vital », à ce qu'on pourrait appeler « le ton de la vitalité générale ».

M. Fouillée s'est tout récemment efforcé de préciser en ce sens la théorie du Tempérament et de lui trouver un principe biologique vraiment fondamental et vraiment explicatif. Ce principe il le faut chercher dans les doctrines les plus nouvelles sur l'activité intime et primitive de la matière vivante, du protoplasma. La vie consiste essentiellement en un double mouvement de restauration et d'usure, d'assimilation et de désassimilation ; elle est, pour reprendre et compléter le mot célèbre de Bichat, l'équilibre entre les fonctions qui président à la mort et les fonctions qui résistent à la mort ; elle est la combinaison, ou mieux la pondération de deux séries de processus, les uns constructifs ou anaboliques, les autres destructifs ou cataboliques. « C'est, selon nous, écrit M. Fouillée, le mode et la proportion des changements constructifs et destructifs dans le fonctionnement de l'organisme qui produit le tempérament. Le tempérament est comme une destinée interne qui impose une orientation déterminée aux fonctions d'un être vivant et il doit se formuler en termes de la constitution chimique prédominante selon qu'elle donne la prépondérance à l'épargne ou à la dépense. » — Il y a donc deux grandes classes de tempéraments :

---

positions ou de contraires : une première opposition qui a trait à l'énergie et une seconde à la rapidité de la succession des mouvements de l'âme. »

les uns en prédominance d'intégration ou tempéraments d'épargne, les autres en prédominance de désintégration ou tempéraments de dépense. Enfin, chacune de ces classes se subdivise elle-même en deux groupes si l'on considère dans tout l'organisme et particulièrement dans le système nerveux, ce « balancier réglant les mouvements de l'horloge », la rapidité ou la lenteur, l'énergie ou la mollesse de ce double processus d'assimilation et de désassimilation. Seulement, tandis que dans les tempéraments d'épargne l'intensité va avec la lenteur, le peu d'intensité avec la rapidité, — dans les tempéraments de dépense c'est le contraire qui a lieu.

Cette théorie, très ingénieusement présentée, ne soulève-t-elle pas des difficultés nombreuses ? — Et d'abord, pourquoi la rapidité et l'intensité ne s'accompagnent-elles que dans les processus destructifs et non pas dans les processus constructifs ? On en cherche en vain la raison. — Puis comment se fait-il que les processus de désintégration et de réintégration ne s'accomplissent pas dans le système nerveux suivant les mêmes rapports que dans l'organisme en général ? Et quel est le caractère dominateur ? « Le rapport mutuel de l'entretien et de la dépense dans l'organisme en général suffit, dit M. Fouillée, à fournir les deux grands types fondamentaux. » — Mais il écrit bientôt après : « Les changements nutritifs qui président à la reconstitution moléculaire sont sous l'empire du système nerveux, qui dirige ainsi tous les actes de l'organisme, destructifs ou réparateurs. » — Dès lors comment comprendre que dans un tempérament en prédominance générale de désintégration, il y ait dans le système nerveux réparation égale et parallèle à l'usure ? — Enfin et surtout, un organisme peut-il être considéré comme réalisant en lui-même d'une façon prépondérante soit les opérations constructives, soit les opérations destructives ? Un individu peut-il être « en prépondérance constante d'intégration », ou de désintégration ? Que deviendrait un être vivant qui généralement acquerrait plus qu'il ne dépenserait, et surtout que deviendrait celui dépenserait toujours plus qu'il n'acquerrait ? Comment comprendre que dans certains cas la prédominance relative de la désintégration, de l'usure, se traduise par l'empâtement du corps, l'engorgement, la mollesse des tissus ; — tandis que, dans certains cas, la prédominance de l'intégration se manifeste par la maigreur, la sécheresse du corps ?

Ce qui semble beaucoup plus acceptable, c'est que ce double mouvement, quoique proportionné, s'opère avec une intensité variable ; que, chez certains, la dépense et la restauration sont puissantes, chez d'autres languissantes. En un mot nous en sommes réduits à la considération très générale, et du même coup très vague, de l'énergie variable de l'activité vitale. Il y a des gens chez qui la vie est pleine, puissante et réglée ; chez d'autres elle est faible, molle, moins harmonieuse aussi. — Veut-on préciser ? Il faut faire entrer en ligne de compte les modifications profondes qui résultent pour l'équilibre de la vie générale du développement exagéré de tel ou tel système organique. Et certes il y aurait de curieuses pages à écrire sur les rapports existant entre certains troubles fonctionnels et la vitalité générale et même l'humeur. Qui ne connaît les effets remarquables à cet égard, des maladies d'estomac, du diabète, des affections cardiaques, etc. Mais quelles obscurités subsistent encore ! Et si l'on peut arriver à quelques résultats lorsqu'il s'agit de cas pathologiques, que sait-on sur « le résultat général pour l'organisme de la prédominance d'action d'un organe ou d'un système », à l'état normal ? Au surplus, à quels systèmes organiques se borner ? Quel rôle faire jouer au système nerveux en particulier ? et à telle ou telle de ses parties ?

Ainsi l'antique notion de tempérament reste d'une extraordinaire indécision. A mesure qu'on la veut préciser, on la voit fuir et s'effacer de plus en plus. Les définitions qu'on en donne sont aussi peu cohérentes que possible. Le tempérament est-il « le centre de gravité de toutes les activités organiques et fonctionnelles ? » (*Dictionnaire de médecine et de chirurgie* de Jaccoud), ou bien « le résultat général pour l'organisme de la prédominance d'action d'un organe ou d'un système ? » (*Dictionnaire de médecine* de Robin et Littré), ou bien « l'énergie du ressort vital ? » (Letourneau) ou bien « l'énergie du ton nerveux ? » A quelles particularités physiologiques ou anatomiques rattacher les divers tempéraments ? Même incertitude, ou plutôt incertitude plus grande encore. Sang, système nerveux, rapports du sang et du système nerveux, mouvements anaboliques et cataboliques, voilà qui n'est pas infiniment mieux défini et plus rigoureusement établi que les humeurs d'Hippocrate. — Au point de vue physiologique le mot de Tempérament ne signifie rien de précis, c'est un mot vague sous lequel nous cachons notre ignorance des choses, et comme dit Maudsley « un symbole représentant des quantités inconnues. »

II. — Si cela est, quelles lumières pourrait apporter à la théorie et à la classification des caractères, celle des Tempéraments ? — Et pourtant une objection se présente immédiatement à l'esprit. Comment, si la théorie des tempéraments ne reposait pas sur une base sérieuse, expliquer qu'en dernière analyse on s'accorde à peu près sur le nombre et les caractères essentiels des tempéraments-types ? La réponse nous paraît bien simple. Toutes les classifications des Tempéraments sont à base psychologique. Qu'on relise toutes les descriptions qui en ont été tant de fois données, d'Hippocrate à Cabanis, de Kant à M. Fouillée, on s'apercevra bien vite que toutes les indications essentielles en sont prises de la vie psychologique. Par caractère, on entend à peu près la même chose que l'humeur et on divise les hommes en quatre grands groupes d'après leur humeur générale : il y a des gens gais, enjoués, d'autres tristes, renfermés, d'autres violents, colères, irritables, d'autres enfin indifférents, indolents ; voilà les quatre tempéraments. Et alors, après coup, on rattache plus ou moins artificiellement ou arbitrairement ces traits psychologiques à des particularités physiologiques indéterminées et indéterminables, pour lesquelles on propose des théories explicatives aussi diverses qu'indémontrées. L'accord final n'est plus bien merveilleux, et ne constitue pas une preuve en faveur de la théorie du tempérament. Il n'en faut pas conclure que la classification des caractères doit reposer sur celle des tempéraments, puisque, au contraire, *on ne définit les tempéraments qu'en termes psychologiques.*

Certains auteurs l'ont bien vu et n'hésitent pas à le reconnaître expressément ou implicitement.

Müller qui accepte et estime « excellente » cette classification en sanguin, mélancolique, flegmatique et bilieux, déclare expressément qu'on n'y doit voir qu'une division « psychologique » et « non physiologique », une classification des divers « types d'humeur », qu'elle exprime simplement la façon dont se manifeste chez les différents hommes la faculté du plaisir et de la douleur[1]. — Kant et Wundt, de leur côté, ne se font pas d'illusion à cet égard. Kant ne veut parler que du « tempérament de l'âme », psychologiquement considéré, et les expressions qu'il emploie (Leichtblütig, Schwerblütig, etc.) « prises de la qualité du sang, n'ont qu'un sens déterminé d'après l'analogie du jeu des sentiments et des désirs avec des causes motrices corporelles » qu'on ignore complètement. « On ne veut pas avant tout savoir quelle est la composition chimique du sang, pour ensuite dénommer d'une manière convenable la propriété d'un certain tempérament ; mais il s'agit de savoir quels sentiments et quelles inclinations s'observent dans l'homme, afin de pouvoir l'appeler convenablement du nom d'une classe particulière. » (*Anthropologie*, 2e partie, A, § II.). De même, nous l'avons montré, Wundt entend par tempérament la disposition de l'âme à l'égard des émotions. Les termes physiologiques sont ici des symboles, non des explications. C'est pourquoi, enfin, tout récemment, M. Nicolas Seeland (*Congrès international d'Anthropologie*, 1892, vol. II) a cherché la base du tempérament dans l'humeur générale.

Maintenant si nous examinons les théories des auteurs d'après lesquels il convient tout au contraire de partir de la détermination du tempérament pour arriver à celle de l'humeur et du caractère, il nous faudra aboutir à la même conclusion. Pour simplifier, bornons-nous à étudier la doctrine de M. Fouillée, qui est en somme la tentative la plus récente et la plus ingénieuse pour fonder sur une base physiologique une classification naturelle des « tempéraments

---

1. Müller, *Manuel de Physiologie*, trad. fr. II, p. 556.

moraux » et des caractères. — Laissons-même de côté cette objection — capitale en somme — que M. Fouillée lui-même, quand il propose sa classification des *caractères,* ne la fait plus reposer sur celle des Tempéraments physiques et moraux qu'il a d'abord esquissée. Le *caractère,* nous dit-on en effet, consiste dans « la réaction de l'intelligence et de la volonté sur le naturel ». Ce qu'il fallait donc, c'était montrer comment cette réaction personnelle peut agir, pour les transformer, sur chacune des formes typiques de tempérament. On ne le fait pas, ce qui semble bien autoriser quelques doutes sur la légitimité de l'entreprise. — Demandons-nous simplement comment on peut rattacher certains traits psychologiques définis à chacun des genres qu'on a biologiquement distingués. Nous avons vu qu'il y a deux grandes classes de Tempéraments : les uns, d'épargne, les autres, de dépense. On nous apprend alors que les individus chez qui dominent les processus constructifs ou d'intégration sont des *sensitifs,* ceux chez qui dominent les processus destructifs ou de désintégration sont des *actifs.* Et pourquoi ? Parce que « la volition et l'action musculaire sont manifestement une *dépense* d'énergie », et que « sentir c'est *recevoir* une impression ». N'est-ce pas par une sorte de symbolisme pythagoricien, on serait presque tenté de dire par une simple analogie verbale, qu'on en arrive à établir un tel rapprochement ? Ne serait-il pas plus juste de renverser les termes et de dire que les actifs ce sont ceux chez qui une intégration très énergique permet et provoque une dépense plus considérable d'énergie motrice ? La sensation n'est-elle pas une dépense aussi, et une émotion violente ne provoque-t-elle pas un épuisement nerveux plus profond que des mouvements musculaires ? Tous les travaux des neuropathologues ne conduisent-ils pas à cette conclusion que les névroses avec exagération de la sensibilité, de l'émotivité, tiennent à un défaut de nutrition des cellules ? — Ajoutons d'ailleurs qu'il ne s'agit nullement de prendre le contre-pied des affirmations de M. Fouillée, ce qui serait tout aussi faux. Ce qu'il faut simplement retenir c'est qu'ici encore et malgré tout, le vrai point de départ c'est la description psychologique qu'on s'efforce ensuite et bien artificiellement de rattacher à des hypothèses biologiques fort contestables.

III. — Qu'on ne se méprenne point du reste sur le sens de ces conclusions. Il ne peut être dans notre pensée de nier les rapports singulièrement étroits et vraisemblablement très constants qui existent entre l'activité biologique et l'activité psychologique. Tout ce qui se passe dans l'organisme retentit dans la conscience ; les crises physiologiques, les maladies modifient profondément notre sensibilité, notre activité, notre intelligence même ; le ton vital, l'état de nos viscères, le mouvement régulier ou irrégulier des organes, la structure et le mode particulier de fonctionnement du système nerveux en particulier, font en partie notre « nature psychique », du moins notre HUMEUR. Mais l'humeur elle-même n'est pas sous la dépendance exclusive du tempérament ; il y a des nerveux gais et des nerveux tristes. Une foule de psychoses qui transforment l'humeur peuvent se développer sur n'importe quel tempérament, comme l'hystérie par exemple.

Nous sommes tout disposés à admettre que tout fait psychique suppose des conditions physiologiques, que chacun des modes de sensibilité, d'intelligence, d'activité que l'on peut distinguer chez les différents individus a sa base physique dans l'état du système nerveux. Ce que nous refusons d'admettre c'est qu'on doive partir de la considération de l'organisme, et demander à la théorie du tempérament des lumières qu'elle est actuellement dans l'impuissance absolue de nous fournir. Les aliénistes sont bien plus vraiment psychologues que certains psychologues. Sur quoi fondent-ils leurs classifications ? Et pour prendre un exemple, comment arrive-t-on à une détermination nosographique de l'hystérie ? A coup sûr elle a ses conditions organiques définies ; mais on les ignore. On la considérera donc comme une maladie « sans lésion et sans localisation »; on la définira « un mode particulier de sentir et de réagir », « une manière de fonctionner du cerveau »; on la caractérisera par des « symptômes moraux », on l'étudiera dans ses « stigmates et accidents mentaux ». (Briquet, Charcot, Legrand du Saulle, P. Janet, etc.) C'est cette sagesse, cette méthode vraiment scientifiques qu'il faut apporter dans l'étude du caractère et de ses rapports avec le tempérament. Il ne faut pas s'obstiner à prendre pour point de départ l'obscur et l'inconnu : la question est assez compliquée sans cela.

C'est de l'observation psychologique qu'il faut partir ; il faut constater quelles sont, en fait, les diverses façons de penser, de sentir, d'agir, qui caractérisent les hommes. Ce qui importe, c'est beaucoup moins le tempérament du corps que ce que Kant appelait le tempérament de l'âme, c'est-à-dire, en donnant au mot un sens plus large que ne faisait Kant, la constitution psychique individuelle.

CHAPITRE II.

LE TEMPÉRAMENT DE L'AME.

Le tempérament physique est la base inconnue de la personnalité psychologique. Le jeu plus ou moins actif et puissant, plus ou moins régulier et harmonique des diverses fonctions vitales donne naissance à la cénesthésie, à ce qu'on a nommé la sensibilité organique, le sens vital, et se traduit dans la conscience sous forme d'humeur. Mais si l'humeur est bien quelque chose du caractère, elle ne le constitue pas tout entier. Au-dessus de ce tempérament physique, on trouve un ensemble de dispositions proprement psychologiques qui sont autre chose et plus que l'envers conscient du premier. C'est le naturel. Et cela encore est quelque chose de donné ou d'inné : c'est la vraie base psychologique du caractère. Le naturel offre à la volonté la matière avec laquelle celle-ci pourra former le caractère moral, et en même temps il lui impose des limites dont elle ne pourra pas s'affranchir. Beaucoup d'hommes d'ailleurs, chez qui la volonté s'abandonne, n'ont jamais qu'un tempérament psychologique. C'est donc de sa détermination qu'il faut partir.

« Un enfant vient de naître : rien de plus obscur, assurément, que son avenir moral ; qui pourrait prédire ce qu'il deviendra ? Nul, cependant, ne s'imagine que cet enfant puisse tout devenir indifféremment, j'entends avec une égale facilité... Il s'en faut qu'il soit table rase... Il apporte en germe, outre les facultés essentielles de l'esprit humain et les puissances fondamentales communes à toute l'espèce, une complexion intellectuelle et morale particulière, qui fera son individualité » (Marion, *Solidarité morale*, 1re partie, ch. 1). Sans doute l'éducation aura prise sur ces divers pouvoirs psychiques et sur leur ensemble; cette variabilité, cette malléabilité sont certaines et leurs limites sont assez souples et assez reculables. Mais si large qu'on soit disposé à faire la part de cette action du milieu, du temps, de l'expérience, encore faut-il se tenir en garde contre une exagération dangereuse qui conduirait à ne tenir aucun compte, dans l'éducation même, de la nature individuelle, des aptitudes innées. Ce serait un retour à la vieille conception du xviiie siècle d'après laquelle on pourrait à volonté créer des génies, des héros ou des saints. Tout ne vient pas de l'expérience, de l'action du milieu physique ou social. L'enfant n'est pas un être amorphe au moral plus qu'au physique : l'hérédité joue dans l'un et l'autre cas un rôle dont on ne saurait, sans s'exposer à de graves mécomptes, méconnaître la souveraine importance.

Il faudrait n'avoir jamais vu d'enfants pour ignorer les profondes différences qui, dès les premières années, dès les premiers mois de leur existence, les différencient au point de vue moral. A coup sûr il y a un *caractère enfant*, comme il y a une *physionomie enfant*. Deux enfants, pris au hasard, se ressembleront plus, vraisemblablement, que deux adultes. Certains traits leurs sont communs, parce qu'ils représentent probablement le caractère de l'humanité primitive; ce qui apparaît le plus manifestement c'est le fond générique sur lequel sont venues se greffer peu à peu toutes les différences ethniques, puis individuelles. Mais que de traits distinctifs encore, pour un œil attentif, et que de variétés irréductibles au sein de cette apparente uniformité !

Un enfant se distingue d'un autre par l'acuité de sa sensibilité, par son impressionnabilité aux agents extérieurs : le chaud et le froid l'affectent plus ou moins vivement ; il est plus ou moins sensible au bruit, à la lumière, aux contacts. Il est douillet et pleureur ou gai et résistant à la douleur. Dès la première période de la vie, alors qu'en pleurant l'enfant ne fait que crier, des différences s'accusent déjà. L'époque à laquelle apparaissent les larmes est variable. La façon de sangloter de l'un n'est pas celle de l'autre. « Chez les enfants peu pleurnicheurs, remarque Sikorski[1], les sanglots sont en général de courte durée et cessent bientôt après qu'ils ont cessé de pleurer... Chez des enfants pleurnicheurs les sanglots sont, par contre, très opiniâtres »; ils vont jusqu'à la suffocation. — De très bonne heure aussi, dès la première année, des différences se présentent en ce qui concerne le moment, l'ordre et le mode d'apparition de certains sentiments et de certaines émotions : la peur, l'irritabilité, la colère, la timidité, la pudeur. Qu'on relise les observations de Taine, Darwin, Preyer, J. Sully, B. Pérez, etc.; on sera surpris de divergences parfois singulières; on sera tenté de croire à des erreurs d'observation et d'interprétation, fort concevables et fort excusables au demeurant en si délicate matière. J'incline beaucoup plus volontiers à penser qu'il faut les expliquer par la différence de nature des enfants observés. — J'ai connu un enfant qui avait une dent

---

[1]. Remarques sur le Développement psychol. de l'Enfant, *Revue Philos.*, XIX, p. 247.

en venant au monde ; j'en ai connu un autre qui a eu sa première dent à 14 mois : — je ne vois pas là de contradiction.
— La sensibilité morale n'est pas plus uniforme que la sensibilité physique : un enfant est câlin, caressant, doux, affectueux, tendre ; un autre n'aime ni donner ni recevoir des baisers, il est brusque, bourru, semble avoir le cœur assez sec et être prédisposé à l'égoïsme.

Que l'on considère l'intelligence ; dès les premières semaines, tout au moins vers le 3º ou le 4º mois, vous remarquerez que l'enfant a l'air plus « éveillé », plus « rusé », ou plus « endormi », plus « bêta » ; il est plus ou moins précoce pour imiter les gestes, pour reconnaître les personnes ou les objets, pour comprendre ou pour parler. Attendez deux ou trois ans : la mémoire est diverse d'un enfant à l'autre et quant à sa puissance virtuelle et quant à ses qualités de facilité, de ténacité, de promptitude, et quant à ses objets de prédilection ; l'imagination n'est pas la même non plus, non seulement en ce sens que sa vivacité est variable mais en ce sens aussi qu'elle n'est pas de même nature et de même tournure ; « certains enfants se montrent de bonne heure attentifs, réfléchis, du moins disposés à le devenir ; d'autres, d'une étourderie presque maladive, sont incapables de fixer même un seul instant leur pensée ; » la justesse, la netteté du jugement, la capacité de raisonner y sont aussi fort inégales. De même que nous naissons avec des sens plus ou moins délicats, avec des dispositions à la myopie, de même il y a une sorte de myopie intellectuelle qui est congénitale et héréditaire au même titre que l'autre. Et ce n'est pas ici seulement une différence de degrés, c'est aussi une différence de nature ; la limite du développement intellectuel est diversement reculable selon les races et selon les individus ; et de plus il y a des aptitudes primitives avec lesquelles il faut savoir compter.

Au sujet de l'activité, mêmes remarques à faire. L'excitabilité réflexe elle-même n'est pas également vive ; à plus forte raison, la motilité spontanée, le besoin de se mouvoir, de s'agiter, ou au contraire la tendance au repos, à l'inertie, la résistance à la fatigue, la vivacité et la lenteur des mouvements. Il n'est pas jusqu'à la volonté qui ne laisse apercevoir des divergences remarquables, car elle trouve des conditions de développement plus ou moins favorables, un terrain plus ou moins propice, bien qu'elle ne se manifeste peut-être encore que sous forme de docilité un peu passive ou de violence irréfléchie, de résistance ou d'entêtement un peu aveugles, d'opiniâtreté ou d'inconstance assez peu raisonnables.

Enfin, outre que chacune des fonctions psychiques diffère ainsi en quantité et en qualité à la fois, la proportion est variable selon laquelle elles s'équilibrent, s'organisent, se tempèrent. Et si la folie, l'épilepsie, la tendance au crime ou au suicide sont héréditaires, quoi d'étonnant à ce que le soient aussi l'harmonie et la santé morales ?

C'est cet ensemble de fonctions psychologiques primitives et primitivement définies, qui constitue le caractère inné, ce que Leibnitz et Kant nommaient le « tempérament moral », le « tempérament de l'âme ». C'est là le point de départ de toute l'évolution future de l'être : pour certains ce sera le tout du caractère, pour tous c'en est la base. Voilà ce que l'éducateur se doit proposer avant tout de discerner en chaque enfant, pour savoir en quel sens et par quels procédés il convient d'agir sur lui. Car on ne transforme une matière que si l'on sait bien quelle en est la nature, la résistance, l'élasticité, la plasticité. Voilà aussi ce que doit envisager tout d'abord le psychologue qui se propose de déterminer les diverses formes de caractères.

II. — Est-ce à dire que nous devions nous borner à l'étude de l'enfant, dans cette recherche? Non à coup sûr; et pour plusieurs raisons. — En premier lieu, si l'on voulait parler à la rigueur, c'est de l'enfant au moment même de la naissance qu'il faudrait s'occuper; c'est-à-dire alors que tous ces traits distinctifs, ces particularités individuelles demeurent presque insaisissables et ne sont encore que les traces fugitives de ce qui ne se manifestera clairement que beaucoup plus tard. Pour peu qu'on attende, en effet, des causes singulièrement complexes interviendront et l'influence de la première éducation se fera sentir. Que l'éducation commence dès le berceau, que, comme dit Montaigne, « notre principal gouvernement soit entre les mains des nourrices », c'est là une vérité si incontestable et qui a été si souvent mise en lumière, qu'il n'y a pas à y insister. Mais il en résulte que, précisément à l'époque où l'on pourrait observer dans l'enfant des manifestations un peu précises de son caractère inné, des influences étrangères sont intervenues, et ce n'est déjà plus l'être primitif qu'on a sous les yeux.

Et surtout, l'enfant n'est pas l'homme en abrégé. Il n'est pas vrai que chez lui se rencontrent, comme en raccourci, toutes les fonctions psychologiques que l'analyse découvrira ultérieurement dans l'individu complètement développé. La psychologie infantile ne s'est pas toujours assez soigneusement tenue en garde contre une conception analogue à celle de l'emboîtement des germes, d'après laquelle le germe contiendrait l'être futur non pas virtuellement, mais sous sa forme complète, avec toutes ses parties, extrêmement réduites en dimension. Ce qui est vrai de l'organisme embryonnaire où les organes et les fonctions, — bien qu'*innés* dans toute la rigueur du terme, — ne sont pas *préformés* et ne se différencient que progressivement, par suite d'une évolution plus ou moins lente ; — cela est vrai aussi de ce qu'on peut appeler « l'âme embryonnaire de l'enfant ». En elle sommeillent des puissances qui ne s'actualiseront que plus tard. Un enfant, avons-nous dit, naît avec une capacité donnée et une forme déterminée de mémoire, d'imagination, d'attention, d'énergie, de volonté ; — mais comment, je ne dis pas prévoir ce que sera cet enfant dans l'avenir à ces différents égards, comment constater qu'il est plus ou moins heureusement doué avant qu'il ait atteint un certain développement ? Il faut même attendre que le développement soit achevé pour en connaître la limite extrême, si variable suivant les races et les individus.

C'est donc l'adulte que nous étudierons. Faire le départ rigoureux de ce qui, dans un être donné, est vraiment primitif et de ce qui est le résultat des influences multiples qu'il a subies, serait une tâche dont l'inextricable complexité suffirait à nous arrêter. Heureusement elle n'est pas nécessaire à notre sujet. Que tel ou tel mode de sensibilité, d'intelligence, d'activité, soit chez l'un absolument original, chez l'autre le résultat d'une évolution plus ou moins dérivée, déterminée plus ou moins complètement par des causes extérieures, cela importe assez peu, après tout. Ce qui nous intéresse principalement c'est de savoir que ces divers modes sont réels, qu'en fait ils se rencontrent, qu'on en peut distinguer un certain nombre d'essentiels, qu'on en peut esquisser une classification. C'est, d'autre part, qu'ils se combinent suivant certains rapports d'une généralité et d'une fixité suffisantes, qu'ils forment des systèmes définis, qu'ils réagissent les uns sur les autres d'une façon constante et définie.

Le premier de ces problèmes doit être résolu avant l'autre et c'est lui que nous abordons maintenant. Laissant de côté, dans la plus large mesure, toute considération de race, de sexe et d'âge, laissant surtout de côté l'étude des transformations que fait subir à la nature psychologique innée la réaction propre de la volonté, nous considérerons l'homme adulte, au moment où toutes ses qualités natives se sont suffisamment affirmées et fixées, c'est-à-dire vers 20 ou 25 ans. Nous nous demanderons quels sont les aspects caractéristiques que revêt chez les différents hommes chacune des grandes fonctions de la vie psychique, nous rechercherons, pour la sensibilité, l'intelligence, l'activité, la volonté même, s'il n'y a pas lieu de distinguer quelques types généraux dont chaque individu nous offre un exemplaire déterminé. Et c'est là ce que nous entendons par détermination des *Éléments du caractère*.

CHAPITRE III.

LES MODES DE LA SENSIBILITÉ.

I. — « Ce qui est fondamental dans le caractère, écrit M. Ribot, ce sont les instincts, tendances, impulsions, désirs, sentiments : tout cela et rien que cela. » — De même et plus brièvement, M. Ch. Féré : « Le caractère n'est autre chose que l'expression de la sensibilité. » Sans doute c'est là une conception trop exclusive et il semble bien que ni la nature de l'intelligence ni celle de la volonté ne sont des éléments moins essentiels ; peut-être même, en un sens, devra-t-on reconnaître que tendances, impulsions, désirs importent moins que la manière personnelle dont nous nous y abandonnons ou leur résistons, dont nous les coordonnons et dirigeons. Mais ces réserves faites, il est certain que la nature de notre sensibilité si elle n'est pas tout le caractère en est une partie importante. En tant qu'elle est l'expression du tempérament, elle constitue notre humeur et l'humeur est bien quelque chose du caractère. Nous qualifions en une certaine mesure le caractère d'une personne quand nous disons d'elle qu'elle est enjouée ou triste, lente ou prompte à s'émouvoir, froide ou passionnée, de cœur sec ou d'âme tendre, généreuse ou égoïste. Or toutes ces dispositions sont dans une très large mesure primitives ou natives, et si l'éducation, le mouvement même de la vie les peuvent et doivent modifier, du moins il faudra toujours en tenir compte, et en tout cas elles contribuent singulièrement à différencier la nature morale d'un individu. Il est nécessaire donc de décrire et de classer les formes les plus remarquables sous lesquelles se manifeste la sensibilité chez les hommes.

Ce n'est pas assez en effet de dire d'un homme qu'il est plus ou moins sensible, si on ne distingue pas son genre de sensibilité, si on ne montre pas à quelles choses il est sensible et de quelle manière. Ce sont les modes de la sensibilité qui varient étrangement d'une personne à l'autre et dans la même personne d'un moment à l'autre. Il y a des sautes d'humeur comme il y a des sautes de vent. Il est des jours où tout nous semble facile, aimable et souriant; d'autres où les choses et la vie sont pour nous moroses, pleines d'inquiétudes et d'amertumes: personne n'échappe à cette loi. De même aussi nous nous sentons parfois pleins d'enthousiasme et d'ardeur, la poitrine soulevée de désirs puissants, puis abattus, indifférents à toutes choses, sans forces pour aspirer avec énergie, même à la joie. Aujourd'hui nous vibrons comme des cordes trop tendues et nos émotions nous apparaissent comme disproportionnées à leurs causes; demain nous sentirons se tarir en nous les sources de l'émotion, nous constaterons douloureusement cette sorte de sécheresse passagère. Il est peu d'hommes qui n'aient observé tout cela en eux-mêmes. Seulement, suivant la nature de chacun, ces écarts seront plus ou moins notables et fréquents, les changements seront plus ou moins profonds et durables: tandis que chez celui-ci, à l'exaltation la plus vive succèdera brusquement la dépression la plus profonde, et que ces alternatives se renouvelleront sans cesse et presque à chaque instant, chez cet autre il y aura seulement (et cela plus lentement et plus rarement) passage d'une gaîté et d'une aménité plus grandes à une tristesse et à une irritabilité plus accusées. Et surtout il existe chez chacun une certaine attitude de la sensibilité plus permanente et plus normale ; il y a certains traits profonds et durables qui donnent à la nature sensible sa tournure et pour ainsi dire sa couleur différencielle. Ce sont ces aspects caractéristiques de la sensibilité qu'il s'agit ici de préciser.

II. — Le terme de sensibilité est communément employé par les psychologues pour désigner deux sortes de faits qui sans doute sont étroitement rattachés, mais qui cependant se distinguent assez nettement : des *états* affectifs et des *tendances* affectives. La sensibilité est tout ensemble aptitude à jouir et à souffrir et aptitude à désirer. Il conviendra donc de considérer successivement ces deux faces du problème.

A ne considérer tout d'abord que l'affectivité, la disposition à ressentir le plaisir ou la peine, il est évident qu'elle est inégalement vive chez les différentes personnes.

L'intensité d'une sensation pénible ou agréable très simple dépend d'abord en partie de la nature propre et de la puissance de l'excitant externe ou interne ; mais elle tient aussi à une foule d'autres conditions particulières dont la synthèse est fort complexe et variable : état des organes, activité de la nutrition cellulaire, anémie ou hyperémie, état des nerfs, tonicité des centres sensitifs, etc. ; et encore, état antérieur de la sensibilité, contraste, disposition de l'imagination, etc. De même qu'il y a des substances anesthésiques et d'autres qu'on pourrait appeler hyperesthésiques, il y a un certain ensemble de circonstances d'ordre physiologique et psychologique qui abaissent ou élèvent le ton de notre sensibilité. Or le tempérament physique et psychique de chaque individu constitue un système de conditions normales et relativement stables qui le prédisposent à éprouver, avec plus ou moins de force, sensations, sentiments, émotions. S'il est vrai, en effet, que le plaisir et la douleur résultent d'une certaine proportion ou disproportion entre la quantité d'énergie nerveuse disponible et la quantité d'énergie nerveuse dégagée, si en un mot le plaisir est la conscience d'un accroissement de l'activité vitale, si la douleur se résout dans la conscience d'une dépression, d'un épuisement, on conçoit facilement que leur intensité dépende dans une très large mesure de ce qu'on pourrait appeler « l'état dynamique » du sujet. L'apathie, l'indifférence grâce à laquelle tout semble glisser sur certaines gens, ou au contraire cette irritabilité suraiguë qui fait que d'autres sont blessés jusqu'au sang, tiennent donc au fond même de notre nature. On pourrait dire qu'il est des hommes qui sont naturellement hyperesthésiés, d'autres normalement anesthésiés ou mieux hypo-esthésiés. Les cas pathologiques nous montrent avec un relief saisissant ce qui dans la vie ordinaire ne se manifeste que par des différences moins fortement accusées. Les aliénistes ont souvent noté ce phénomène remarquable de la disparition presque totale de la sensibilité à la fois organique et morale qu'on rencontre dans la chorée, dans la névropathie cérébro-cardiaque, dans la lypémanie, la mélancolie stupide, et dont la stupeur épileptique nous offre un cas extrême. « Mon existence, disait un malade d'Esquirol, est incomplète; les fonctions, les actes de la vie ordinaire me sont restés; mais dans chacun d'eux il manque quelque chose, à savoir la sensation qui leur est propre et la joie qui leur succède... Chacun de mes sens, chaque partie de moi-même est pour ainsi dire séparée de moi et ne peut plus me procurer une sensation. » « Les malades, écrit Falret, sont devenus insensibles à tout, la mort même des personnes qui leur étaient chères les laisserait absolument froids et indifférents. » M. Ch. Féré dans l'ouvrage considérable qu'il a consacré à la « *Pathologie des émotions* » a heureusement décrit cette apathie morbide consistant dans une sorte d'inertie morale que rien ne peut vaincre, dans une incapacité radicale d'être ému. — D'autre part, dans certaines névropathies, l'hystérie, la neurasthénie, la mélancolie agitée, se manifeste une suracuité extraordinaire de la sensibilité sensorielle et morale: l'odeur d'une fleur, le froissement d'une étoffe de soie, amènent des évanouissements, des crises de nerfs. L'émotivité morbide diffuse consiste en une disposition permanente à ressentir des émotions dont la violence, la fréquence, la durée sont sans proportion aucune avec leurs causes. Toujours vibrant, d'une extraordinaire irritabilité morale, passant sans raison de l'enthousiasme le plus exubérant à la terreur la plus accablante, de la joie la plus vive à la tristesse la plus profonde, de l'amour à la haine, de la tendresse à la colère, voilà le malade. « Les sujets affaiblis, les dégénérés, les névropathes sont plus soumis que d'autres aux effets dynamogènes ou épuisants des excitations du dehors; ils sont sans cesse en état d'équilibre instable, ressemblant à une balance folle qu'un simple attouchement fait dévier dans un sens ou dans l'autre. » (Féré, *Sensation et mouvement*, p. 132).

Maintenant, qu'on atténue, qu'on nivèle en quelque sorte toutes ces manifestations caractérisées par leur exagération même, et l'on verra que néanmoins dans l'humanité normale, qui oscille en quelque sorte entre l'insensibilité presque absolue de certains déments et l'hyperesthésie des névropathes, il y a place pour des différences considérables. Que l'on considère, par exemple, la différence qu'il y a entre la sensibilité olfactive ou auditive d'un paysan normand et celle d'Urquiza qui s'évanouissait de volupté en respirant l'odeur d'une rose, ou de J. de Goncourt qui, dit son frère, « souffrait du bruit comme d'un brutal attouchement physique »; que l'on compare, à un point de vue plus spécial, le plaisir calme d'un amateur en présence d'un beau tableau et l'émotion du peintre Francia mourant de bonheur à la vue d'une toile de Raphaël; que l'on rapproche la froideur de Fontenelle de l'extraordinaire sensibilité de Diderot s'enflammant, s'enthousiasmant à tout propos et hors de propos.

A une extrémité donc nous rencontrons les gens qui grâce à une sorte d'inertie, d'ataraxie innée résistent à toutes les excitations, demeurent indifférents, impassibles, sur qui s'émoussent tous les aiguillons, qui semblent passer dans la vie sans offrir de prise aux choses, aux événements et aux hommes. A l'extrémité opposée ceux qui ressentent toutes les impressions avec une étonnante intensité, qui tressaillent de plaisir et de peine jusque dans la moelle de leurs os, chez qui la joie et la douleur s'exaspèrent jusqu'au délire, dont les nerfs vibrent à tous les vents de l'horizon et vibrent à se briser. Entre ces deux limites une infinité de degrés.

III. — Au surplus ces variétés ne résultent pas seulement d'une différence dans la quantité, si l'on peut dire, mais aussi de la diversité des modes d'exercice de la sensibilité.

La sensibilité peut en effet différer d'une personne à l'autre par la rapidité ou la lenteur avec laquelle elle entre en branle. — On sait que le temps de perception, toutes circonstances égales d'ailleurs, varie avec les individus : on pourrait dire aussi qu'il y a un *temps de sensibilité*. Les états affectifs, comme tels, plaisir ou douleur, ne naissent pas tout d'un coup ; le processus psychique total décrit une courbe au début de laquelle il y a bien conscience de la modification, mais comme n'étant pas encore revêtue de son « ton de sentiment », selon l'expression de Wundt ; ce n'est qu'à une certaine hauteur qu'apparaît la douleur par exemple. C'est ce qu'a notamment établi expérimentalement M. Ch. Richet dans ses « *Études cliniques sur la sensibilité* ». Il y a un seuil de la sensibilité physique, comme il y a un seuil de la conscience, et il est plus ou moins rapidement franchi. Cela est vrai aussi et surtout peut-être de la sensibilité morale. Les sentiments, les émotions nous envahissent plus ou moins brusquement. Remarquons, par exemple, les différences que présente chez deux personnes l'apparition d'une émotion très générale comme la peur ou la colère. Chez l'une le moindre bruit subit, la moindre parole blessante provoquent instantanément un tressaillement, un battement de cœur violent, un accès d'emportement ; chez l'autre l'émotion est si tardive que certains hommes n'ont guère que des peurs ou des colères rétrospectives. Chacun de nous peut être comparé à une poudre qui non seulement a un pouvoir explosif différent mais qui encore est à conflagration plus lente ou plus subite.

Maintenant cette vivacité est-elle liée par un rapport constant à l'intensité, et quel est ce rapport ? Je ne saurais pour ma part accepter sans les plus expresses réserves l'opinion de Bain qui voit dans le temps que met un état affectif à atteindre son maximum « le signe du degré de force qu'il a acquis ». En fait nous pouvons fréquemment constater en nous-mêmes qu'une émotion peut éclater tout à coup avec une extrême intensité, et qu'inversement elle peut se développer avec lenteur et demeurer médiocre. On pourrait même montrer que la *loi de relativité,* dont Bain a si justement signalé l'importance dans la sensibilité, doit donner naissance à un effet précisément contraire à celui qu'il signale. Car la brusque modification de la conscience, l'invasion instantanée d'un état nouveau doit provoquer une recrudescence dans l'intensité du phénomène affectif. — Bien entendu il s'agit ici non pas du mode d'action de l'excitant, mais de la capacité d'ébranlement du sujet; il ne s'agit pas non plus de l'ardeur de la passion (car il y a des gens qui s'enflamment lentement et en arrivent à brûler avec une violence inouïe), mais de l'intensité que présente un *état* affectif. Or ici la loi nous semble être que la vivacité s'unit à l'intensité: l'instabilité nerveuse du sujet étant la cause commune de ces deux effets concordants. La décharge nerveuse qui termine toute excitation est d'autant plus brusque que le sujet possède une vibratilité plus accusée. Les hyperesthésiés dont la sensibilité est suraiguë sont ceux aussi chez qui elle est plus subite, plus instantanée.

Aussi bien ne faut-il pas confondre la rapidité ou la lenteur avec lesquelles un état affectif nous envahit, et sa fugacité ou sa durée. Ce caractère éphémère ou persistant des phénomènes sensibles constitue un facteur nouveau de capitale importance. Il suffit d'avoir aperçu des enfants pour avoir remarqué que leur impressionnabilité est vive mais singulièrement mobile et fugitive. Ils passent presque sans transition du rire aux larmes, oubliant instantanément leurs joies ou leurs tristesses d'il y a un instant pour se livrer tout entiers au sentiment présent. Je ne parle bien entendu que du caractère le plus général de la sensibilité enfantine, car pour un observateur attentif que de nuances déjà dans des enfants de deux à trois ans. Il en est chez qui la mobilité est bien moindre, de telle manière qu'un chagrin les rendra tristes pour plusieurs heures et voilera de mélancolie leur sourire et leur joie. Avec l'âge, bien qu'en somme un certain tassement se produise, les divergences individuelles s'accentueront. Et ce caractère d'instabilité ou de permanence des attitudes de la sensibilité aura des conséquences fort intéressantes.

Sans aucun doute un état affectif peut être passager à la fois et d'une certaine intensité. Mais dans un homme chez qui les sentiments, les émotions, passent rapidement, la sensibilité revêt une apparence caractéristique. Elle demeure plus superficielle en quelque sorte, car les sentiments n'ont pas le temps de pénétrer toute la substance de l'âme, de s'y établir à demeure, d'intéresser un plus grand nombre de tendances; ils sont ainsi supplantés aisément par d'autres et ne laissent presque rien subsister d'eux-mêmes. L'individu vit en quelque sorte dans le présent et son passé sentimental semble à chaque instant aboli. La sensibilité, après une oscillation même forte, reprend vite son équilibre et redevient susceptible d'être impressionnée à nouveau d'une manière toute différente. Il y a là comme une sorte d'élasticité propre de la sensibilité qui la replace après chaque ébranlement dans un nouvel état de fraîcheur et de naïveté. Chaque émotion, chaque sentiment vaut ce qu'il vaut et ce qu'il dure. Il est d'autres personnes au contraire chez qui une émotion, une douleur, s'installent à demeure : le système nerveux est ébranlé pour un temps considérable ; leur sensibilité est comme une cloche d'un métal rare qui vibre longtemps encore après le choc qu'elle a reçu. Cela tient, dit Bain, à ce qu'on peut appeler « la force de rétentivité propre du système nerveux ». Il en résulte que l'état affectif acquiert une intensité plus grande, car ce retentissement pénible consécutif à la douleur la constitue en grande partie, et on a pu dire que la douleur c'est presque seulement le souvenir de la douleur. Il en résulte surtout ce fait capital que l'impression morale tend à devenir une habitude de sentiment, qu'elle colore de sa nuance propre un long cortège d'états simultanés ou postérieurs, que l'individu revit ses émotions antérieures et, par une sorte de rumination psychique, leur confère une existence nouvelle, une force supérieure, une orientation permanente et définie.

IV. — Ici nous touchons à un point essentiel. Ce prolongement des impressions sensibles, leur répercussion dans toute la conscience qui leur permet d'évoquer et de susciter sympathiquement une masse plus ou moins considérable d'états affectifs qui sommeillaient en quelque sorte, voilà ce qui constitue l'émotivité. L'émotivité n'est pas en effet la même chose que ce qu'on pourrait appeler l'excitabilité. Par excitabilité, j'entends proprement l'aptitude à être agréablement ou péniblement affecté par une excitation d'ordre sensoriel ou moral. L'émotivité est liée à coup sûr à l'impressionnabilité morale, mais elle s'en distingue : un sentiment vif n'est pas une émotion. Il n'est donc pas inopportun de préciser le sens de ce mot. Essayons d'analyser une émotion nettement caractérisée. Voici un exemple emprunté par le Dr Letourneau aux mémoires de M. Monnier (du Jura) : « Rouget de l'Isle racontait à M. Monnier qu'après un dîner chez le maire de Strasbourg, Dietrich, celui-là exprima le regret qu'il n'y eût pas un chant de guerre national au lieu de la « Carmagnole » et du « Ça ira ». Puis il engagea le jeune sous-lieutenant à en composer un. — Peu après Rouget de l'Isle se retire discrètement chez lui, y prend son violon, et, continue M. Monnier d'après Rouget lui-même, il trouve dans ses premiers coups d'archet les notes inspirées et inspiratrices qu'on attendait de lui. « Les paroles, me disait-il, venaient avec l'air, l'air avec les paroles. Mon émotion était à son comble, mes cheveux se hérissaient. J'étais agité d'une fièvre ardente, puis une sueur abondante ruisselait de mon corps, puis je m'attendrissais et des larmes me coupaient la voix. » (Letourneau, *Physiol. des Passions*, p. 77.) De quoi est constituée une telle émotion[1] ? Nous y pouvons distinguer tout d'abord une impression morale vive (un sentiment patriotique et esthétique), — puis la diffusion de cette impression excitant une masse plus ou moins considérable d'autres sentiments, tendances, souvenirs, images,

---

1. Ce problème de la nature de l'émotion est un des plus obscurs de la théorie de la sensibilité. Jusqu'à Kant l'émotion n'est pas distinguée de la passion. Kant fait bien entrer encore l'émotion dans la faculté *appétitive*, mais il la définit un sentiment violent qui supprime la réflexion. Schopenhauer y voit une sorte d'accès passionnel passager et soudain. Bain étend le mot à tous les états affectifs. — Herbart insiste surtout sur le trouble des représentations qui l'accompagne et la produit même ; l'émotion pour lui est une altération de la vie affective provoquée par une modification du cours des représentations. Tout récemment enfin, W. James et le Dr Lange ont soutenu que l'émotion n'est rien autre chose que la conscience que nous prenons des troubles viscéraux et vaso-moteurs que l'on considère généralement comme des effets ou des accompagnements de l'émotion elle-même. Nous n'avons pas ici à discuter ces théories ; nous n'en retiendrons que ce qui est essentiel à notre sujet.

idées; — enfin une série de réactions physiologiques (accélération ou ralentissement du rythme de la circulation et de la respiration, troubles viscéraux, sécrétion plus active des glandes sudoripares, lacrymales, etc.) qui retentissent dans la conscience et achèvent de donner à l'émotion sa caractéristique propre. Avec Spencer et Wundt, nous estimons que l'émotion est essentiellement constituée par la réunion de ces trois ordres de faits. Si l'émotion n'est pas créée par un simple changement dans le cours des représentations, comme le veut Herbart, si elle n'est pas non plus créée par les troubles viscéraux, du moins elle est en partie le résultat d'une réaction de ce trouble des représentations contre le sentiment, et elle est « entretenue et fortifiée », comme disait déjà Descartes, par les modifications physiologiques desquelles elle tient en partie son intensité. L'émotion est d'autant plus forte et caractérisée qu'elle enveloppe un plus grand nombre d'états affectifs et idéaux de tout ordre, fondus et agglutinés. L'émotion vit et se développe grâce à la foule des impressions réviviscentes et des sensations organiques qu'elle évoque par une sorte d'induction psychique, grâce à cet ébranlement qui se diffuse en tout sens, à ce « retentissement sympathique qu'elle opère sur les réseaux sensitifs de notre personnalité intime ».

Plusieurs conséquences en résultent. D'abord l'émotivité est une prédisposition à la fois psychologique et physiologique, véritablement individuelle et native. Elle tient à l'excitabilité propre des diverses tendances sensibles, à leur multiplicité, à la présence d'un riche fonds de sentiments toujours prêts à surgir, aspirant confusément à la vie, à une vie intense et surtout à une vie collective, c'est-à-dire aptes à participer synergiquement à l'excitation de chacune et à se répercuter dans tout l'organisme. Elle tient à l'instabilité du système sensitif toujours disposé à se décharger. Et cette sorte d'écho multiplicateur renforce chaque phénomène affectif, le transforme en un trouble plus profond et plus durable. Il est, comme le remarque finement Bain, des plaisirs dont nous ne jouirions pas pleinement s'ils se présentaient isolément et si nous étions de sang-froid. Il est de même des douleurs qui sont « dans notre âme comme une maladie mortelle qui ronge tout le reste ». Cette aptitude à être profondément et fréquemment ému, on ne la crée ni ne la supprime entièrement. C'est en vain qu'une nature émotionnelle froide voudrait se donner ce frisson mystérieux qui vous étreint le cœur ; c'est en vain aussi qu'on essaierait de l'anéantir. On peut lutter contre son émotivité, en modérer les manifestations, en enrayer les effets ; on peut aviver la sensibilité qu'on trouve en soi ; mais comme la grâce, l'émotivité est un don, elle a ses élus et ses réprouvés. Quand elle est exaltée chez un individu, elle imprime à sa nature psychologique un cachet singulièrement original et presque indélébile. Il existe un caractère, ou tout au moins un tempérament émotionnel.

De plus, comme elle est un trouble vital, elle est essentiellement douloureuse et prédispose à la tristesse. Mais c'est là une considération d'un nouvel ordre et qui mérite d'être développée à part.

V. — La sensibilité humaine oscille entre deux pôles : plaisir et douleur. Mais parmi les hommes, les uns sont tellement organisés qu'ils se trouvent comme par une grâce prévenante inclinés vers le plaisir ; d'autres le sont vers la douleur. Comme ces cristaux qui font dévier en un certain sens le plan de polarisation de la lumière, ainsi notre nature sensible est un milieu au travers duquel les événements, en passant, s'imprègnent, se colorent d'une teinte particulière. C'est moins la piqûre qui importe que la sensibilité qu'elle atteint. C'est en nous que se trouve la source profonde de la joie ou de la tristesse.

Voici d'abord de certaines natures indifférentes, en quelque sorte immuables, ignorant également les oscillations violentes vers l'un ou l'autre pôle, incapables tout à la fois des douleurs qui vont à l'agonie, des joies qui vont à l'extase. Elles sont, s'il était permis de créer ce barbarisme, *injuvantes* aussi bien qu'*indolentes*. Elles sont — à ce point de vue spécial — moyennes, médiocres, ternes. C'est la santé, mais qui s'ignore, sans plénitude et sans élan, presque simplement l'absence de maladie. Nous les connaissons : ce sont les apathiques. Les faut-il plaindre ou envier? On hésite à répondre.

En voici d'autres, franchement heureuses, qui, au milieu de toutes les vicissitudes, excellent à reprendre leur équilibre, qu'un certain ressort interne, une faculté de rebondissement protègent contre les douleurs farouches, les abattements prolongés. De sensibilité vive mais assez passagère, un tempérament suffisamment énergique, une certaine sécurité vitale leur conservent la bonne humeur et la gaîté, les prémunissent contre les défaillances de la douleur, leur garantissent une jeunesse durable, une allégresse, une légèreté d'âme rarement altérées. Optimistes de naissance, sortes de Roger Bontemps prenant toujours, comme on dit, l'existence par sa face souriante et ensoleillée, cherchant et trouvant le plaisir, ils savourent la joie de vivre, et pour eux certaines secousses ne sont que l'occasion d'une convalescence plus douce qu'une santé trop monotone.

Enfin on rencontre des hommes qui sont perpétuellement froissés dans leur corps, dans leur esprit et dans leur cœur ; « la peau de leur âme » est trop tendre ; ils sont fermés à la joie, meurtris, endoloris dans toute leur substance, et d'autant plus que dans un pareil état général toute petite peine s'amplifie d'elle-même et s'exacerbe. Tel ce Flaubert qui se comparait à un écorché, dans la nature duquel il y avait « une sorte d'impossibilité au bonheur », et qui disait de lui-même : « Je ne suis pas fait pour jouir ; il ne faut pas prendre cette phrase dans un sens terre à terre, mais en sentir l'intensité métaphysique ». Ceux-là, au lieu de se laisser aller facilement au bonheur et de le considérer volontiers comme une dette de la nature, ne l'accueillent qu'avec inquiétude, y voient comme une menace, un présent suspect qu'on n'accepte pas sans réserve et sans crainte. En présence du malheur, au lieu de se relever, de le secouer, de s'en délivrer en le croyant et le voulant éphémère, ils s'y abandonnent, s'y plongent, s'y ensevelissent, victimes passives sinon résignées et demeurent sans courage et sans espérance. Heureux quand ils ne s'ingénient pas à aviver leurs blessures en les sondant. Ce sont des pessimistes-nés, qui excellent à distiller l'amertume que recèlent les choses, ceux dont

> « Les essaims de noires abeilles
> « N'ont butiné que les cyprès. »

Ce sont en général les natures franchement émotionnelles qui sont ainsi des natures douloureuses. Les émotions les plus nettement caractérisées sont en effet les émotions asthéniques : être ému c'est presque toujours être péniblement affecté. Cela est tout simple après tout, puisque l'émotion s'accompagne toujours de désordres organiques qui sont d'ordre maladif, d'un trouble de l'harmonie vitale qui est un signe de sa diminution d'énergie, de sa dépression. L'émotivité et la tristesse se développent également sur un fond d'impuissance et d'épuisement.

Toutefois, parmi les émotions asthéniques, il y a lieu d'établir une division. Lasserre (*Sur la douleur dans les passions tristes*) distinguait déjà (et M. Féré accepte cette classification) (V. *La Pathologie des Émotions*) deux espèces de douleurs morales : 1° les douleurs morales dépressives, sans réaction (crainte, peur, chagrin, anxiété, mélancolie, etc.) ; 2° les douleurs explosives, avec réaction violente mais désordonnée (colère, haine, horreur, désespoir, etc.). Dans les deux cas d'ailleurs, c'est la faiblesse qui domine, la dépression physique et psychique ; c'est elle qui explique en dernière analyse l'abattement et l'irritabilité, qui sont les deux effets, la double manifestation d'une même cause profonde : l'instabilité psychique avec prédisposition à la souffrance. C'est ainsi que les aliénistes distinguent ces deux formes de la mélancolie : mélancolie dépressive (avec tristesse résignée) et mélancolie agitée (avec crises de désespoir, de violence, impulsions homicide ou suicide). La douleur sous toutes ses formes est déprimante ; mais il y a des douleurs aiguës qui provoquent une exaltation passagère et spasmodique. Toutefois, si l'on tient compte de la fin comme du commencement, on s'apercevra que le résultat dernier est toujours une décroissance des énergies vitales. C'est pourquoi la colère, par exemple, n'est qu'en apparence une émotion sthénique : l'exaltation y est temporaire, ne constitue qu'un phénomène secondaire, consistant en des phases discordantes de surexcitation et de prostration et s'achevant toujours par un épuisement d'autant plus profond et durable que la stimulation a été plus violente et plus subite. L'émotivité se présente donc, en dernière analyse, sous deux aspects essentiels : dans un cas, il y a affaissement généralisé, abattement, mélancolie, tristesse, résignation, avec je ne sais quoi de frissonnant et d'effacé, une certaine douceur affligée; dans l'autre, l'hyperesthésie morale s'accompagne d'anxiété et d'irritabilité, d'une susceptibilité plus aggressive, avec impulsions violentes et désordonnées, accès brusques de colère et d'emportement, instabilité plus remarquable. Et si nous voulions désigner les personnes chez qui domine l'une ou l'autre de ces deux formes, nous appellerions volontiers les premières des *émotifs-sentimentaux*, les secondes des *émotifs-irritables*.

VI. — La sensibilité, avons-nous dit, n'est pas seulement affectivité ; elle est aussi tendance, inclination, désir, ou d'un mot amour. « Pour désirer, écrit M. Ravaisson, il faut que sans le savoir on se complaise et se repose par avance dans l'objet de son désir; qu'on mette en lui en quelque manière son bien propre et sa félicité ; qu'on se pressente en lui, qu'on s'y sente, au fond, déjà uni, et qu'on aspire à s'y réunir encore ; c'est-à-dire que le désir enveloppe tous les degrés de l'amour. » (*Revue des Deux-Mondes,* 1ᵉʳ novembre 1840.)

Cette capacité de désirer et d'aimer est inégalement répartie entre les hommes, et cela aussi est primitif et donné ; cela se révèle dans l'enfant et est affaire de tempérament et d'hérédité. Il est des enfants qui semblent ne rien souhaiter avec ardeur, ne tenir à rien avec impétuosité; tel objet leur ferait plaisir sans doute, mais ils s'en passent aisément et se le laissent ôter de même. On cherche en vain ce qui pourrait leur causer un de ces grands bonheurs enfantins qu'on se rappelle avec émotion bien des années après : le le désir chez eux est trop mou, trop languissant, trop froid, et comme énervé. Il n'est pas rare, au contraire, de rencontrer des enfants qui tout jeunes encore savent concentrer sur un point toutes leurs énergies appétitives, qui ne voient que l'objet de leur désir, ne vivent que pour lui, s'y suspendent tout entiers avec une singulière violence, ne s'en laissent pas éloigner sans des crises de colère, des trépignements de rage. — Cette atonie ou cette frénésie du désir, cet abaissement ou cette exagération de l'ardeur, de la passion, se peuvent accuser d'une façon extrêmement notable et cela encore contribue puissamment à différencier la nature sensible des différents individus.

Maintenant, y a-t-il certaines relations plus ou moins définies entre ces modes du désir et les autres formes de sensibilité que nous avons déjà distinguées ? — Il semble bien que la faiblesse de l'appétition soit liée à une sorte d'engourdissement corrélatif de la faculté de sentir, qu'en un mot l'atténuation du désir coïncide généralement avec l'obnubilation de l'affectivité. L'apathie véritable est donc tout à la fois mollesse du désir et faiblesse des phénomènes affectifs. Cependant, il arrive parfois que l'apathie puisse s'allier à l'ardeur. Ce qui peut tenir à deux causes principales. Tantôt les tendances, bien qu'ayant une certaine force, manquent de sensibilité, je veux dire qu'elles ne sont pas facilement excitées ; l'allure générale est donc calme, voire molle et indolente, mais si une impression forte vient à agir, elle peut persister et après une certaine période d'incubation produire des impulsions impétueuses et fougueuses.

La lenteur ici produit l'apathie extérieure et commune, mais si l'échauffement est lent, il peut aboutir à une conflagration violente. Tantôt l'apathie réelle et généralisée laisse intacte, si l'on peut dire, une ou deux tendances qui seules demeurent susceptibles d'ardeur, sans être toutefois assez puissantes pour s'assimiler toutes les autres, les faire entrer dans leur tourbillon, les entraîner à leur remorque. Mme de Sévigné, par exemple, fut en somme un caractère froid, sauf en ce qui concerne son amour pour sa fille. Mais cet amour maternel n'est pas chez elle exalté au point de dominer toute sa vie, d'en faire quelque chose comme le type féminin du « père Goriot ». Il y a là apathie par pauvreté de points sensibles.

Maintenant si l'ardeur suppose bien ou même produit une impressionnabilité forte, intense, la réciproque n'est pas vraie. L'excitabilité, l'émotivité, l'aptitude à être ébranlé violemment n'est pas nécessairement complétée par l'impétuosité de la passion, par cet élan puissant de l'être qui fait ou du moins sent converger vers une fin définie, d'une manière plus ou moins complète et durable, toutes ses énergies appétitives surexcitées. La religiosité d'un Fénelon diffère singulièrement par exemple de la fougue mystique d'une sainte Thérèse, la sensibilité d'un Racine ou même d'un Diderot, de la charité dévorante d'un saint Vincent de Paul. En un mot, deux natures dominées par une sensibilité très vive peuvent se distinguer profondément si l'une est de plus caractérisée par l'ardeur. Il y a des émotionnels proprement dits et des passionnés. Les premiers toujours en quête d'émotions ou du moins en proie à l'émotion sont des natures plus troublées, toujours vibrantes, mais d'une agitation plus intérieure, inquiets et douloureux. Les seconds, plus vigoureux, enflammés, énergiques, ardents, bouillonnants et puissants, aimant ou haïssant sans mesure, toujours prêts à sortir d'eux-mêmes, avec un besoin sans cesse renaissant de satisfaire leurs passions. Les premiers c'est un Fox, un Mozart, un Millet, un Amiel ; les seconds c'est un Napoléon, un Danton, un J. Vallès, un Lamennais.

Cette opposition entre la sensibilité qui est ébranlement, réceptivité, et celle qui est effort de l'être pour se déployer, s'élancer et s'épandre peut rendre compte de certains traits plus délicats de la physionomie sensitive de chacun. — Il y a, par exemple, et cela dit pour fixer les idées, différentes sortes de bonté. Une certaine bonté robuste s'allie fort bien avec la force, l'impétuosité même ; agissante et créatrice plutôt que compatissante et pitoyable, elle travaille au bonheur d'autrui plus volontiers qu'elle ne s'attarde à gémir sur leurs misères ; prête au sacrifice plus qu'aux larmes, elle semble parfois même cacher un fond de rudesse parce qu'elle ne s'épanche pas en vaines tendresses. Par contre, il y a une bonté qui est participation un peu stérile aux douleurs des autres, effusion de l'âme plutôt que grandeur d'âme, pitié languissante, « bonté éparse, sans résistance, comme l'engourdissement d'un nerf de la volonté, une lacune dans l'énergie ». S'apitoyer est plus facile qu'aimer : « la pitié, a-t-on dit, est proche de l'amour, » et cela est presque une contre-vérité. En tout cas, pour ne pas s'arrêter à la commisération et aller jusqu'à l'amour véritable, à la charité active qui fait sa joie du bonheur d'un autre et offre au destin sa peine comme rançon, il faut plus de chaleur et de passion et pour ainsi parler une plus fière allure d'âme. — De même les émotions tendres, comme l'observe Bain, ont un rapport remarquable avec la faiblesse : « Elles fleurissent dans l'abdication des énergies actives;... c'est le refuge après la fatigue, la consolation près du lit du malade, l'émotion des années de déclin. » (*Émotions et Volonté*, p. 127.) C'est le cas pour la douceur, qui se manifeste d'ailleurs sous mille formes aimables, mais qui n'est souvent que la grâce des faibles. C'est le cas surtout pour cette émotion délicate faite de tendresse, de mélancolie et de faiblesse, que Spencer et Bain ont ingénieusement analysée sous le nom de « luxe de la pitié », « volupté de la compassion », qui se déverse parfois sur soi-même : tendance de tout sentiment à avorter en défaillances de cœur, à ne devenir que des « nuances de maladie », complaisance à noter ce qui manque ou froisse et déchire, amère jouissance à contempler les plaies de son âme, « état singulier où il semble que l'âme ait gardé intacte la puissance de souffrir en perdant celle de se donner » ; et cela éclate à chaque page du *Journal intime* de ce douloureux et nostalgique Amiel qu'on a si justement nommé « un pessimiste tendre ».

Mais revenons aux ardents, aux passionnés. Il faut en effet ici tenir compte de la richesse de la sensibilité qui permet à certaines natures supérieures de s'enthousiasmer pour mille choses, de vivre par mille points à la fois. Il faut tenir compte surtout du degré d'organisation et de la subordination des passions. Il est des gens chez qui se succèdent des désirs tumultueux autant que fougueux, qui se laissent entraîner à la dérive, ballotter par des passions mobiles, souvent opposées et contradictoires : de là une surabondance de mouvements violents, une fièvre et une agitation remarquables. Il en est d'autres au contraire chez qui le contraste s'atténue ; une certaine unification s'opère par suite de la domination incontestée d'une passion unique, durable, centrale, toute puissante, entraînant toutes les autres tendances, les absorbant ou du moins se les assimilant et se les subordonnant. Et ce sont les *passionnés-unifiés*, un Luther ou un saint Vincent de Paul, par opposition aux *passionnés-instables* un Alfieri, un Mirabeau.

VII. — Si la vivacité, l'excitabilité, l'impétuosité, la persistance des tendances contribuent singulièrement à diversifier les caractères, il ne faudrait pas croire que la considération de leur nature, de leur direction, de leur fin ne soit d'aucune importance. Sans doute l'ardeur, la passion suffisent à rapprocher l'un de l'autre deux individus et permettent de les classer dans le même genre ; mais il est nécessaire aussi de distinguer des espèces d'après les caractères mêmes de la passion. — Dans la description qu'il donne des « ardents », M. B. Pérez accumule les traits suivants : — sensibilité forte, mais avec tendance à se confiner dans la sphère des inclinations égoïstes ; enthousiasmes rares, préventions outrées ; impérieux, grondeurs et menaçants jusque dans leurs tendresses ; vindicatifs et égoïstes ; malveillance et combativité. — Or, remarque justement M. Fouillée, « comment, de l'ardeur, déduire tous ces traits qui sont ceux de l'égoïste ? Ne peut-on être ardent et énergique dans les passions généreuses, tout autant que dans celles qui ont pour centre le moi haïssable ? » (*Tempérament et Caractère*, p. 18.) « La distinction de l'égoïsme et de l'altruisme, dit dans le même sens M. Rauh, aurait peut-être permis à M. Ribot de marquer une division dans la classe des *sensitifs-actifs* où il fait entrer indifféremment Napoléon et saint Vincent de Paul. » (*Rev. de Métaphys. et de Morale*, septembre 1893.) Bordas-Demoulin aussi était un ardent, un passionné, lui dont son historien Huet disait : « Penser était sa vie, sa profession... Il n'avait que des passions générales, la vérité, l'humanité, Dieu. » (Huet, *Histoire de la vie et des ouvrages de Bordas-Demoulin*). Cette diversité dans la nature des inclinations et des passions est bien faite pour caractériser en une certaine mesure notre individualité psychologique. Toutefois nous hésitons à aller dans ce sens aussi loin que M. Paulhan par exemple, qui compte presque autant de types de caractères qu'il y a de tendances sensibles. Ce n'est qu'au sens où La Bruyère prend le mot de « Caractères » qu'on peut décrire « le gourmand », le « glouton », etc. De même il n'y a pas un caractère *sculpteur*, un caractère *peintre, musicien*[1], etc., pas plus qu'il n'y a un caractère *prosateur* et un caractère *poète*. Ce sont là des diversités du talent, non du caractère. — Ce qui importe, c'est qu'il y a des caractères égoïstes, d'autres altruistes, et d'autres que faute d'un mot meilleur j'appellerais intellectualistes ou idéalistes. Les tendances supra-sociales ou idéales, en effet, bien qu'elles nous arrachent en général à l'égoïsme vulgaire et grossier, ne nous unissent pas nécessairement à nos semblables ; elles nous élèvent au-dessus de nous-mêmes et parfois du même coup au-dessus de l'humanité : l'amour de la vérité pure, le mysticisme religieux peuvent fort bien se concilier avec une complète indifférence pour les choses humaines et pour les hommes. Il semble donc, qu'au point de vue qui nous occupe, on peut résumer dans le tableau suivant les divisions essentielles qu'il importe de noter.

---

1. V. L. Arreat, *La Psychologie du peintre*.

Tendances.
- Égoïstes.
  - Inférieures = organiques, sensuelles, d'activité.
  - Supérieures ou Ego-Altruistes = Orgueil, ambition, amour du pouvoir.
- Altruistes..
  - Individuelles = Amitié et Amour.
  - Familiales.
  - Sociales ou Patriotiques.
- Idéales.
  - Esthétiques.
  - Scientifiques.
  - Religieuses.

VIII. — Au cours des analyses précédentes, nous avons vu se dégager un certain nombre de traits différentiels permettant de caractériser la sensibilité telle qu'elle se manifeste chez les hommes, et nous avons vu aussi comment un certain nombre de ces traits allant généralement ensemble contribuaient à constituer un certain nombre de physionomies assez tranchées. Il est temps de résumer toutes ces descriptions, de classer les principaux types ainsi obtenus, et d'indiquer leurs variétés essentielles s'il y a lieu. Remarquons d'ailleurs une fois pour toutes qu'il ne s'agit que des formes les plus accusées, des cas les plus nets, et que la nature, qui se prête peu à des divisions rigoureuses, qui se plie malaisément à des cadres fixes, établit entre les êtres des transitions insensibles et une sorte d'indiscernable continuité. Néanmoins nous croyons pouvoir distinguer quatre genres principaux, qui seraient les suivants.

A. Les Apathiques ; — gens à sensibilité médiocre, incapables d'impressions vives, fortes ; froids, calmes, indifférents, sans ardeur ; égoïstes naïfs et natifs, moins par calcul que par insensibilité même ; point précisément méchants, mais ni tendres, ni vraiment bons. — Cette classe comporterait les deux groupes suivants :

1° Les apathiques complets ou vrais apathiques, où tous les caractères précédents seraient plus fortement accusés ;

2° Les semi-apathiques ; *a*) ceux que nous avons appelés les apathiques par pauvreté de points sensibles, *b*) et ceux que nous avons appelés les apathiques par lenteur ;

B. Les Sensitifs ; — de sensibilité vive, généralement mobile, passagère et par conséquent assez superficielle, tournés vers le plaisir, de bonne humeur, enjoués, expansifs, bons vivants, généralement bienveillants précisément parce qu'ils sont naturellement optimistes.

C. Les Émotifs ; — sensibilité profonde, où les états affectifs, par leur persistance, leur retentissement prolongé, font vibrer l'être tout entier, troublent l'âme jusque dans ses plus intimes replis ; prédisposés aux émotions déprimantes, à la tristesse.

Ici encore deux variétés principales :

1° Les émotifs-sentimentaux : sensibilité plus délicate, plus repliée sur elle-même ; mélancoliques et tendres, ayant besoin d'aimer et d'être aimés et par peur des froissements n'osant donner libre essor à leurs sentiments ; timides ; affectueux, altruistes, mais d'une sympathie plutôt passive et douloureuse ;

2° Les émotifs-irritables, plus agités, plus incohérents, passant brusquement d'une émotion à une autre, plus inquiets, plus anxieux, capables de sympathies et d'antipathies aussi vives et exclusives que changeantes ; enthousiasmes et emballements multiples et passagers, surexcitation et abattement ; irritables, contredisants, volontiers aggressifs et même malveillants, portés à la colère, aux paroxysmes courts d'emportement et même de violence.

D. Les Passionnés ; — sensibilité très vive encore, mais

caractérisée par l'ardeur, la fougue, la puissance du désir, l'impétuosité des amours et des haines.

Ils se subdiviseraient, comme nous l'avons vu, en :

1° passionnés-instables, — tumultueux, troublés, à passions ardentes mais multiples, avec des impulsions déréglées, avec un bouillonnement perpétuel et des poussées en tous sens, également capables, suivant les circonstances et l'émotion du moment, des grands crimes et des héroïques dévouements ;

2° Et passionnés-unifiés, qu'on pourrait peut-être nommer les grands passionnés, ceux qui n'*ont* pas des passions, mais *sont* une passion vivante et toujours inassouvie. C'est là surtout qu'il conviendrait, en tenant compte de la direction des passions, de distinguer des égoïstes, des altruistes, des intellectuels ou mystiques.

CHAPITRE IV.

LES MODES DE L'INTELLIGENCE.

L'élaboration intellectuelle qui s'intercale entre le sentir et l'agir n'est pas évidemment sans exercer quelque influence sur la conduite de l'individu ; le développement et la nature de l'intelligence semblent bien être pour quelque chose dans le caractère des hommes. On a soutenu cependant que, loin d'être un facteur essentiel du caractère, l'intelligence n'est qu'un élément secondaire et surajouté, n'exprimant nullement notre nature intime. Son développement serait même nettement opposé à celui du caractère. « Ce ne sont pas précisément les grands esprits, dit-on, qui fournissent à l'histoire ses caractères » ; « le génie est franchement contraire à l'énergie du caractère ». On reconnaît ici la thèse que Schopenhauer a complaisamment développée et qui a été reprise, bien qu'en un sens assez différent, par M. Ribot. Prise à la rigueur, elle apparaît manifestement comme excessive. Car s'il est bien certain qu'il peut exister une certaine direction de la pensée, une certaine forme de génie, exclusives de l'activité extérieure énergique ou de la passion tumultueuse et dévorante, en faut-il donc conclure que l'intelligence et le caractère soient antagonistes ou même indépendants ?

Cette théorie est susceptible d'une double interprétation,

de même que le mot caractère a une double signification. Il n'est donc pas inutile ici de distinguer. Entendra-t-on par caractère la vigueur de l'initiative, la volonté forte et persévérante, la dignité et la fierté de l'âme, je ne méconnais pas que ces qualités peuvent faire défaut à des esprits très éminents et se rencontrer par contre chez des hommes d'assez médiocre intelligence. Cette disproportion possible constitue-t-elle une antinomie nécessaire? Une intelligence large et haute ne contribue-t-elle pas à la constitution d'un grand caractère? Une volonté à la fois puissante et réglée ne suppose-t-elle pas une intelligence supérieure? L'énergie du caractère ce n'est pas seulement la violence de l'action, c'est sa continuité, sa pondération, sa rectitude : la pensée y est-elle absolument inutile? — Les grands hommes dont s'honore l'histoire ont été quelquefois, j'imagine, de grands esprits. Et le caractère ne se manifeste pas seulement au reste par l'action extérieure, l'influence exercée sur les autres hommes ; il consiste aussi bien dans la maîtrise de soi. Un Spinoza est un caractère aussi bien, sans doute, qu'un Cromwell.

Mais si l'intelligence ne peut être considérée comme destructive du caractère ainsi entendu, ne doit-elle pas, d'autre part, être envisagée comme élément du caractère, si par là on veut désigner la marque distinctive d'un individu moral. Les raisons que fait valoir M. Ribot à l'appui de sa thèse se ramènent en somme aux deux suivantes : l'intelligence « éclaire et n'agit pas » ; elle est essentiellement objective et tend à l'impersonnel, tandis que le caractère est ce qu'il y a en nous de plus subjectif, de plus intérieur, de plus individuel. Peut-être n'y a-t-il là qu'une question de mots. Nous retrouvons ici la théorie de la conscience-reflet, de la conscience « témoin parfois, jamais agent de ce qui se passe en nous ». Mais M. Ribot a lui-même critiqué ces formules de Maudsley et montré qu'en somme tout ne se passe pas en nous de même façon suivant que cette lueur brille ou s'éteint. Il n'est pas indifférent d'être ou non éclairé. Que la conscience et la pensée ne soient en dernière analyse qu'une combinaison et une complication supérieure de tendances sensitivo-motrices, une systématisation d'actes réflexes élémentaires, de telle sorte que la réaction ultime soit différée, — peu importe ; — il n'en reste pas moins qu'« arrêter le terme final de l'action réflexe », coordonner en un tout cohérent, en vue d'un but unique prévu et préalablement apprécié, des impulsions qui n'agissent plus isolément et aveuglément, savoir ce qu'on fait et pourquoi on le fait, ce qu'on sent et pourquoi on le sent, c'est, après tout, la caractéristique de l'être humain et de la conduite humaine. Et suivant que cette élaboration intellectuelle se poursuit dans deux hommes de telle ou de telle autre manière, ils différeront entre eux. — D'autre part, la direction de la pensée est-elle uniquement objective ? Le progrès, l'épanouissement de l'intelligence, cela est quelque chose d'intérieur au même titre que l'évolution de la vie affective. A coup sûr cette lumière peut se diriger vers le dehors ; mais elle peut aussi se tourner vers le dedans et nous révéler à nous-mêmes les profondeurs de notre être ; et dans tous les cas, elle vient de nous, elle est nous, au même titre que notre activité, qui se déverse aussi dans le monde extérieur, tout en ayant sa source dans l'intimité de l'individu. Enfin la pathologie mentale est là pour nous apprendre que toute lésion de l'entendement s'accompagne de troubles correspondants dans les sentiments et dans la conduite ; et de la sorte on est en droit d'estimer que l'intelligence, loin d'être indépendante et inefficace, est liée étroitement à la sensibilité et à l'activité et, dans une large mesure, peut réagir sur celles-ci. Au même titre que les autres fonctions psychiques elle contribue à constituer notre nature propre. Chez certains hommes, elle se développe au point d'effacer la sensibilité et l'activité, de devenir prédominante et exclusive, donnant naissance au type des *intellectuels*, aussi caractéristique que celui des sensitifs ou des actifs ; — chez tous elle apparaît comme diversifiant les individus et méritant d'être comptée au nombre des éléments dont l'ensemble forme la physionomie morale de chacun. — M. Fouillée nous semble avoir très solidement établi contre M. Ribot que faire abstraction de la pensée et de la conscience quand il s'agit de l'homme, c'est mettre de côté la marque propre du caractère humain, que les idées sont autre chose que des simulacres, qu'elles expriment notre nature autant que la nature des choses étrangères, qu'elles sont des forces au même titre, quoique d'une autre manière, que les sensations ou les désirs, que la vitalité intellectuelle est aussi importante que l'activité musculaire, que l'esprit est un foyer de chaleur autant que de lumière, et qu'en dernière analyse, les qualités de l'esprit, nos façons de penser, sont des qualités humaines par excellence, facteurs essentiels du caractère. Il nous faut donc essayer de distinguer, comme nous l'avons tenté pour la sensibilité, les formes essentielles que peut revêtir l'intelligence chez les différents individus.

I. — L'intelligence se diversifie tout ensemble par les matériaux qu'elle emploie de préférence et par la façon particulière dont elle les organise et en dispose. Le second de ces points de vue nous paraît le plus important de beaucoup ;

mais il convient cependant de ne pas négliger entièrement le premier.

S'il est un fait qu'ait solidement établi la psychologie contemporaine, c'est que la mémoire est un faisceau de mémoires et que, suivant les individus, c'est tantôt telle catégorie d'images, tantôt telle autre qui joue le rôle prépondérant. L'étude de l'aphasie a bien montré par exemple que le souvenir d'un mot, en tant que mot, est un système complexe de souvenirs, qu'il se compose de résidus moteurs, auditifs, visuels, et que, d'un homme à l'autre, l'importance de ces éléments dans la pensée est extrêmement variable. D'où la classification, devenue classique depuis Charcot, en types auditifs, moteurs et visuels. Mais ce ne sont là que des variétés et peut-être serait-il possible de trouver des genres véritables.

Je laisse de côté, bien entendu, les gens, et ils sont nombreux, chez qui l'intelligence ne se dégage jamais suffisamment des besoins, des tendances de la vie végétative, pour se constituer en fonction relativement indépendante. C'est le cas non seulement pour l'idiot, pour le débile, mais encore pour une foule d'hommes dont l'intelligence reste presque entièrement soumise à l'influence prédominante des instincts, et semble éternellement « captive au sein de la matière ». La vie intellectuelle ne s'y fait pas vraiment jour. Je ne parle donc ici que de ceux chez qui les images, les idées, la pensée tendent tout au moins à vivre d'une existence propre. Or, il est assez facile de remarquer que, parmi ceux-là, un petit nombre, relativement, s'élève jusqu'à la pensée abstraite et scientifique. Les enquêtes de Galton sont singulièrement instructives à cet égard. Voici donc une première catégorie qu'il convient de distinguer : c'est ce que j'appellerai ici, faute d'un terme meilleur, le *type intellectuel*, entendant par là la classe des esprits qui ont une particulière aptitude à penser avec des *idées*, à retenir des rapports abstraits, à évoquer, à enchaîner des concepts, suivant des relations et d'après des lois logiques. D'autre part, il existe une classe très nombreuse d'intelligences où prédominent les représentations, les images, au détriment de la connaissance abstraite. La pensée s'arrête au concret, s'en dégage avec peine, y revient vite; ce qui s'éveille spontanément dans l'esprit, ce sont des formes sensibles, des sons, des couleurs, qui s'appellent, se suscitent, se combinent, s'organisent suivant des relations d'ordre représentatif aussi. Il s'agit moins ici d'ailleurs du mode particulier d'association que de la nature même des éléments associés et de l'agent de la liaison associative. L'intelligence est surtout riche en souvenirs de perceptions sensibles et ce sont là les matériaux avec lesquelles elle opère ses constructions. On pourrait donner aux individus de cette classe le nom de type *imaginatif*; mais nous préférons l'expression de type *représentatif* ou *sensoriel*, pour le distinguer d'un autre dont l'importance nous paraît considérable et qui en diffère d'une façon bien notable, c'est à savoir le type *affectif* ou *émotif*. Dans ses intéressantes études sur la mémoire affective (*Rev. philosophique*, octobre 1894), M. Ribot a bien montré qu'il existe un « type affectif » aussi net, aussi tranché que le type visuel ou auditif. Par là il faut entendre le groupe d'hommes où prédomine la mémoire des plaisirs, douleurs, sentiments, émotions. Chez eux les plaisirs et les peines, les sentiments et les émotions réviviscents ne restent pas pâles et décolorés, en quelque sorte abstraits et idéaux, mais se restaurent en tant qu'états affectifs, avec leur ton de sentiment, leur couleur émotionnelle. Et ce sont là les objets de prédilection de la pensée, ceux qui sont plus volontiers ressuscités, qui se représentent spontanément à l'esprit. A la vue d'un objet, ce qui s'éveillera ce ne sera pas le souvenir de propriétés, de phénomènes ayant avec lui des rapports scientifiquement déterminés, d'idées, de lois, de formules, — ce ne sera pas davantage le souvenir de représentations, d'images sensibles, de formes, de couleurs plus ou moins semblables ou contrastantes, — ce sera le souvenir de sentiments, de joies ou de tristesses, et encore d'événements ayant pour ainsi dire une certaine valeur émotionnelle. C'est le sentiment encore qui sera la base ou le principe déterminant des associations. Sans doute, on a tenté récemment d'établir (Godfernaux, *Le sentiment et la pensée et leurs principaux aspects physiologiques*) que le jeu de l'association des idées était toujours déterminé par des états affectifs, que l'agent de la liaison associative était toujours une *tendance* ou *émotion*. Mais, sans compter qu'on est alors conduit à étendre outre mesure le sens de ces mots, on considère surtout le mode d'apparition et de liaison des éléments associés, c'est-à-dire la rapidité ou la lenteur, la cohérence ou l'incohérence des associations. Tout autre est le point de vue auquel nous nous plaçons ici. Nous voulons dire que, suivant les personnes, l'association est dirigée tantôt par des rapports intellectuels, tantôt par des relations d'ordre représentatif, tantôt enfin par des relations d'ordre affectif. « Quand une émotion, écrit Bain, possède l'esprit puissamment, rien de ce qui est en désaccord avec elle n'y trouve place, tandis que le lien le plus faible suffit à rappeler les circonstances qui sont en harmonie avec l'état dominant. Par suite, dans les esprits très portés à l'émotion, les liens d'association plus purement intellectuels se combinent et se modifient perpétuellement sous l'influence du sentiment. Le courant entier des pensées et des souvenirs reçoit une empreinte qu'il doit à l'émotion. » (*Sens et intell.*, tr. fr., p. 514.) Ainsi, sous la trame même de l'association des idées, se retrouvent non seulement les aptitudes mentales, mais la marque du caractère et du tempérament même de chacun. « Il n'existe pas seulement, écrit M. Ribot dans l'article cité, un type affectif général ; ce type comporte des variétés et même il est probable que les *types partiels* sont les plus fréquents… Il est certain qu'ils existent : que pour l'un la réviviscence nette et fréquente n'a lieu que pour les représentations joyeuses, chez un autre pour les images tristes ou érotiques… Je n'ai pas besoin de faire remarquer que ces différences individuelles dans la réviviscence des états affectifs jouent un rôle dans la constitution des diverses formes de caractères. » — Nous avons pris cette expression de « type affectif » dans un sens bien plus étendu que celui que lui donne M. Ribot, et pour nous il désigne non seulement une aptitude de la mémoire, mais un système de dispositions mentales (imagination, association, attention et même jugement) étroitement liées entre elles. Aussi les observations précédentes nous semblent-elles y convenir plus expressément encore. Et on en pourrait faire de tout analogues à propos des divers autres types que nous avons essayé de démêler. Si le caractère, en effet, est bien la résultante de toutes les fonctions psychiques dans un individu donné, il est important de noter s'il appartient à l'un de ces quatre types : *instinctif, sensoriel, affectif* ou *intellectuel*.

Toutefois, ce ne seraient là que des indications bien superficielles et insuffisantes encore ; car il faut par-dessus tout tenir compte de la façon particulière dont sont organisés et élaborés ces éléments mentaux. Et cette nouvelle étude — où les résultats précédemment obtenus trouveront place d'ailleurs — est surtout capable de nous révéler les principales formes d'intelligence qu'il importe à notre sujet spécial de distinguer et de classer.

II. — M. Ch. Richet avait émis, il y a déjà longtemps, cette idée féconde que, à côté de l'automatisme somatique, il existe un véritable automatisme intellectuel. « Dans le somnambulisme, écrivait-il, l'intelligence n'est pas annihilée, elle est devenue automatique. Ce rouage merveilleux fonctionne encore ; mais ce n'est plus qu'un pur mécanisme, et aucune spontanéité ne vient modifier le cours fatal de ses mouvements. » (*L'homme et l'intelligence*, p. 231.) De nombreuses études sont venues depuis déterminer avec plus de précision la nature de cet automatisme psychologique auquel notamment M. Pierre Janet a consacré un remarquable ouvrage. On l'a analysé tout spécialement dans les cas pathologiques où il apparaît en grossissement ; mais il ne se produit pas seulement dans le somnambulisme naturel ou provoqué, dans l'hystérie ou certaines autres névroses plus ou moins analogues : il se rencontre, et très fréquemment, dans l'état normal. Ce qui le caractérise, c'est d'une part la dissociation des éléments psychologiques dont chacun se sépare en quelque sorte des autres, pour vivre, se développer et se manifester isolément, sans une coordination, une systématisation suffisantes, — et d'autre part c'est l'évocation, la restauration, l'enchaînement mécanique de ces éléments. Des séries d'images, de représentations, d'idées s'appellent les unes les autres dans le sens de la plus grande attraction ou de la plus faible résistance, des systèmes antérieurement formés se renouvellent de la même manière, dans le même ordre : c'est un recommencement fidèle, sans addition, sans retranchement, sans adaptation originale aux conditions nouvelles. La réflexion personnelle, l'activité propre du sujet n'interviennent pas pour corriger, transformer, coordonner suivant un plan nouveau les matériaux employés. Ce mécanisme mental, bien que l'intelligence véritable en soit en réalité absente, peut être parfois si régulier, si précis, si exactement ajusté, qu'il a fait illusion. On a cru pouvoir soutenir que souvent chez l'hypnotisé par exemple, le jugement est plus droit, le raisonnement plus correct que dans l'état de veille. (V. Beaunis, *Le somnambulisme provoqué*, p. 210-212). On a même, poussant par une logique outrancière jusqu'à leurs conséquences extrêmes les théories de Carpenter, de Spencer, de Maudsley, on a dit que l'évolution devait avoir pour résultat de transformer toutes les opérations mentales en réflexes intellectuels, et que là était la perfection de l'intelligence. « Supposer à l'homme le degré de perfection le plus élevé que nous puissions imaginer, c'est le supposer arrivé à un état complet d'automatisme, les actes intellectuels et les sentiments étant réduits à des réflexes de plus en plus complexes et automatiques à la fois. Tout fait de conscience, toute pensée, tout sentiment suppose une imperfection, un retard, un arrêt, un défaut d'organisation ; si donc nous prenons pour former le type de l'homme idéal cette qualité que toutes les autres supposent et qui ne suppose pas les autres, l'organisation, et si nous l'élevons par la pensée au plus haut degré possible, notre idéal de l'homme est un automate inconscient, merveilleusement compliqué et unifié. » (Paulhan : *Le Devoir et la Science morale, in Rev. Phil.*, déc. 1886.) Conclusion paradoxale à coup sûr, mais qui peut laisser subsister cette vérité capitale que la conscience, la pensée, l'activité intellectuelle proprement dite, sont les agents véritables de ce progrès. Cette prétendue perfection de l'intelligence ne se pourrait en effet réaliser que si le milieu auquel l'homme doit être adapté se trouvait figé en une immuable rigidité, et l'idéal qu'on nous convie à admirer ce serait, en dernière analyse, une pensée morte, en présence d'un univers mort. Or, tant que les choses autour de nous seront multiples et variables, continueront à se transformer et à évoluer, la pensée devra se maintenir vivante, souple et flexible, susceptible de se renouveler elle-même par la mue intérieure, de se modifier, de prévoir les changements que doit réaliser l'évolution du monde, pour s'y prêter et pour y collaborer. Car en ordonnant en des systèmes nouveaux plus complexes et plus solides, les images qui lui viennent de la nature extérieure, la pensée seule permet à l'homme d'agencer les forces naturelles en vue de fins plus hautes. Et ainsi la perfection de la pensée, au moins dans ce monde que nous connaissons et où nous vivons, c'est, comme on l'a bien dit, non l'adaptation une fois pour toutes, mais la facilité croissante à se réadapter.

Toujours est-il qu'il est des esprits dominés par cet automatisme intellectuel, qui sont, comme disait Pascal, « machines en tout », — et que d'autres sont capables de réfléchir et de juger pour leur propre compte, d'une façon personnelle, capables de créer et de renouveler leurs idées, de penser vraiment, et chez ceux-là seulement se remarque l'activité intellectuelle proprement dite.

Maintenant, qu'il s'agisse de l'automatisme ou de l'activité mentale, les opérations intellectuelles consistent toutes plus ou moins en un double mouvement de dissociation et de combinaison. Nous l'avons signalé à propos de l'automatisme ; il se retrouve dans les fonctions les plus élevées de la vie mentale, dans celles où se manifeste le plus expressément l'activité propre de l'esprit. Penser, à proprement parler, c'est juger. Le jugement est en somme le type de toute synthèse intellectuelle, puisqu'il consiste à lier selon des rapports abstractivement conçus par l'esprit des éléments idéaux qui n'avaient pas encore été combinés de la même manière. Mais cette reconstruction ultérieure présuppose une analyse préalable. Dans le jugement, la pensée n'est pas, comme s'exprime Wundt, « gouvernée d'une manière univoque par les représentations élevées associativement » ; elle choisit, au sein de plusieurs systèmes les images, les idées appropriées, brise les liens qui les unissaient, les divise et les distingue, avant de les coordonner à nouveau sous la loi de certains concepts directeurs. — Ces deux opérations d'analyse et de synthèse, de dissociation et d'association, bien que toujours et partout présentes, peuvent néanmoins acquérir une prépondérance relative dans les divers esprits ; et c'est là pour la classification que nous essayons un principe dont on doit pressentir toute l'importance.

Suivant que, dans un esprit, ce qui prédomine c'est l'automatisme ou l'activité intellectuelle, et que dans l'un ou l'autre cas, ce qui l'emporte c'est la dissociation ou l'association, on voit toutes les fonctions mentales particulières, — mémoire, imagination, association des idées, attention, jugement, raisonnement, — revêtir un aspect particulier. Ainsi se dégagent de plus en plus nettement un certain nombre de types d'intelligence suffisamment généraux et caractéristiques tout ensemble. Il nous faut les passer en revue, en notant une fois pour toutes que, bien évidemment, ni l'automatisme ni l'activité mentale ne se rencontrent à l'état absolument pur et permanent, et qu'il ne s'agit ici que de degrés, d'une prépondérance relative, nullement d'une exclusion radicale.

III. — *A.* — Une première catégorie d'esprits où prédomine d'une façon remarquable ce qu'on pourrait appeler la dissociation mentale; c'est celle des incohérents, des divisés, des déséquilibrés, des dissipés, des éparpillés. Ce qui domine la situation mentale des individus se rattachant à ce groupe, c'est cette « perpétuelle désorientation du cours des représentations » qu'on remarque à un degré extrême chez le maniaque. Le malade pérore, parle au hasard, passe d'une idée à une autre, s'interrompt au milieu d'une phrase pour en commencer une autre qu'il n'achève pas davantage, finit par ne plus prononcer que des mots sans suite : l'incohérence de la pensée semble à son comble. (Magnan, *Leçons cliniques.*) Une foule de gens considérés comme normaux se rapprochent singulièrement de ce type morbide. La mémoire chez eux n'est pas compromise comme chez l'idiot, en ce sens que l'acquisition se fait, souvent même avec une grande facilité; mais son imperfection consiste surtout dans une altération de la reproduction : le mécanisme du rappel est faussé; ou plutôt il y a là le signe évident d'un défaut d'organisation. Les souvenirs ne forment pas des systèmes logiquement enchaînés; ils s'appellent au hasard, souvent avec une excessive rapidité, l'association par contiguïté ou ressemblance se trouvant démesurément surexcitée aux dépens des facultés de réflexion et de jugement. L'imagination, qui peut être développée, est d'une espèce particulière qu'on pourrait appeler : imagination par confusion. Les images se confondent, se mêlent, s'anastomosent, se transforment les unes dans les autres : c'est ce qui a lieu fréquemment chez l'enfant, qui mêle le passé et le présent, ne distingue pas nettement les personnes, les événements, les lieux, les temps. L'esprit est à la merci des premières impressions ; l'attention est toute passive, sollicitée en tous sens, instable et dispersée, incapable de continuité. C'est la dissipation qu'on rencontre chez l'hystérique, chez le choréique, « dont les pensées bondissent comme les muscles » (Steiner), chez l'enfant dont le cerveau, assailli par mille représentations successives, est semblable à un kaléidoscope perpétuellement agité. C'est le type des distraits-dissipés. La rectitude du jugement se trouve du coup singulièrement compromise. Les esprits légers, impatients, se contentent aisément : la première opinion venue, une comparaison par à peu près, un simple jeu de mots leur suffisent ; ils n'ont ni le désir, ni le temps, ni le pouvoir de réfléchir, de redresser la première appréciation superficielle par des jugements nouveaux, par une analyse plus scrupuleuse, une comparaison plus attentive. Par là même ce sont presque nécessairement des esprits faux : ils ne distinguent pas les choses et les idées avec assez de soin, ne saisissent pas sous les similitudes de surface les différences cachées, ne confrontent pas leurs opinions, manquent d'idées directrices et régulatrices, ne systématisent pas tous ces éléments intellectuels dont les discordances, les contradictions ne les gênent pas, parce qu'ils ne les aperçoivent pas : « les idées ne se heurtent même pas, parce que, à vrai dire, elles ne se touchent point ». Ce sont des esprits illogiques au premier chef. Du même coup ils sont singulièrement exposés à ce double défaut: la crédulité sotte et le doute déraisonnable. Leur inhabileté coutumière à confronter, à corriger les unes par les autres, les théories, à les juger par eux-mêmes, les engage à accepter n'importe quelle affirmation, uniquement parce qu'elle leur est proposée, n'importe quelle croyance, uniquement parce qu'elle a surgi inopinément dans leur esprit. Et, d'autre part, la multiplicité des idées successivement adoptées, l'impuissance à en dégager la relative vérité pour aboutir à un système stable, voilà qui empêche d'arriver à des convictions solides et durables, mais non pas d'éviter les entêtements ridicules. Crédulité et incrédulité excessives sont ainsi le double effet d'une même cause profonde : un défaut d'activité mentale personnelle et indépendante ; de là tout à la fois incapacité de se faire par soi-même une opinion raisonnée, et incapacité de résister aux suggestions des événements ou des hommes. Aussi n'est-il pas étonnant de les rencontrer dans le même individu, témoin, entre autres, la folie du doute, qui coexiste fréquemment avec une extraordinaire crédulité, témoin l'enfant, à la fois suggestible et aveuglément entêté.

Il s'en faut d'ailleurs que tous ces défauts soient toujours aussi fortement accusés et restent sans compensation aucune. Nous avons considéré les cas extrêmes et étudié les représentants les plus défectueux du groupe. Mais il y aurait bien des subdivisions et bien des degrés à établir. Indiquons-les brièvement, en allant des formes inférieures aux plus élevées.

Au plus bas degré, nous trouvons les individus qui, bien que déjà normaux, ne s'éloignent pas beaucoup du type mental dont le paralytique général, le dément sénile, sont les expressions pathologiques. Ce sont les purs *incohérents*, condamnés à un état permanent de dispersion mentale, dont l'esprit est le lieu de passage d'une série de représentations perpétuellement chassées les unes par les autres, qui se succèdent sans liaison logique, qui ne s'organisent pas, dont l'individu ne dispose pas, qu'il subit et laisse surgir en une confuse agitation.

Au-dessus, les esprits *puérils, frivoles, légers*, ne s'élevant guère aux idées abstraites, se livrant sans contrôle à la sensation actuelle, ne vivant pour ainsi dire que dans le présent, ne voyant que la surface des choses, incapables de suivre un long raisonnement ; l'attention est rare et morcelée ; le contrôle mental fait défaut.

Plus haut encore, les esprits *brouillons, distraits, étourdis*, où l'activité mentale s'élève à un certain niveau, mais où la coordination reste fort incomplète. La mémoire est facile, mais peu tenace, l'imagination assez riche, l'esprit ne manque pas de vivacité, mais procède par poussées subites en tous sens. Les meilleurs peuvent être brillants, primesautiers, curieux, abondant en rapprochements imprévus, en saillies spirituelles, causeurs pittoresques et amusants ; — mais tous manquent de pondération, de mesure et d'ordre, de méthode et de réflexion, de cette harmonieuse coordination qui seule fait les esprits supérieurs.

Enfin nous rencontrons des esprits qui, bien que capables déjà de jugement et de raisonnement, demeurent encore trop incomplètement organisés. L'intelligence chez eux, pourrait-on dire, est *multiple*. Plusieurs systèmes, dont chacun pris à part est suffisamment cohérent, y coexistent sans s'unir et se pondérer, se corriger, se contrôler mutuellement : ce sont des parties d'esprit qui peuvent être excellentes, et qui ne font pas un bon esprit, car il y manque l'équilibre et l'unité. — Dans ce groupe pourraient entrer des individus illustres, ayant laissé des traces durables dans le domaine de la littérature ou de l'art, voire de la science et de la philosophie, mais qui n'en sont pas moins, à tout prendre, des esprits diffus et confus, morcelés et divisés, des esprits faux en un mot.

B. — Voici un second genre qui se rapproche à certains égards de celui que nous venons d'étudier, mais qui mérite d'en être distingué parce qu'il est caractérisé par la prédominance singulière de l'imagination, et que de là résulte un ensemble de traits particuliers suffisant à lui donner une physionomie propre.

Sur les effets de l'imagination, ses dangers et ses bienfaits, tout a été dit. Elle a eu ses apologistes et ses détracteurs, ceux-ci plus ardents et plus radicaux que ceux-là. Il n'en pouvait être autrement, car elle est tout à la fois la messagère inspirée et divine, et une folle qui se plaît à faire la folle, prophétesse et visionnaire, créatrice de l'idéal et de la chimère, évocatrice des fictions qui enchantent et de celles qui désolent. Elle illumine les esprits, enflamme les cœurs, suscite les enthousiasmes féconds, les héroïsmes triomphaux, — et aussi, elle aveugle, donne le vertige, corcompt la conscience, entraîne aux abîmes. Cette puissance singulière est au reste un don, un privilège. Il est des hommes et des races chez qui l'imagination reste éternellement pauvre, terne, étriquée, languissante ; chez d'autres elle est naturellement féconde, puissante, colorée, fougueuse. Quand elle devient prépondérante dans un esprit, elle s'y développe toujours au préjudice de la réflexion prudente et patiente, de la connaissance abstraite et rigoureusement scientifique ; elle s'astreint malaisément à l'observation scrupuleuse et précise, invente et transforme plutôt qu'elle ne constate, se montre impatiente de tout contrôle froidement logique, substitue volontiers à la réalité ses propres visions. Elle tend à rendre inutile l'expérience, à affaiblir l'esprit pratique et critique ; elle rend moins capable de compter avec les lois nécessaires qui régissent les choses, moins sensible à la disproportion qui existe entre le réel et l'idéal. Elle suppose donc une mémoire plus riche que fidèle. Elle suppose aussi une prédominance de l'association par ressemblance, qui favorise l'invention plutôt que la discrimination nette. Cette association par similarité est en effet la créatrice des métaphores, des comparaisons, des analogies éloignées. Comme, d'autre part, l'imagination, par sa nature même, laisse une certaine indépendance aux éléments représentatifs, aux images, qu'elle conserve toujours une allure libre et même capricieuse et flottante, qu'elle suscite les idées suivant des lois qui ne sont pas celles de la logique, qu'elle se soustrait à la domination des principes ou des idées directrices générales et abstraites, qu'elle impose à la pensée ses fantaisies avec une vivacité extrême, elle rend facilement dupes de ses fictions ceux chez qui elle s'exalte. L'attention manque de liberté ; elle ne s'accorde pas ou ne se détache pas à son gré ; elle est attirée et retenue ou détournée par la vivacité propre des représentations que s'imposent fatalement à l'esprit et l'obsèdent. Enfin l'homme d'imagination est peu capable de coordonner correctement ses idées, de raisonner d'une façon rigoureuse, ou plutôt le raisonnement ne se développe pas avec continuité, il s'égare et se brise. Les convictions alors résultent rarement d'une méditation sévère ; et c'est dans cette classe que se rangent les hommes pour qui le développement littéraire, les figures de rhétorique, les métaphores tiennent lieu de dialectique et remplacent les arguments ou les faits.

Dans ce genre, plusieurs espèces doivent être distinguées. Tout d'abord je compterais ceux chez qui l'imagination plus mobile et plus capricieuse emploie de préférence comme matériaux des sentiments et des émotions. C'est là une combinaison du type affectif et du type imaginatif : ce sont les rêveurs sentimentaux et romanesques.

Ensuite il existe une sorte d'imagination plus fougueuse mais en même temps plus systématisée, qui se porte tout entière dans une certaine direction définie, qui lui est imposée par la toute puissance d'une tendance, d'un désir, d'une passion. Nous en voyons l'exagération dans le *délire systématisé*. C'est là l'espèce de ceux qu'on pourrait nommer les imaginatifs passionnés.

Enfin l'imagination peut jouer pour elle-même en quelque sorte, pour la joie de combiner en systèmes grandioses des images brillantes. Les objets ici ce sont des formes, des couleurs ou des sons ; ce peuvent être aussi des éléments idéaux. C'est le type des grands imaginatifs, où la coordination, bien qu'elle ne vienne pas de la raison, peut se trouver relativement d'accord avec elle. Ce sont les artistes, les poètes, certaine espèce de savants et de philosophes aussi, plus inventeurs et constructeurs que logiciens ou expérimentateurs.

C. — Jusqu'à présent nous avons passé en revue les formes d'intelligence où semblait prédominer la dissociation automatique des éléments mentaux ; nous passons à celles où ce qui est le plus apparent c'est au contraire l'association automatique. Ici le jeu des éléments psychiques, au lieu de pécher par excès d'indépendance, pèche par excès de cohésion ; la trame, fixée une fois pour toutes, manque de souplesse et ne se prête à aucune modification ; les systèmes qui se sont formés se restaurent tels quels et opposent une résistance singulière à l'entrée d'éléments nouveaux et rénovateurs. La machine est montée et marche avec régularité, mais accomplit toujours le même travail.

La mémoire peut être développée ; en général elle manque de facilité dans l'acquisition et de promptitude dans le rappel ; mais elle est susceptible d'ampleur et de ténacité : sa fidélité constitue même son défaut principal. Les souvenirs en effet forment comme une masse homogène, de laquelle rien ne peut être distrait, et chacun ne s'éveille qu'avec le tout dont il a fait partie. C'est la mémoire *mécanique* de Wundt (qu'il oppose à la mémoire logique), la mémoire *brute*, qu'on a ingénieusement opposée à la mémoire organisée (V. Dugas, *Rev. Philos.*, nov. 1894). Elle se forme, se maintient et s'exerce sans effort mental, sans intervention de l'activité de l'esprit, elle reste incapable de choix et de discernement, n'est pas le produit d'une élaboration intelligente, n'implique pas interprétation et jugement ; elle est comparable non à un système d'associations dynamiques organisées par l'esprit et dont il dispose à volonté, mais à une collection d'empreintes déposées au hasard.

L'imagination est terne, languissante, tout au plus représentative, presque jamais inventive et créatrice.

L'association par contiguïté est dominante, et cela nuit à la compréhension, bien que ce soit d'ailleurs une condition favorable à l'acquisition et à la restauration. Les souvenirs s'ordonnent en séries stables qui résistent à la dissociation impliquée par le jugement. C'est ce qui arrive chez l'imbécile qui récite les choses dans l'ordre où il les a apprises, et ne les comprend pas. Le temps d'association, si variable d'un individu à l'autre, est ici singulièrement allongé : l'idiot en est un frappant exemple. La pensée ne se développe qu'avec une lenteur, une lourdeur caractéristiques, à ce point que les idées utiles, les considérations opportunes n'arrivent que trop tard. Au cas d'ailleurs où elle n'est pas exagérée, cette lenteur peut être favorable à une certaine rectitude d'esprit, la pensée gagnant en régularité ce qu'elle perd en vivacité et en originalité.

L'attention, chez les représentants de ce genre, présente des défauts et des qualités de même nature. Elle peut être forte, si par force d'attention on entend la concentration, la convergence vers un point donné des facultés cognitives ; elle peut être ferme, si par là on entend la durée, la persistance de cet état d'application ; mais elle est peu facile et peu souple : j'entends par là que la fixation de l'esprit n'est pas obtenue d'emblée, qu'elle ne se produit qu'après un certain temps, qu'elle a besoin d'être réalisée progressivement, et qu'enfin elle ne se détache pas, ne se manie pas aisément. Ici donc apparaît une forme originale de distraction : car s'il y a des distraits-dissipés, comme nous avons vu, il y a des distraits-absorbés ; les premiers suivent toute idée qui passe et ne s'arrêtent à aucune, les seconds laissent passer une foule d'idées sans les arrêter, parce qu'ils étaient occupés ailleurs, et manquent de la vivacité nécessaire pour les saisir au moment où elles se présentent.

Le jugement et le raisonnement enfin font souvent défaut, remplacés qu'ils sont par cet automatisme que nous avons décrit. S'ils se produisent, ils demeurent sans originalité :

c'est le bon sens un peu vulgaire et terre à terre des gens qui ont reçu ou se sont formé un petit nombre de jugements, de théories et s'y tiennent; qui ont appris à formuler certains raisonnements et les recommencent à propos de n'importe quel problème. Sans curiosité, sans fécondité, sans vigueur personnelle, ils ne savent pas s'enrichir et se renouveler, multiplier les points de vue, élargir leur horizon.

On peut maintenant caractériser d'un mot les variétés principales qu'il faut distinguer ici.

Ce seront, en premier lieu, les débiles, les faibles d'esprit, les *bêtas*. L'esprit semble plongé dans une sorte d'hébétude permanente. L'étude de l'*amnésie antérograde de conservation* pourrait ici nous fournir d'utiles indications. Elle est ordinairement consécutive, comme on sait, à un choc soit physique soit moral qui détermine une sorte de « névrose traumatique, » (Charcot) que Trousseau désignait du nom significatif d'« étonnement cérébral ». C'est une sorte d'évanouissement des cellules nerveuses qui, ne sentant plus que confusément, ne retiennent plus, ne fonctionnent plus qu'avec une extrême lenteur. Cette diathèse, primitive et permanente, domine, semble-t-il, la condition mentale de l'idiot. C'est elle aussi, très vraisemblablement, qui, dans la vieillesse, empêche les acquisitions nouvelles et amène l'individu à ne vivre que sur son fonds intellectuel anciennement acquis. Beaucoup de gens réputés normaux sont ainsi bien voisins de l'idiot (au sens médical du mot). Ils sont plongés dans une véritable torpeur intellectuelle dont ils ne sortent que pour accomplir les médiocres besognes accoutumées.

En deuxième lieu, les esprits bornés, *routiniers;* ils ne manquent pas de bons sens, mais restent pesants et lourds; confinés dans un cercle restreint, imitateurs d'autrui et d'eux-mêmes, indifférents aux choses de l'esprit, ils n'ont pas d'imagination et se trouvent désorientés si on les fait sortir de leur fonction habituelle, qu'ils savent remplir au reste avec conscience et régularité.

Enfin les esprits *étroits*; ils s'élèvent déjà à la vie intellectuelle (formant ainsi transition avec certains des groupes supérieurs que nous trouverons plus loin), mais à une vie intellectuelle incomplète. Ils peuvent raisonner, organiser leurs idées en systèmes ; mais ils sont systématiques à outrance, ne sortent pas de leurs théories, raisonnent mal parce qu'ils appliquent indistinctement le même mode de raisonnement, sont exclusifs et entêtés. La raideur de leur esprit gâte les qualités qu'ils peuvent avoir et qu'ils ont, au demeurant, le tort d'exagérer. Certains spécialistes, enfermés jalousement dans leur spécialité, bon nombre de mathématiciens, représenteraient les échantillons les plus élevés de cette classe.

IV. — Nous voici arrivés à la famille des intelligences qui méritent d'être proprement appelées actives et personnelles. Ce sont les hommes qui pensent par eux-mêmes. L'équilibre mental, l'harmonie intellectuelle y sont plus ou moins instinctifs et naturels, ou au contraire acquis, voulus, maintenus par principe; mais ils suffisent toujours à les différencier des types précédents. La pensée sans doute y est très diversement puissante, élevée et féconde ; certains ne sont pas de grands intellectuels mais tous sont des intelligents. La mémoire est plus ou moins riche, mais généralement nette ; l'individu en connaît véritablement l'usage ; c'est « une fortune qu'il sait administrer parce qu'elle ne lui est pas tombée du ciel ». L'imagination, diversement puissante, est pondérée, dirigée et réglée par l'attention, la réflexion. L'évocation des idées se fait selon des rapports logiques. L'attention n'est plus passive, mais active et volontaire : elle est devenue une sorte d'instrument dont on se sert habituellement et librement, dont on dispose non pour un usage unique et déterminé, mais pour toutes sortes d'ouvrages et selon les besoins. Elle se trouve être alors un principe de liberté, une admirable source d'énergie intellectuelle. Grâce à la réflexion, habituelle et continue, la pensée acquiert une précieuse indépendance, une solidité et une fermeté qui ne peuvent manquer de modifier profondément le caractère. Nos idées ne sont pas des choses inertes, et notre intelligence ne doit pas être une pure capacité réceptive. Les idées sont des germes vivants qui veulent être fécondés. Elles sollicitent de nous la chaleur qui leur permettra de déployer leurs secrètes énergies. Beaucoup d'entre elles, dit excellemment M. Bergson, « flottent à la surface de notre conscience comme des feuilles mortes sur l'eau d'un étang », parce que nous les avons reçues toutes faites du dehors, ou parce que nous les avons délaissées et négligées. D'autres s'incorporent à notre moi d'une façon si intime qu'elles vivent vraiment en nous et que nous vivons par elles ; elles ne demeurent pas isolées, elles s'organisent, pénètrent notre propre substance, parce que nous les avons accueillies, aimées et animées, parce que nous les avons appréciées, choisies, voulues : elle ne sont plus seulement en nous, mais elles sont nous-mêmes ; alors seulement elles peuvent devenir un principe actif et durable de conduite intellectuelle et morale. Nous y tenons, parce que nous les avons jugées à leur valeur ; elles ne se sont pas aveuglément imposées à l'esprit. Et c'est précisément pour avoir vu clair dans ses opinions, pour en avoir scrupuleusement vérifié l'origine et le prix, qu'on y croit plus pleinement. C'est par l'esprit critique, l'analyse, le doute vraiment philosophique qu'on arrive à cette fermeté raisonnée de l'affirmation qui est une force et une vertu, et constitue en grande partie le secret de l'autorité que quelques-uns sont en possession d'exercer.

Ce signalement trop général, et trop flatteur aussi peut-être, convient pourtant en somme à un certain nombre de types d'intelligences que nous avons maintenant à distinguer et à classer. Toutes les analyses précédentes nous autorisent d'ailleurs à être ici beaucoup plus bref.

A. — Nous avons remarqué déjà que l'activité mentale implique une tendance à l'analyse et une tendance à la synthèse et que la prépondérance relative de l'une ou de l'autre servait à caractériser la nature d'un esprit. Il est donc possible de signaler en commençant les penseurs qui sont plutôt portés à l'analyse, qui excellent à distinguer des nuances, à différencier les choses, à décomposer une théorie, à entrer dans le détail des questions; ils sont plus aptes à pénétrer, à s'assimiler qu'à construire et à créer. Ce sont des *analystes*, péchant volontiers par excès de subtilité, n'ayant pas toujours toute la vigueur nécessaire pour dégager une conception d'ensemble, à la fois compréhensive et une. Très sensibles au conflit, à la contradiction des idées, ils sont parfois douteurs et inquiets, portés au scepticisme.

B. — Lorsque ces dernières tendances s'exagèrent et que d'autre part on aperçoit une prépondérance de l'association par contraste, un type assez différent se manifeste. Ce sont les esprits *critiques, discuteurs,* ayant une disposition singulière à se représenter les difficultés, les objections : d'où la tendance à la contradiction, à la combativité intellectuelle, avec quelque excès de raisonnement : non pas qu'on raisonne jamais trop ni trop bien, mais on peut être raisonneur inutilement et un peu à côté.

C. — Voici maintenant ceux qui, sans être nécessairement d'une puissance et d'une richesse intellectuelles hors du commun, voient plutôt les choses dans leurs relations, dans leur ensemble, d'une vue nette et ferme. S'ils mettent ces qualités au service de leurs affaires, de leur conduite, ce seront des *réfléchis,* des pondérés, des esprits droits et *pratiques*. Attentifs et précis, avec de la justesse et de la rigueur, quelquefois un peu trop positifs et manquant d'envolée, d'enthousiasme et d'emballement ; un peu timides par là même et résistant, non sans quelque excès, aux idées nouvelles ; conservateurs plutôt que précurseurs.

D. — Enfin, si l'esprit est tourné plus volontiers vers les choses de la pensée, nous avons les *spéculatifs,* esprits larges et constructifs, — déductifs ou inductifs, aptes aux vastes généralisations ou aux longs enchaînements de raisonnements ; — appliquant leurs facultés soit au monde des phénomènes et des êtres extérieurs, soit au monde des idées, des sentiments ; — logiciens, savants et philosophes, — parfois avec un peu de raideur, trop systématiques, exagérant, outrant la valeur de leurs conceptions dominantes et s'efforçant d'y ramener coûte que coûte la réalité qu'ils sont conduits à violenter ou à mutiler.

Cette classification, à coup sûr, comporterait bien des compléments et des réserves ; mais elle est faite, il n'est pas hors de propos de le rappeler, à un point de vue particulier, et si elle néglige bien des considérations intéressantes[1], elle nous semble à peu près satisfaisante pour notre sujet. Car c'est seulement au point de vue de leur importance dans le caractère que nous avions à distinguer ici les principales formes sous lesquelles se traduit l'activité intellectuelle.

---

1. V. en particulier une curieuse classification des aptitudes intellectuelles dans Wundt. *Psych. physiol.*

CHAPITRE V.

LES MODES DE L'ACTIVITÉ.

L'action, tel est le terme où aboutit ou du moins tend à aboutir tout processus psychologique : l'homme sent et pense pour agir. Sans doute, dans certains cas, la sensibilité surexcitée se développe aux dépens de l'activité et apparaît seule au premier plan ; sans doute aussi parfois la connaissance, l'élaboration intellectuelle envahit le domaine de la vie psychique au point que la pensée est tout ensemble émotion et action. Mais, en somme, il n'y a là peut-être qu'une direction différente imprimée à l'activité qui ne disparaît pas, mais subit une transformation. En tous cas, sa diminution, comme son développement, confère à l'individualité psychologique un cachet caractéristique au premier chef. Il est possible même que l'activité soit le fond de toute vie mentale, il est possible qu'elle soit ce qu'il y a de plus essentiel dans l'homme. Et, sans reprendre la thèse métaphysique de Schopenhauer, on serait en droit de se demander si de la puissance et de la nature de l'énergie motrice ne dépendent pas la sensibilité et l'intelligence. La fatigue musculaire produit en effet des troubles singuliers dans la pensée et dans la sensibilité ; on remarque des faits analogues dans certaines névropathies, comme la chorée et l'hystérie ; « l'état de la sensibilité et de l'intelligence, a-t-on dit, est subordonné à l'état de la motilité ; pas d'intelligence sans sensibilité, pas de sensibilité sans motilité. » (Féré, *Pathologie des Émotions*, p. 163.) Sans aller aussi loin, on ne peut méconnaître que l'activité, bien qu'elle soit, en un sens et dans une large mesure, conditionnée par la sensibilité et l'intelligence, n'en soit partiellement indépendante et ne les conditionne à son tour. L'étude de ces rapports sera d'ailleurs abordée plus tard, et pour le moment il s'agit seulement de noter les différences profondes qui peuvent séparer les individus, si on les envisage, par abstraction, au point de vue de l'activité seule.

Il est nécessaire au surplus d'indiquer dès l'abord avec plus de précision ce que l'on entendra ici par activité. Ce n'est point cette forme supérieure d'activité qui s'appelle la volonté et qui, comme tout ce qui est d'ordre élevé, est chose extrêmement complexe. Ce n'est point même telle ou telle forme d'activité inférieure, réflexe ou instinctive, considérée dans ses caractères distinctifs. On a proposé, à cet égard, bien des classifications des mouvements. Celles de Wundt et de Preyer, bien que soulevant quelques difficultés de détail semblent les plus acceptables ; ils comptent quatre grands groupes : 1° mouvements spontanés automatiques (Wundt) ou impulsifs (Preyer) ; 2° mouvements réflexes ; 3° mouvements instinctifs ; 4° mouvements volontaires (Wundt) ou représentatifs (Preyer) ; ils diffèrent et par leurs causes et par leur degré de complexité et de coordination. Mais tous ces mouvements, à quelque genre qu'ils appartiennent, relèvent d'une certaine activité primordiale et primitive plus ou moins énergique et intense, ils sont la traduction, la manifestation extérieure des forces latentes emmagasinées dans l'organisme. Cette quantité de force vive, son aptitude à se dépenser par les voies motrices, voilà qui est inégal chez les différents individus. Et cette diversité dépend en dernière analyse beaucoup moins de la structure et de la vigueur du système musculaire que de la constitution des centres nerveux. Sans doute, la force corporelle, la puissance des muscles, non pas uniquement leur développement, mais surtout leur tonicité, sont des conditions favorables à l'activité, puisqu'ils permettent de continuer et de recommencer avec une moindre fatigue les opérations imposées; ils sont aussi des conditions favorables à l'acquisition de nouveaux systèmes de mouvements; ils peuvent enfin et doivent donner naissance à des besoins d'une nature spéciale, comme tout organe bien nourri qui tend à s'exercer. Mais ces conditions ne sont ni nécessaires ni suffisantes. Il est des hommes d'une force musculaire médiocre et qui ont un perpétuel besoin d'agitation. Il en est d'autres, d'une vigueur corporelle considérable et qui volontiers la laissent inemployée. Ce qui est essentiel, c'est donc ce penchant naturel à l'action qui est une propriété des centres nerveux. Par activité nous entendrons donc ici la capacité et le besoin d'une dépense nerveuse dans le sens de l'action. Cette capacité et ce besoin se présentent-ils sous des aspects divers et quels en sont les principaux, tel est le problème restreint, mais précis, qu'il convient d'aborder.

I. — Envisagée du dehors, dans ses effets, l'activité c'est le mouvement, avons-nous dit. L'importance de la motilité a paru si considérable que l'on a proposé de classer les caractères en partant de la considération de la vivacité, de la lenteur et de l'énergie des mouvements, et l'on a rangé les hommes en trois groupes : les vifs, les lents, les ardents. (B. Pérez, *Le caractère de l'enfant à l'homme.*) Considération qui ne manque pas de justesse, mais qui demeure incomplète et quelque peu superficielle. Le mouvement extérieur n'est qu'un signe et qu'on ne saurait exactement interpréter sans remonter aux véritables causes. De plus, c'est un signe équivoque. Cela est vrai tout d'abord au point de vue physiologique lui-même ; car la forme extérieure du mouvement n'est pas nécessairement liée à la puissance de l'activité ; la vivacité des mouvements, leur ardeur même ne témoignent pas toujours d'une capacité supérieure d'énergie active ; et par contre, la lenteur peut très bien se rencontrer unie à un riche fonds d'activité. C'est qu'en effet la rapidité et la violence peuvent tenir beaucoup moins à l'énergie vitale générale qu'à une exagération momentanée des réflexes, résultant d'un manque de contrôle des centres supérieurs, d'une absence d'inhibition systématique. De même la lenteur peut résulter soit d'une sorte d'atonie des centres nerveux moteurs, soit d'une pondération et d'un arrêt réciproque des tendances. Au point de vue psychologique surtout la chose est évidente. On peut bien dire avec Bain que chez une personne lente ou vive « l'allure du mouvement est la même dans tous les organes, dans l'action et dans la pensée ». Mais la vivacité d'esprit produit-elle toujours une grande vivacité dans les mouvements ? Et la vivacité dans les mouvements ne peut-elle résulter tantôt de l'absence de réflexion, tantôt de la rapidité du jugement et de la promptitude de la décision. Par contre, la lenteur des mouvements peut avoir pour antécédent psychique soit la mollesse et la lourdeur de la sensibilité et de l'intelligence, soit la modération volontaire, la domination réfléchie exercée sur les impulsions et tendances. Il y a donc mille façons d'être lent ou vif et sous ces apparences se cachent les traits vraiment essentiels du caractère. Aussi est-il nécessairement arrivé à M. B. Pérez qu'en traçant les portraits, d'ailleurs si curieux, qu'il nous donne, il a dû faire intervenir une foule de considérations qui, non seulement ne se peuvent déduire de la nature et de la forme des mouvements, mais qui même ne s'y rattachent pas d'une façon bien évidente et bien nécessaire.

Aussi, pour nous borner à l'activité comprise comme nous avons dit, semble-t-il préférable de ne pas s'en tenir au mouvement, mais d'envisager son principe même.

II. — Tout vivant est doué de spontanéité, je veux dire d'une certaine activité ou réactivité propre, qui est la vraie cause première de tout mouvement. Qu'on se borne, si l'on veut, au phénomène le plus élémentaire par où se manifeste l'activité, à savoir le mouvement réflexe, qui n'est, sous sa forme la plus humble, qu'une simple contraction succédant immédiatement à une simple excitation. Nous avons là en raccourci les éléments essentiels de tout acte : irritation et réaction. Mais qu'est cette réactivité? On y a vu un phénomène aussi purement mécanique que « les mouvements successifs du piston et des roues d'une machine à vapeur. » (Cf. Maudsley, *Physiologie de l'esprit*, p. 190 ; — Spencer, *Princ. de Psychol.*, I, p. 458, — etc.) Explication qui paraît trop simpliste en vérité, puisqu'on y néglige ce qui est proprement en question, à savoir en vertu de quelle puissance particulière, *sui generis*, le vivant transforme l'excitation en mouvement. En tous cas, l'observation montre péremptoirement que cette transformation ne s'opère pas toujours de même, ni dans un individu donné, suivant sa disposition physiologique et psychologique du moment, — ni chez différents individus d'une même espèce. Aussi faut-il nécessairement tenir compte de la capacité latente d'énergie motrice possédée par chacun.

Est-ce à dire qu'il faille, avec A. Bain, admettre l'existence d'une activité véritablement spontanée, qui se dégagerait d'elle-même et serait capable de donner naissance à des mouvements, en l'absence de toute excitation, soit externe, soit interne? Ce serait peut-être aller trop loin, et cette hypothèse, qui a été très vivement critiquée[1], ne nous est pas ici nécessaire, au moins sous cette forme. Quelque chose toutefois en semble devoir être retenu. M. Féré semble croire que, pour Bain, « le sujet crée des forces » et cette création *e nihilo* lui paraît à bon droit inintelligible et absurde. Le problème, selon lui, est purement mécanique : les vibrations externes produisent des vibrations dans l'organisme, suivant les lois de la communication du mouvement et de l'équivalence des forces. Seulement il lui faut bien reconnaître qu'on doit tenir compte aussi de la structure de l'appareil transformateur, que les contractions musculaires varient non seulement avec l'intensité de l'excitation, mais avec « l'excitabilité du sujet », que, d'un mot, « l'homme réagit à chaque excitation suivant sa *vibratilité spécifique*, suivant sa constitution moléculaire ». On néglige malheureusement de dire au juste ce qu'il faut entendre par cette vibratilité spécifique. Est-ce simplement aptitude à être ébranlé, affectivité, ou aptitude à répondre avec une énergie variable aux excitations, réactivité? Et en quoi cette seconde hypothèse serait-elle inconcevable? N'est-il pas vrai que, suivant les individus, les excitations externes tendent à pro-

---

[1]. V. en particulier : Herzen, *Il moto psichico e la coscienza*, p. 38 et suiv. ; — Ch. Féré, *Sensation et Mouvement*, p. 67 et suiv., etc.

duire plus particulièrement tantôt des modifications centrales d'ordre sensitif (plaisirs et douleurs, émotions, etc.), tantôt des réactions motrices (contractions, gestes, actes, etc.)? M. Beaunis aussi rejette la théorie de Bain sur l'*activité musculaire spontanée*, et soutient que tous les mouvements ont pour origine certaines sensations externes ou internes, lesquelles au reste peuvent demeurer singulièrement vagues et à peine conscientes. Il écrit toutefois : « Les centres nerveux ressemblent à un réservoir qui se charge et se remplit peu à peu et exerce une tension de plus en plus forte, de façon que, quand la tension a atteint un certain degré, le besoin d'exercice se produit et amène une contraction. Un centre moteur est continuellement sollicité par une série d'excitations provenant soit de l'extérieur, soit de l'organisme même ; il reçoit incessamment des sensations, du sang, etc., de l'énergie qui s'accumule et qui s'emmagasine, et quand cette énergie est à son maximum, *les fusils partent tout seuls*, pour employer une locution vulgaire. La sensation de besoin correspondrait dans ce cas à cette sorte de *tension* cellulaire qui précède l'explosion nerveuse finale. » (Beaunis, *Les sensations internes*, p. 19.) Mais que peut-on demander de plus que ces affirmations ? Et n'est-ce pas là, au fond, précisément ce que soutient A. Bain ?

Or, de là découle une double conséquence dont l'importance ne saurait être méconnue.

D'une part, comme la réaction motrice ne correspond pas exactement en intensité à l'intensité de l'excitation et qu'il y a lieu de faire entrer en ligne de compte l'état dynamique propre du sujet, il est juste de dire qu'il existe un état de tonicité des muscles et surtout des centres moteurs, une sorte de réserve de forces prêtes à se dépenser, une fraîcheur et une élasticité particulières qui peuvent suppléer en quelque mesure, je ne dis pas à l'absence, mais du moins à la faiblesse de l'excitation. Inversement, il y a un état d'inertie ou d'épuisement de ces centres qui produit le même effet que l'inirritation, ou du moins atténue l'excitation et l'oblige à se traduire autrement que par des manifestations motrices. Ce qui, pratiquement, revient à dire que les centres moteurs peuvent être considérés comme doués d'une activité spontanée plus ou moins puissante et disponible.

D'autre part, et c'est là un point qui semble assez solidement établi, les centres moteurs ne sont pas sous la dépendance exclusive des centres sensitifs, ni en ce qui concerne leur développement réciproque, ni en ce qui concerne leur fonctionnement. Il paraît peu exact de soutenir qu'en thèse générale, la dépression de la motilité coïncide toujours avec une dépression concordante de la sensibilité. L'inactivité relative des uns coexiste, en fait, avec une excitabilité très vive des autres. Bien souvent on peut noter une indépendance réciproque, et même une relation inverse, en vertu d'une sorte de loi de balancement psychologique, analogue à la loi de balancement des organes. « L'énergie totale de l'organisme, écrit très bien M. Fouillée, est en quantité limitée. Si à l'un des pôles afflue un excédent considérable d'énergie, il y aura chance pour qu'il y ait insuffisance d'énergie à l'autre pôle. L'organisme a son budget : obligé à des crédits excessifs, le voilà dépourvu pour d'autres dépenses. » Aussi la page suivante d'A. Bain reste-t-elle une excellente description psychologique : « La sensibilité et l'activité ne s'élèvent ni ne s'abaissent parallèlement. Le tempérament le plus actif n'est pas toujours le plus sensible ; on voit souvent au contraire que c'est celui qui l'est le moins. Chacun sait qu'il y a une espèce d'activité qui semble vivre d'elle-même, qui ne coûte aucun effort, qui cause du plaisir loin de fatiguer et que ne modifie pas sensiblement ni un stimulus, ni l'idée d'un but; c'est manifestement l'effet d'une force spontanée. C'est un signe du caractère tant chez les individus que chez les races. C'est le caractère de l'aventurier qui ne goûte aucun repos, du voyageur infatigable, de ces gens qui se mêlent de toutes les affaires, de ceux qui haïssent le repos et dédaignent les plaisirs tranquilles; c'est l'activité débordante de Philippe de Macédoine ou de Guillaume le Conquérant. Les natures sensibles qui ne sont pas rares chez les hommes, mais qui sont très communes chez les femmes, ne sont pas très actives. Ce qui distingue l'activité provoquée par l'idée d'un but de l'autre genre d'activité, c'est qu'elle se proportionne au but et qu'elle cesse dès qu'il est atteint. On ne confondra jamais l'homme qui travaille pour faire fortune et qui se repose après avoir gagné de quoi vivre, avec l'homme qui passe sa vie à dépenser l'excès de sa force musculaire et nerveuse. » (*Les Sens et l'Intelligence*, trad. fr., p. 52-53.) La force ou la faiblesse de cette activité originelle, voilà ce qui semble bien plus important que la forme extérieure des mouvements. Le développement prépondérant de cette capacité d'action, l'aptitude particulièrement marquée à dépenser ainsi un riche fonds d'énergie suffit à caractériser des groupes d'individus. M. Fouillée en fait une des deux formes de tempéraments qu'il distingue, et M. Ribot un des trois *genres* de caractères qu'il énumère. « Ce sont des machines solides, bien munies de force vive et encore plus d'énergie potentielle... *Il faut* qu'ils agissent. » Par contre, il y a une autre catégorie bien tranchée : ce sont les individus chez qui l'activité est considérablement atténuée, mous, languissants, inertes, sans ressort pour l'action, y répugnant aussi naturellement que les autres y tendent. Et ce sont bien là des prédispositions natives et qu'il est facile de remarquer chez les enfants : les uns toujours en mouvement, toujours occupés, ayant, comme on dit, du vif-argent dans les veines, ne se plaisant qu'aux jeux bruyants, entreprenants, osés, hardis ; les autres volontiers immobiles, préférant les occupations calmes, celles qui exigent la moindre dépense d'effort, restant même longtemps inoccupés sans que le désir de faire quelque chose les stimule assez vivement pour les tirer de je ne sais quelle sorte de torpeur constante.

Que ces différences dans l'activité donnent naissance à des traits dérivés de caractère, c'est ce qui est manifeste au premier coup d'œil. Et sans anticiper sur ce qui devra plus tard être examiné plus attentivement, quelques remarques peuvent être dès à présent indiquées. En présence de la douleur, l'attitude des hommes, nous l'avons observé déjà, est très diverse. Les uns plient, restent brisés, ou ne réagissent que d'une façon spasmodique et éphémère ; les autres se réveillent plus disposés à la combattre, du moins prêts à réparer cette passagère défaillance. En présence de l'obstacle, les uns s'arrêtent et s'effarent, abandonnent leurs projets, se consument en doléances vaines, en inefficaces regrets ; les autres y puisent comme des forces nouvelles, la conscience de leur énergie diminuant la conscience de la résistance et faisant paraître moindre la difficulté, celle-ci même donnant plus d'intérêt à l'action. L'inerte voit partout des raisons de ne rien entreprendre, du moins de se borner à la somme d'efforts strictement nécessaire, il préfère le *statu-quo,* les solutions faciles ; l'actif préfère tout ce qui conduit au mouvement, il choisit la direction où il lui faudra dépenser plus de hardiesse ; au lieu de temporiser, il va de l'avant, a le goût de la lutte et du danger ; plus d'audace dans l'entreprise, plus de vigueur dans l'exécution, plus de confiance dans le succès, voilà des conditions précieuses pour engendrer le courage et le sang-froid. L'intelligence subit le contre-coup de ces aptitudes diverses de l'activité : timidité intellectuelle, prolongation de la délibération, goût de la contemplation, ou au contraire impuissance à la méditation impersonnelle et désintéressée, décision dans le coup d'œil, dédain des spéculations théoriques et des subtilités dialectiques, disposition à ne pas s'arrêter à toutes les objections, à ne pas être un réfléchissant trop complet. La volonté enfin trouve dans ces prédispositions de l'activité une partie au moins des raisons de son développement et de sa direction.

III. — Maintenant, dans chacune des grandes classes que nous venons de distinguer, des subdivisions doivent nécessairement être établies.

C'est ainsi qu'il existe deux sortes principales d'inactifs.

Tout d'abord, en effet, nous rencontrons des gens chez qui l'inactivité est pour ainsi dire primaire et sans compensation. Elle est leur dominante ; et cette indolence, cette inertie s'étend à tout, à la sensibilité comme à l'activité proprement dite ; le ton vital est abaissé au-dessous de la moyenne ; non seulement ils n'ont ni le besoin ni le goût de l'action, mais encore rien ne les impressionne assez fortement pour les tirer de cette indifférence, de cette paresse, de cette ataraxie où ils s'endorment. Ce sont ceux que M. Ribot appelle les apathiques-purs, « inertes, insouciants, endormis » ; que M. Fouillée nomme les flegmatiques-faibles, ou encore les adynamiques, ayant en eux « quelque chose de cette dépression de forces qui caractérise la maladie, le sommeil et la vieillesse ».

D'un autre côté, il est des hommes remarquables aussi par leur répugnance à l'action, mais chez qui cette inactivité est en quelque sorte secondaire ou dérivée, résultant d'une émotivité trop vive avec tendance dépressive, ou d'une certaine disposition intellectuelle trop contemplative ou trop portée vers l'analyse, l'abus de la réflexion. Nous aurons d'ailleurs occasion d'insister sur ces faits lorsque nous rechercherons quelles sont les lois de corrélation ou de subordination qui relient entre eux les éléments du caractère.

Quelques observations plus détaillées sont nécessaires en ce qui concerne les divisions qu'il importe d'établir dans le genre des actifs. Deux individus peuvent être doués d'une capacité d'action remarquable et la dépenser d'une manière très différente. Le déploiement de l'activité peut être rapide ou lent, violent ou calme, temporaire ou persistant. Et ce sont là, dit Bain (*On study of Charakter*, p. 195) des caractéristiques non seulement des individus, mais même des races. C'est ainsi que le Hollandais est essentiellement actif, mais lent, calme, lourd même, et par contre persévérant, capable d'efforts continus et prolongés ; l'Anglais plus énergique, plus entreprenant, mais son activité reste encore pondérée et durable ; le Français, remarquable par son énergie véhémente, ardente, mais discontinue, saccadée, facilement épuisable ; l'ancien Grec ou l'Italien moderne, d'activité plus faible, mais vive, excitable et en même temps plus durable.

La nécessité de tenir compte de ces éléments lorsqu'il s'agit de distinguer diverses espèces dans le genre des actifs n'a pas échappé à M. Fouillée. Le pénétrant psychologue, envisageant surtout la base physiologique de ce qu'il nomme le tempérament actif, c'est-à-dire selon lui « celui qui est en prédominance de désintégration », remarque que « cette désintégration est rapide et intense, ou, au contraire, lente et modérée ». Il estime en effet que la vitesse et l'intensité doivent aller ensemble : « plus la force qui lance la flèche est intense, plus son effet est rapide. » Et ainsi on a deux types de tempérament actif : l'actif à réaction prompte et intense, le « colérique ou bilieux », et l'actif à réaction lente et peu intense, le « flegmatique-fort ». — Et c'est là une vue fort exacte en un sens, mais qui peut toutefois appeler certaines réserves ou du moins certains compléments.

Sans doute M. Fouillée a bien vu que la violence de la réaction n'est pas la même chose que sa force ou son énergie. L'activité moins impétueuse mais plus durable et plus continue peut présupposer une quantité de force vive aussi considérable, supérieure même. La violence, en effet, c'est la brusque dépense de l'énergie disponible ; le caractère explosif de la réaction ardente et subite a presque toujours pour conséquence un épuisement d'autant plus prolongé que la décharge aura été plus impétueuse et plus complète. Et ainsi la véhémence est rarement continue ; car pour que cette impétuosité indomptable se maintînt, il y faudrait une vigueur de constitution, une capacité de restauration hors du commun.

Mais ce qu'il faudrait distinguer, c'est la spontanéité et la réactivité ; la première est l'expression d'un riche fonds d'énergie disponible et qui tend d'elle-même à se dépenser ; la seconde c'est la réponse à une excitation du dehors. Or, s'il est bien vrai qu'en ce qui concerne la réaction, la promptitude et la violence vont ensemble, cela n'est plus exact quand il s'agit de l'activité spontanée : celle-ci peut être vive sans devenir impétueuse. Qu'on examine ici encore des enfants. En voici un qui est sans cesse en mouvement ; incapable de rester en place, il faut qu'il aille, qu'il vienne, qu'il coure, qu'il joue : mais cette vivacité, ce besoin incessant de s'agiter n'implique aucune véhémence, rien d'explosif : l'énergie se dépense chez lui par la multiplicité des mouvements dont chacun, pris à part, reste souple et gracieux. Voici son frère : il demeurera plus volontiers tranquille, mais tout à coup, soit qu'il ait été excité, soit tout simplement sous l'action d'une sorte de poussée intérieure, il se détend avec une ardeur extrême, il éclate avec une impétuosité indomptable. Je comparerais volontiers l'un à un jeune poulain qui bondit joyeusement, l'autre à un taureau qui fonce quand il voit du rouge.

Il y a ainsi des hommes, qui trouvent en eux-mêmes la raison d'être de leur activité, qui ont un besoin spontané de dépenser leur force en des essais de tous genres : je leur réserverais le nom d'actifs proprement dits. D'autres ont une activité énergique aussi mais qui a besoin d'être provoquée, suscitée ; et je les appellerais des réagissants.

Parmi les *actifs* je distinguerais : 1° les vifs, ayant un besoin permanent de se répandre, d'entreprendre, de marcher, de voyager, de tenter mille choses, d'agir pour agir, changeant de but, mais ne s'arrêtant jamais, remuants et agités ; — 2° les lents, d'énergie puissante aussi, mais plus calme, moins dispersée, plus continue, plus persévérante, du moins se maintenant plus facilement dans la même direction.

De même, je compterais deux variétés de *réagissants*: 1° les premiers, d'activité plus faible, du moins sans ardeur ou impétuosité bien grandes, mais très excitables ; 2° les autres remarquables au contraire par leur énergie violente, véhémente, explosive et impulsive, parfois saccadée et vite épuisée.

IV. — Il est bien évident, maintenant, que ces formes diverses de l'activité ne peuvent être pleinement caractérisées que si l'on tient compte des éléments nouveaux qu'introduit soit la sensibilité, soit l'intelligence, soit surtout la direction de la volonté. Mais à leur tour elles rendent plus ou moins probable et facile le développement de telles ou telles tendances de la sensibilité, de tels ou tels modes d'intelligence et elles conditionnent la volonté elle-même. En tous cas, elles constituent des prédispositions primitives qu'il est impossible de ne pas envisager en elles-mêmes. On peut modérer, assagir, endiguer l'activité naturelle des uns : on ne la détruit pas ; on peut secouer l'apathie, l'inertie congénitale des autres : on n'en fera jamais des hommes d'action énergiques et exubérants. Comme dit A. Bain, c'est perdre ses paroles que d'engager un homme naturellement lâche à être courageux. On arrivera bien à faire cesser ses craintes sur un point, à lui faire comprendre la nécessité d'affronter un certain danger : on ne l'empêchera pas d'avoir peur. — Il est des hommes qui n'auront jamais que le mode d'activité qu'ils tiennent du tempérament, de l'hérédité, de la nature ; mais ceux-là même qui se transformeront par l'effort persévérant et méthodique de la volonté auront à compter avec cette mollesse ou cette impétuosité primitives.

A nous en tenir ici à l'activité, telle qu'elle apparaît en

dehors de toutes les modifications ultérieures, abstraction faite de ce mode supérieur qui est la volonté, nous croyons qu'on peut, en résumé, classer les principaux modes suivants :

A. Les Inactifs : 1° les apathiques proprement dits, mous, indolents, endormis, inertes ; 2° les inactifs par excès d'émotivité ; 3° les inactifs par excès de réflexion.

B. Les Actifs : 1° les actifs lents, lourds, calmes, persévérants ; 2° les actifs-agités, vifs, remuants, hardis, oseurs, batailleurs, expansifs, toujours pressés, toujours en quête d'entreprises nouvelles.

C. Les Réagissants : 1° les mobiles, excitables, capricieux ; 2° les violents, les impulsifs, les explosifs.

CHAPITRE VI.

LES FORMES DE LA VOLONTÉ.

Dans le précédent chapitre, on a examiné l'activité en son fonds primitif et on a vu combien elle est variable, d'un homme à l'autre, en puissance, en continuité, en spontanéité. Mais il est nécessaire aussi d'envisager les formes diverses qu'elle revêt suivant les causes psychologiques qui la suscitent et la dirigent. A cet égard, il y a une activité qu'on peut appeler automatique, encore qu'elle soit véritablement psychologique, et il y a une activité proprement volontaire. C'est de cette seconde qu'on va surtout traiter ; toutefois pour la mieux distinguer de la première il importe de dire d'abord quelque chose de celle-ci.

I. — L'activité automatique dont il s'agit ici, ce n'est pas l'activité presque entièrement mécanique encore du réflexe ou de l'instinct, bien que certains idiots incurables semblent réduits à cet automatisme primitif. Je veux parler d'une activité psychologique puisqu'elle est consciente et provoquée par des états de conscience, sensations ou émotions, désirs et tendances, représentations, images et parfois même idées abstraites et jugements. Et pourtant c'est bien de l'automatisme encore, de « l'automatisme psychologique », puisque les mouvements, simples ou complexes, l'acte ou la série des actes, suivent l'événement psychologique excitateur immédiatement et fatalement, puisqu'ils s'enchaînent ou mieux se succèdent, non sans cause, à coup sûr, mais sans raisons connues, sans choix et sans réflexion, sans qu'il y ait une coordination originale actuelle des éléments psychiques qui entrent en jeu, en un mot sans cette élaboration mentale personnelle, sans cette réaction du « moi » qui, nous le verrons, constitue vraiment la Volonté. Il y a donc action, conduite, mais il n'y a pas vouloir.

Plusieurs cas sont à distinguer.

Chez ceux-ci, ce qui est remarquable, c'est une sorte d'impersonnalité, d'anonymat de l'activité. Ils sont réduits à un automatisme d'imitation. Ils font ce qu'ils voient faire, ce qu'on leur dit de faire, ce qu'on leur fait faire. Ils subissent passivement l'influence du milieu. Incapables d'initiative, impuissants à donner une impulsion, à changer spontanément de direction, sous le coup d'une émotion ou d'une passion qui leur soit vraiment propre, à se diriger pour des raisons méditées et dont ils ont reconnu le prix, ils ne commencent jamais, ils continuent; ils ne marchent pas à vrai dire, ils suivent. Ce sont les moutons de Panurge et c'est, trop souvent, le suffrage universel. Vous croiriez des hommes et vous n'avez que des marionnettes. Malléables à l'excès, ils prennent toutes les formes indifféremment, car il n'en est aucune qui leur soit personnelle; ils sont destinés à être toujours menés et on les mènera où l'on voudra. Ce sont des amorphes. — Parfois au reste ils tiennent une place et ne sont pas absolument inintelligents. Il en est même dont l'activité se rapproche de la volonté, parce qu'ils sont conduits moins par des besoins d'ordre purement pratique et inférieur, et plus par des idées, des théories, des principes. Mais qu'on y prenne garde : principes, théories, idées leur sont venus du dehors, ont été reçus tout faits ; ils tiennent plus ou moins fermement et pour un temps plus ou moins long à certaines opinions et leur conduite en dérive ; mais ils en ignorent l'origine, la valeur et jusqu'au sens véritable : formules ou préjugés qui sont encore un esclavage, car ils en changeront, — comme ils les ont acceptés, — si leur entourage, le public ou leur journal en changent. Ils sont ce personnage dont parle Tolstoï : « Ses opinions le quittaient d'elles-mêmes après lui être venues sans qu'il prît la peine de les choisir ; il les adoptait comme les formes de ses chapeaux ou de ses redingotes, parce que tout le monde les portait, et, vivant dans une société où une certaine activité intellectuelle devient obligatoire avec l'âge, ses opinions lui étaient aussi nécessaires que ses chapeaux. » — Ces gens parfois font illusion : ils peuvent avoir une certaine gravité qui vient de leur cravate blanche, un certain air d'autorité qui tient à ce qu'ils affirment sans hésitation et sont d'accord avec le sens commun, un certain fantôme de caractère parce qu'ils marchent avec une régularité monotone. Ils ont l'air d'être une voix et sont tout au plus un écho, d'être quelqu'un et ne sont qu'une copie.

En voici d'autres qui sont moins plastiques, si j'ose dire, qui revêtent moins facilement les formes que le dehors tend à leur imprimer, qui offrent à l'action du milieu une résistance plus grande. Leur siège est fait, leur sillon creusé, leur voie tracée pour toujours. C'est la routine faite homme. Imitateurs de soi-même plutôt que d'autrui, ils sont esclaves du métier, de l'habitude. Ils tournent dans le même cercle, font les mêmes choses, n'ont ni le désir, ni le goût, ni le pouvoir de chercher du nouveau. Ils sont comme des horloges qui marquent l'heure correctement parce qu'elles ont été, une fois pour toutes, montées et réglées.

Chez d'autres, enfin, ce qui frappe ce n'est plus cette absence d'originalité et d'individualité, c'est la brusquerie saccadée des actions se produisant à la manière de décharges convulsives. C'est bien la nature propre de l'individu qui se manifeste, mais les émotions, les tendances, se transforment immédiatement en acte, sans que l'individu ait pris le temps et le soin de les contrôler, de les arrêter, de les comparer, de les juger, de les coordonner, de les diriger. Ce sont des impulsifs, des emballés, et par cela même, la plupart du temps des gens dont l'activité, la conduite ont quelque chose de désordonné, d'incohérent, agissant par poussées brusques, violentes même, saccadées et en des sens divers au gré des émotions ou des circonstances. Cette impulsivité, qui témoigne d'un manque de coordination supérieure des tendances et d'une absence de volonté réfléchie et suivie, d'un défaut d'arrêt, est caractéristique des races inférieures, des enfants, et des déséquilibrés ; on la rencontre fréquemment chez les hystériques, les neurasthéniques, les choréiques, d'un mot chez la plupart des dégénérés ; elle constitue une forme d'activité automatique dont l'importance est considérable au point de vue du caractère.

II. — Toute activité n'est pas automatique cependant et, dans l'automatisme même, la volonté peut, avec une puissance et une fréquence variables, intervenir pour exercer son pouvoir de contrôle. Or la volonté, nous l'avons déjà dit, est l'un des éléments les plus essentiels du caractère. Aussi l'analyse de ses diverses formes mérite-t-elle de nous arrêter plus longuement.

Fixons bien d'abord le point de vue auquel nous avons à nous placer ici. Il ne s'agit pas de montrer comment la volonté peut transformer et même en un sens créer le caractère : ce sera l'objet d'un chapitre ultérieur. Le caractère, au sens moral et social du mot, c'est une volonté entièrement façonnée, et façonnée par soi, voilà ce qu'il ne faut pas se lasser de dire et de redire. Mais il y a des volontés qui ne sont pas achevées, qui s'abandonnent, il y en a qui ne sont que partielles ; en fait, les volontés humaines peuvent se présenter sous mille formes, avec mille aspects. Même quand on ne se fait pas sa volonté, on a une certaine volonté. Il y a plus, si haute, si personnelle, si libre qu'elle soit, elle a ses origines, son point d'appui dans la nature. On ne développe que ce que l'on possède déjà en germe ; on n'emploie que les énergies que l'on trouve en soi en quelque mesure. Cela est vrai de la volonté dont on peut dire qu'elle est en un sens héréditaire, ce qui n'est pas fait pour surprendre si l'on songe que la capacité d'agir, la force d'attention, de réflexion, la fermeté du jugement, la « faculté de contenir, de varier, de prolonger l'action idéale », sont inégalement réparties et sont des qualités héréditaires. La nature et la puissance de notre volonté viennent donc tout à la fois de la nature, de l'éducation, de la réaction personnelle ; il y faut distinguer un fonds primordial donné, et une superstructure acquise, soit subie, soit créée. Nous ne nous proposons pas de déterminer dans chaque cas ce qui vient de telle ou telle de ces sources ; nous voulons seulement, constatant qu'en fait la volonté est très différente chez les différents hommes, déterminer quelles sont les plus importantes, les plus typiques de ces formes.

A quelque doctrine métaphysique qu'on se rattache et

quoi qu'on pense au sujet du libre-arbitre, on ne peut confondre les actes volontaires et les actes involontaires. La différence d'ailleurs ne saurait être cherchée dans le mécanisme physiologique en vertu duquel une contraction musculaire se produit consécutivement à un état psychique; elle ne peut être trouvée que dans la nature de cet antécédent mental lui-même. Voyons donc, — en nous rappelant qu'il ne s'agit nullement d'une explication, mais d'une simple description.

Et d'abord, pour qu'il y ait mouvement volontaire, si humble soit-il, comme le fait de prendre ce porte-plume, il faut la représentation préalable du mouvement total et aussi des divers mouvements élémentaires dont l'enchaînement et la coordination donneront lieu au résultat final. D'un mot un mouvement volontaire suppose l'*idée* préalable du but, et l'*idée* des moyens propres à l'atteindre. C'est en ce sens que Maudsley par exemple définit la volonté « l'impulsion causée par des idées », « la réaction motrice des idées ».

Cela suffit-il ? — En tant que l'idée ou la représentation sont immédiatement suivies et pour ainsi dire linéairement prolongées par l'action, il n'y a encore, nous l'avons dit, qu'une activité automatique, dont les suggestions hypnotiques présentent de frappants exemples. La volonté n'apparaît vraiment que là où il y a une certaine coordination originale, un ajustement répondant à l'ensemble des conditions actuelles tant objectives que subjectives. « Un acte volontaire, dit très justement en ce sens M. Pierre Janet, est un acte, au moins en quelque partie *nouveau*, qui, pour s'adapter à des circonstances nouvelles, réunit, synthétise certains éléments psychologiques n'ayant pas encore été groupés exactement de cette manière. » (*État mental des hystériques ; les accidents mentaux*, p. 28.) La délibération proprement dite n'est donc pas toujours présente et ne se rencontre que dans les actions volontaires complexes et élevées, supposant ambiguïté de directions conçues. Mais ce qui est nécessaire, c'est cette synthèse intellectuelle que nous avons appelée un *jugement*. Vouloir c'est « juger pour agir ». Notre âme, disait Leibnitz, est « architectonique » dans les actions volontaires.

Il y a plus : vouloir, c'est *se retenir d'agir*, et c'est par là même, suivant la formule de M. Ribot, *choisir pour agir*. Non pas toujours choisir entre deux actes différents ou opposés, mais du moins choisir entre faire et ne pas faire. Il n'y a d'action volontaire que lorsque nous *sentons* qu'un autre acte eût pu s'accomplir ou du moins que l'acte eût pu ne pas s'accomplir. La volonté est tout ensemble et indissolublement pouvoir d'action et pouvoir d'arrêt. Sous sa forme pure, pour ainsi dire, sous forme de simple « je ne veux pas » le pouvoir d'arrêt est postérieur à la volonté active, et le développement du non-vouloir est plus tardif que celui du vouloir ; il fait presque complètement défaut dans l'enfant, dans les races inférieures et chez les êtres dont l'évolution mentale est incomplète. Mais ce qu'il faut retenir c'est que dans tout acte volontaire est impliqué un arrêt des tendances, que le « je veux » enveloppe un « je ne veux pas ». C'est qu'en effet, toute volition supposant la systématisation de plusieurs éléments psychiques, chaque tendance ne doit pas se traduire isolément, pour son propre compte ; il faut qu'elle soit arrêtée pendant qu'on la compare, qu'on la juge, qu'on la combine avec d'autres. C'est là un point que M. Paulhan, notamment, a fort bien mis en lumière théoriquement, et que confirment les expériences sur les temps de discrimination et de choix. La multiplicité des tendances et leur coordination provoque nécessairement cette inhibition au moins relative des unes par les autres [1].

Une conclusion générale s'impose donc : une action est d'autant plus hautement volontaire qu'elle résulte de la systématisation définie, cohérente, en vue d'une fin nettement déterminée, d'un plus grand nombre d'éléments et de tendances psychiques : sensations, sentiments, images, idées ; — qu'elle intéresse plus complètement l'individu moral, le « moi » tout entier. « La volition complète, pour reprendre les expressions de M. Ribot, a pour condition fondamentale une *coordination hiérarchique,* c'est-à-dire qu'il ne suffit pas que des réflexes soient coordonnés avec des réflexes, des désirs avec des désirs, des tendances rationnelles avec des tendances rationnelles ; mais qu'une coordination entre ces différents groupes est nécessaire, — une coordination avec subordination, telle que tout converge vers un point unique : le but à atteindre ». (*Maladies de la volonté,* p. 149). C'est en ce sens que la volonté est vraiment une activité personnelle, qu'elle est la réaction propre d'un individu, qu'elle est un choix exprimant notre nature, notre caractère. Et c'est aussi pourquoi un acte volontaire est conscient et personnel d'une façon très particulière et très remarquable ; il enveloppe, comme dit Hack Tuke, « la sensation subjective d'une force dirigeante » ; il n'est pas seulement rattaché comme un élément nouveau à

---

1. Bien qu'on ignore à peu près complètement la nature et le mécanisme physiologiques de ces phénomènes d'inhibition, il semble bien que, psychologiquement, la douleur, les sentiments à caractère déprimant (Ribot) constituant une série d'états de conscience *correctifs,* y jouent un rôle considérable et que le conflit de deux ou plusieurs tendances actives suffise à les provoquer.

cette perception d'ensemble qui est la personnalité, il est saisi comme en dérivant, en émergeant ; il n'est plus seulement senti comme étant *à nous* et *en nous*, mais comme étant *par nous*, comme étant *nous-mêmes*. La volonté, en bref, c'est le « moi »; c'est « l'intelligence automotrice, non point telle ou telle idée, mais la puissance de penser, d'unifier, se déterminant elle-même. » (Rauh, *Revue de métaphysique et de morale* [1]).

III. — Rien n'est plus simple maintenant que de distinguer et de classer les diverses formes et qualités de la volonté. Laissant de côté, comme nous le faisons constamment, les états purement pathologiques où la volonté est totalement et constamment abolie, la comparaison d'une personne avec une autre nous fait manifestement découvrir divers éléments de variété dans la volonté : on peut vouloir fortement ou mollement, avec promptitude ou lenteur, être décidé ou irrésolu, persévérant ou inconstant, la volonté peut être dispersée ou unifiée.

Tel veut fortement : par là je n'entends pas précisément la même chose que la fermeté du vouloir qui est plutôt stabilité, constance, mais plus spécialement l'énergie avec laquelle tout l'être est tendu vers une fin, la puissance active des tendances, la convergence à un moment donné —

---

1. L'étude des maladies de la volonté, des diverses formes de l'*aboulie* constitue une précieuse vérification des analyses précédentes. Toutes ces altérations se rattachent en somme à une même cause fondamentale : l'état d'isolement des tendances, leur anarchie, la désagrégation mentale. Cela est manifeste dans les cas où l'aboulie vient d'une incoordination ou d'un excès d'impulsion. Le défaut d'impulsion lui-même témoigne d'un état de dépression, de « misère psychologique » qui est au fond incapacité de se fixer, de se concentrer : d'où tout ensemble l'inertie et l'indifférence, car on s'intéresse aux choses dans la mesure où on les veut.

et peut-être d'ailleurs pour ce moment seulement — de toutes nos forces. Voilà qui tient donc avant tout à l'intensité même des désirs ou mieux de leur résultante actuelle. La mollesse, au contraire, c'est cette sorte d'atonie de la sensibilité et de l'activité qui nous laisse indifférent à l'acte et à ses conséquences et nous rend pénible tout effort vigoureux. Le désir est languissant, la réaction lâche, anémiée. La volonté peut bien encore se produire sans doute, mais comme ayant peine à sortir du monde des possibles pour entrer décidément dans celui du réel: il y a des velléités plutôt que des volitions.

Voici une autre différence: chez l'un ce qui saute aux yeux, c'est la rapidité du choix et de la réaction; chez l'autre c'est sa lenteur. Ici d'ailleurs une distinction évidemment s'impose. La vivacité du vouloir peut être un signe d'impulsivité, d'irréflexion: l'acte se réalise dès qu'il est conçu, par manque de contrôle, de comparaison avec les idées réductrices qui n'ont pas eu le temps de s'éveiller, par défaut d'appréciation au nom d'un principe supérieur, d'un seul mot par *légèreté*. Parfois aussi la promptitude de la détermination est favorisée tout simplement par une certaine pénurie d'idées; un entendement limité ne découvre pas toutes les qualités des choses et tous leurs rapports, ne s'embarrasse pas de la considération de tous les résultats futurs par ce qu'il est trop médiocre pour tout prévoir et pourvoir à tout; le choix est plus rapide à cause de la diminution des points de vue, le problème est plus vite résolu par ce qu'il est simplifié et qu'on néglige un certain nombre de données: la vivacité tient à un rétrécissement, à une étroitesse, à une pauvreté de l'intelligence. Mais il peut se faire que des cerveaux puissants soient capables de saisir comme d'un seul coup d'œil toutes les circonstances, toutes les conséquences certaines ou probables, toutes les raisons, de les apprécier avec une sûreté et une rapidité remarquables, de porter de suite avec précision et netteté ce jugement pratique motivé qui clôt le débat : c'est là proprement la *décision*, la *résolution*, qualités éminentes, également éloignées des conclusions irréfléchies et des indécisions sans fin, et sans lesquelles on n'est guère capable de grandes choses. « Ne prendre que le temps exactement nécessaire à la délibération et rien de plus, c'est faire preuve du plus haut développement possible d'intelligence et de volonté combinées. » (A. Bain.)

Inversement la lenteur n'est pas nécessairement l'irrésolution. Elle peut être simplement réflexion plus laborieuse, je ne sais quelle pesanteur dans l'exécution du travail d'organisation intellectuelle, jointe à une moindre rapidité du courant centrifuge ; elle se concilie fort bien alors avec des qualités estimables, de la gravité, du sérieux moral, et aussi de la force, de la fermeté. L'irrésolution, l'indécision, qui n'est nullement l'indifférence et l'inertie, consiste dans une prolongation indéfinie de la délibération qui se poursuit, non sans angoisse en bien des cas, mais sans conclusion. Ce n'est pas l'immobilité de la volonté, c'en est l'oscillation perpétuelle, sans rupture définitive d'équilibre. Elle tient à une perspicacité intellectuelle trop aiguisée, trop difficile à satisfaire, à une surabondance d'idées, d'objections, de raisons de douter, de motifs d'abstention, de telle sorte qu'on étudie encore les éléments du procès alors que la sentence devrait être depuis longtemps exécutée. C'est aussi le manque d'audace, et si j'ose dire d'imprévoyance, nécessaire pour accepter un parti, assumer des responsabilités, créer une situation nouvelle en se sentant prêt à en subir les conséquences, jeter comme le Brenn son épée dans un des plateaux de la balance. L'irrésolution comme trait de caractère témoigne donc moins, suivant la juste remarque de Schopenhauer, d'un défaut d'intelligence que d'un défaut de courage. Aussi arrive-t-il souvent que ces crises d'indécision, de timidité, se terminent enfin par un élan assez aveugle ; par fatigue et pour sortir de cette pénible incertitude on s'abandonne tout à coup à la première ou mieux à la dernière impulsion venue. Seulement bientôt l'hésitation va reparaître, accompagnée de regrets et de remords, suivie d'une poussée nouvelle qui pourra se faire dans un sens tout différent. Ainsi la vie de ces gens est faite tout à la fois d'irrésolutions sans cesse renaissantes et de résolutions subites et procédant par soubresauts.

Nous touchons ici à quelque chose de nouveau. Une fois formée, la volonté peut être plus ou moins persévérante ou instable, plus ou moins durable ou labile. Il arrive chez beaucoup d'individus que la volonté ne parvienne à se constituer que d'une façon temporaire ; elle se défait presque aussitôt que formée, elle ne se continue pas en se récréant à chaque instant identique, elle demeure chancelante et mobile. Un motif l'a provoquée, un motif nouveau viendra la ruiner et donner naissance à une décision tout autre. « La volition, écrit M. Ribot, est un état définitif... Chez les natures changeantes ce définitif est toujours provisoire, c'est-à-dire que le moi voulant est un composé si instable que le plus insignifiant état de conscience, en surgissant, le modifie, le fait autre. Le composé formé à chaque instant n'a aucune force de résistance à l'instant qui suit. » (*Maladies de la volonté*, p. 36.) C'est le « règne des caprices », dont le caractère des hystériques nous offre une image amplifiée. Tel est le caractère de ces personnes à la volonté chancelante, qui à chaque instant changent d'idées, font le lendemain ce qu'elles refusaient d'entendre la veille, très décidées en apparence, et apportant la même obstination dans toutes leurs déterminations successives et contradictoires. Elles rappellent cet Arlequin, dont parle Jean-Paül, qui paraissait sur la scène avec deux liasses de papiers sous les bras : « Que portez-vous sous le bras droit ? » — « Des ordres. » — « Et sous le bras gauche ? » — « Des contre-ordres ». — Or cette instabilité du vouloir, ce manque de persévérance, de continuité, c'est proprement la faiblesse, puisqu'elle nous amène à subir avec une extrême facilité toutes les sollicitations, les entraînements des circonstances et des hommes, puisqu'elle annihile pratiquement nos forces en les éparpillant, en introduisant en nous l'incohérence et l'anarchie. On s'explique bien aussi que l'entêtement soit une des formes accoutumées de la faiblesse. La suggestion du moment, par cela qu'elle est victorieuse, nous rend aveugles à l'égard de toute autre idée : on s'obstine en des niaiseries, quitte à se laisser détourner d'une décision importante par le motif le plus futile, voire sans motif aucun. Il y a lieu d'ailleurs de ne pas confondre l'entêtement chez l'enfant et chez l'adulte ; dans le premier elle peut être le signe d'une volonté ferme, d'une capacité de résistance aux influences étrangères, d'un besoin d'affirmer son individualité, d'un désir d'autonomie, insuffisamment éclairés encore par une intelligence incomplètement développée ; pour ma part, je suis loin d'y voir une disposition naturelle fâcheuse, bien au contraire, à condition qu'elle ne se perpétue pas dans l'âge mûr, où elle devient obstination aveugle et ridicule et impuissance véritable de la volonté. D'autant plus qu'alors elle devient facilement emballement, qu'elle est quelque chose comme ce « vertige moral » si bien décrit par M. Renouvier, et qui nous fait céder à toute idée frappante, à tout sentiment vif, au dernier motif suggéré qui possède, en l'absence de tout contrôle, la supériorité générale de l'actuel sur le possible, du présent sur le passé ou le futur. En ce sens Grote (*Histoire de la Grèce*, 2ᵉ partie, ch. LXIV) reproche avec raison aux Grecs leur faiblesse, car c'est bien de la faiblesse que de se laisser emporter par l'impression du moment.

La ténacité véritable, la persévérance, la constance sont au contraire des qualités rares et de rares qualités. Rien ne sert en somme de vouloir fortement, avec impétuosité, si l'on ne sait pas poursuivre avec continuité le but que l'on s'est proposé, si l'on s'en laisse à chaque instant détourner pour s'engager dans une autre voie.

Entreprendre mille choses à la fois ou successivement, sans s'y tenir, sans rien achever, se disperser, c'est se condamner à l'insuccès. L'agitation diffère à ce point de l'activité féconde qu'elle en est presque l'opposé. Bien vouloir ce que l'on veut, c'est s'y attacher d'une manière durable et permanente, c'est conserver à la conduite sa direction, c'est faire converger vers une fin unique constamment voulue tous les moyens dont on dispose. « Que je me lève, écrit M. Ribot, pour prendre l'air à ma fenêtre, ou que je m'engage pour devenir un jour général, il n'y a qu'une différence du plus au moins : une volition très complexe et à longue portée, comme la dernière, devant se résoudre en une série de volitions simples successivement adaptées aux temps et aux lieux » (*Maladies de la Volonté*, p. 11). Mais qui ne voit la différence capitale qui sépare ces deux cas ? Sans doute, à ne considérer que cette décision particulière, s'*engager*, elle ressemble singulièrement à cette autre, aller faire telle visite ou telle promenade. Mais où tout change, c'est quand l'une, au lieu de se limiter à elle-même, devient le point de départ et le point d'aboutissement de mille volitions futures. Il y a là une différence qui n'est pas seulement du plus au moins. Autre chose est vouloir quelque chose pour le moment et pour un moment, autre chose continuer à la vouloir et coordonner en vue de cette décision fondamentale une multiplicité de décisions particulières. Il y a là subordination à un principe permanent ; il n'y a plus succession temporelle, il y a finalité, puisque la décision dernière est tout ensemble la cause et l'effet des actes intermédiaires, considérés comme moyens. Un élément nouveau et irréductible est apparu : l'unité de direction. En ce sens une décision à longue portée n'est plus comparable à une décision simple ni même à une série de décisions simples. La persévérance est d'un prix inestimable, elle est la condition de la puissance, de la solidité du caractère : grâce à elle seulement on est quelqu'un.

Toutefois, qu'on le remarque, nous ne sommes encore en présence que d'une coordination partielle ; il ne s'agit que de l'aptitude à vouloir fermement certaines choses. Mais bien souvent cette persévérance, cette fermeté ne portent que sur certains points, non sur d'autres. Suivant la juste remarque de M. Paulhan, l'homme est composé de plusieurs systèmes qui n'ont ni même activité, ni même degré de sensibilité, ni même degré d'organisation. Inflexible à de certains égards on peut par ailleurs être mou et céder sans défense. Je connais des hommes capables d'une force de décision, d'une ténacité de vouloir, d'une continuité d'efforts très remarquables et très méritoires, en ce qui concerne telle ou telle fin qui leur tient à cœur, leur conception du bien moral et du bien social, tout au moins de tel devoir, et qui d'une façon très fréquente, lorsqu'il s'agit de faits de moindre importance, font preuve d'une singulière docilité, de souplesse et même de faiblesse, pliant leur volonté devant celle d'autrui. Quand ils veulent ils savent vouloir, mais en bien des cas ils ne veulent plus vouloir. C'est parfois insouciance, absence de préférences personnelles, conviction de l'indifférence des choses ; parfois aussi, c'est vif développement des instincts de sociabilité, crainte de contrister, de blesser, de froisser : s'il n'y avait qu'à lutter contre les événements ils iraient, sans peur des conséquences ; mais ils hésitent à entrer en conflit avec les personnes qu'ils aiment et paraissent se laisser mener. A tel point qu'ils pourraient faire illusion à qui ne les connaîtrait que superficiellement. Quoi qu'il en soit, et quelque nombreuses que soient les nuances qu'il serait intéressant de noter à cet égard, on peut dire qu'une existence est médiocre en somme quand la volonté, comprise comme nous venons de le faire, n'apparaît que rarement, n'intervient qu'accidentellement, ne concerne qu'un petit nombre de points d'importance secondaire, se montre plus intermittente, comme noyée au milieu de déterminations fragmentaires et chancelantes. Elle s'élève à proportion que la constance y pénètre davantage, que s'accroît l'importance, la valeur de ces volitions à longue échéance qui unifient la conduite, à mesure en un mot que la systématisation y devient plus généralisée, plus totale.

Chez la plupart des hommes, j'entends ceux qui comptent, il y a des traces d'incohérence. Plusieurs centres d'attraction simultanés ou successifs semblent se partager les énergies de l'individu. On est magistrat, médecin, professeur, homme d'affaires, et aussi père de famille, homme du monde, citoyen, autre chose encore, et l'on est tout cela séparément; chacune de ces existences semble se dérouler pour sa part, indépendamment des autres; un principe différent préside à son organisation; chacune à son caractère et même sa moralité propre. Quelquefois ces personnalités multiples sont successives : la vie se compose de plusieurs phases dont chacune peut constituer un tout cohérent, mais dont l'ensemble n'est pas unifié : un but poursuivi avec ardeur, avec persévérance pendant plusieurs années, laisse, après une crise parfois cruelle, la place à un autre très différent, aussi ardemment et fortement voulu, qui devient à son tour le centre de gravitation de toutes les pensées, de tous les désirs, de toutes les actions.

Mais la vie pleine c'est celle qui est toujours d'accord avec elle-même, d'autant plus haute qu'on y remarque moins d'oscillations, de divergences. Voici donc la plus essentielle et la moins commune des qualités de la volonté : l'unité. *Ens et unum convertuntur,* disait Leibnitz. Cela est profondément vrai du caractère. « Un homme inégal n'est pas un seul homme, ce sont plusieurs » (La Bruyère). Être *quelqu'un* c'est avant tout être *un*. Les grands volontaires ce sont les rares individus qui, voulant toujours la même chose, ont pu réaliser de grandes choses. Ils sont à l'extrême opposé des désagrégés, des incohérents, des émiettés qui ne sont que des fragments d'hommes. L'harmonie des puissances psychiques, la systématisation des tendances, leur subordination sous la loi d'un principe supérieur réglant et ordonnant le cours de la vie entière, lui imprimant une orientation immuable, voilà la volonté dans toute sa perfection et, pour le dire en passant, dans toute sa liberté. Voilà aussi *le caractère* qui, comme dit Kant, « consiste non dans un ensemble de qualités, mais dans l'unité absolue du principe interne de conduite ».

Accepter ainsi par avance et s'imposer à soi-même un principe constant de conduite, c'est prendre une résolution à échéance lointaine et perpétuellement renouvelable, c'est prendre une décision préalable en vue du moment où il sera nécessaire d'agir et c'est se sentir capable de toujours faire honneur à sa signature. — Or plus la résolution empiète sur l'avenir et plus cet avenir est incertain, plus considérable est le nombre des actes partiels qu'elle intéresse, des tendances qu'elle devra arrêter ou orienter, moins elle a évidemment de chances d'être tenue. Il y a pourtant des résolutions prises pour toute une vie, et c'est en cela que consiste par exemple la vertu. Une très notable différence se remarque entre les hommes à cet égard. L'indolence, la lassitude, le dégoût, les plaisirs ou les peines du moment, les événements imprévus, le contact des hommes, mille sollicitations et mille accidents se liguent contre la résolution prise et le plus souvent en triomphent. Peu d'hommes ont assez de vaillance, de fierté, de ténacité pour résister et suivre leur chemin. Cette force de caractère suppose donc que l'impulsion a été donnée, non par une cause fortuite et transitoire et isolée, mais par un groupe considérable de motifs et de mobiles durables et cohérents, intéressant le fond même de notre être ; elle suppose que nous sommes capables de nous être représenté clairement la fin et les moyens, de nous remettre fréquemment sous les yeux la représentation vive du but à atteindre, des raisons qui nous y sollicitent ;

elle suppose enfin que nous pouvons faire entrer dans ce système préétabli toutes les circonstances et toutes les impulsions nouvelles, que nous opérons une sélection rigoureuse, déterminée par cette sorte de finalité intérieure toujours agissante et toujours identique.

Et maintenant d'où vient cette cohérence, cette unité ? Est-ce seulement, comme le veut M. Ribot, de ce que le fond de ces caractères est « une passion puissante, inextinguible », que « cette passion c'est eux, c'est l'expression psychique de leur constitution telle que la nature l'a faite » ? Faut-il croire qu'en dernier ressort tout résulterait uniquement de la stabilité de leur humeur, du ton permanent de leur sensibilité, de l'identité de leur organisme ? — Mais l'égalité d'humeur, l'invariabilité relative de la cœnesthésie, si elle rend compte peut-être, ou plutôt si elle est la base physique de la conscience que nous prenons de l'unité et de l'identité personnelle, peut-elle vraiment expliquer la persévérance, la constance, la fermeté de la volonté. De même la persistance d'une passion unique — si tant est qu'une passion puisse être ainsi continue, invariable, sans rémissions, d'une régularité parfaite de développement et capable d'exercer sa prise sur tous les actes, toutes les tendances, toutes les manifestations et tous les moments de notre conduite, — la permanence d'une passion, dis-je, expliquerait peut-être la production de *volitions semblables*, mais non de *la même volonté*, non pas surtout cette domination de soi et des événements, « cette unité de but toujours poursuivi, créant au gré des circonstances des coordinations et adaptations nouvelles ». Tout au moins faut-il reconnaître que, si une grande passion peut conférer à la conduite une certaine unité, il existe des hommes chez qui l'unité vient de la volonté même, de la raison, de l'acceptation d'une règle immuable, immuablement voulue. Les grands passionnés ne sont pas — il y faudra revenir — la même chose que les grands volontaires. Ceux-ci restent les mêmes, parce qu'ils se veulent les mêmes. Ce qui fait que chez eux « tout consent et tout conspire » comme disaient les stoïciens, c'est « la confiance en soi », « l'habitude de soi » suivant les expressions de Guyau, c'est-à-dire l'affirmation pratique sans cesse renouvelée qu'on sera ce que l'on est et ce que l'on a été. Non seulement alors on est un, mais encore on se fait un. La volonté, à cette hauteur, est créatrice d'elle-même.

Mais n'anticipons pas et revenons à notre analyse. Cette puissance supérieure de la volonté, grâce à laquelle l'homme ne subit pas le Destin et n'attend pas l'avenir, mais les prépare et les réalise, cette énergie dominatrice peut se manifester en deux directions principales. Nous l'avons déjà remarqué, la volonté est tout ensemble principe d'action et pouvoir d'inhibition, et l'une ou l'autre de ces deux formes peut devenir prépondérante et marquer d'un trait sûr et tranché deux sortes de caractères. La volonté peut en effet se proposer tantôt un but extérieur, la réalisation d'une grande œuvre matérielle, sociale, morale, scientifique, artistique, tantôt un but intérieur, la réalisation en soi de l'harmonie de l'âme, de sa beauté, de sa liberté, la réalisation d'un idéal de sagesse ou de sainteté. Dans un cas ce qu'on modèle, ce qu'on pétrit et domine, ce sont les événements et les hommes, dans l'autre, sa propre nature, ses passions et ses désirs. La parfaite possession de soi n'est pas de ces deux œuvres la moins haute et la moins difficile ; la puissance de volonté d'un Epictète n'est pas inférieure à celle d'un Jules César. Corneille a raison de nous montrer Auguste plus grand, « maître de soi » que « maître de l'Univers ». Marc-Aurèle, qui a connu l'une et l'autre de ces entreprises, savait à quoi s'en tenir à cet égard : il est moins malaisé peut-être d'être un grand empereur qu'un grand caractère.

IV. — Il est maintenant facile de résumer toutes les descriptions précédentes, ou plutôt d'en dégager un certain nombre de types principaux, exprimant les formes essentielles sous lesquelles se présente la volonté, chez les différents hommes. En résumé, on rencontre trois grandes catégories d'individus : 1° ceux qui ne peuvent pas, ne savent pas, ne veulent pas vouloir : les gens sans volonté ; 2° ceux chez qui la volonté intervient moins accidentellement, chez qui elle arrive à se former, mais d'une façon transitoire et instable ; 3° enfin les vrais, les grands volontaires. Il les faut brièvement passer en revue, en notant les variétés les plus caractéristiques de chaque espèce.

A. — Dans la classe des hommes sans volonté, — abstraction faite, comme toujours, des cas purement pathologiques — on peut, avons-nous dit déjà, distinguer trois formes principales :

1° Les *amorphes,* les gens sans ressort, sans initiative, pâtes molles sur lesquelles marquent toutes les empreintes ;

2° Les *routiniers,* esclaves de leurs habitudes, réduits en quelque sorte au rôle de machines. — Dans l'un et l'autre cas, la volonté fait défaut parce qu'il y a surtout manque d'impulsion ;

3° Enfin l'excès d'impulsion empêche aussi la volonté de se former : ce sont les *impulsifs-instables,* perpétuellement changeants, fantasques ; explosifs et incohérents.

B. — Passons à la catégorie des hommes dont la volonté, déjà apparente, manque de fermeté, de tenue, de persévérance : ce sont des volontaires incomplets : ils forment transition et se rapprochent tantôt des types que nous venons de passer en revue, tantôt des volontaires proprement dits. Ce sont :

1° Les volontés *faibles*, qui subissent trop aisément l'influence des motifs qu'on leur suggère, des conseils qu'on leur donne, se rangeant volontiers au dernier avis exprimé, enclins d'ailleurs à l'obstination irraisonnable, à des entêtements absurdes, autre marque de leur faiblesse. Et c'est là une expression supérieure des amorphes, parce que la sensibilité y est d'ordinaire plus vive, l'intelligence plus élevée.

2° Les *irrésolus*, les hésitants, les timides, les inquiets, qui n'osent prendre une décision, à cause de la multiplicité des points de vue qui s'offrent à eux, et parmi lesquels ils n'arrivent pas à choisir. Ils ne savent pas vouloir, parce qu'ils réfléchissent trop, parce qu'ils ont trop de scrupules intellectuels et moraux, et aussi parce que le fond de leur nature est un état d'impuissance douloureuse.

3° Enfin les *capricieux*, les mobiles, agités, qui se donnent tout entiers à ce qu'ils font et à ce qu'ils veulent, sont capables d'énergie, mais manquent d'esprit de suite, se donnent simultanément ou successivement à des choses différentes et contraires ; n'ont ni persévérance ni unité.

C. — Enfin les grands volontaires, capables d'une remarquable continuité d'efforts calculés, systématiques ; leur activité est calme, pondérée ; ils ont de la fermeté, de la constance sans entêtement, de la décision sans précipitation et sans légèreté. Suivant que leur volonté est plutôt active ou inhibitrice, nous avons deux variétés :

1° Les hommes d'*action*, d'une énergie calme, subordonnant leurs sentiments à la raison, embrassant les événements d'une vue compréhensive, sachant ce qu'ils veulent, pourquoi ils le veulent et s'y tenant avec persévérance; les uns plus impétueux, les autres plus modérés et plus tranquilles ; les uns plus hardis, les autres plus temporisateurs, — mais singulièrement distincts et des apathiques indifférents et lourds et des violents dont l'activité explosive « ne produit, comme la foudre, que la destruction ».

2° Les *maîtres de soi*, qui emploient leur énergie à se dominer, à « se vaincre eux-mêmes plutôt que la fortune », les hommes qui savent opposer une inébranlable fermeté aux coups du sort, à la violence des hommes ou des passions, qui restent inviolablement fidèles à leurs opinions, à leur idéal de dignité et de fierté. C'est la race des martyrs, des grands stoïciens, des hommes de principes et de devoir.

DEUXIÈME PARTIE.

LES LOIS DE COMPOSITION DES ÉLÉMENTS DU CARACTÈRE.

CHAPITRE PREMIER.

LOIS DE COORDINATION ET LOIS DE SUBORDINATION.

I. — Ce n'est pas assez que de déterminer, comme on a tenté de le faire dans les chapitres qui précèdent, les modes typiques de la sensibilité, de l'activité et de l'intelligence; il reste à rechercher suivant quels rapports sont reliés entre eux ces éléments du caractère, de façon à donner naissance à des combinaisons définies.

A coup'sûr, on aurait d'une personne donnée une certaine connaissance si l'on notait avec soin à laquelle de chacune des catégories précédentes elle se rattache; si l'on pouvait dire par exemple: au point de vue de la sensibilité, c'est un émotif-vif; au point de vue de l'activité et de la volonté, un impulsif et un instable; au point de vue de l'intelligence, un imaginatif; — ou au contraire, c'est un apathique, un actif-lent, un esprit routinier. — Pour fixer les idées, prenons deux exemples et essayons de tracer deux portraits, où nous ne ferons entrer aucune donnée anecdotique ou biographique: les portraits y perdront sans doute en *vérité indi-*

viduelle, mais y gagneront peut être en *vérité générique*, en valeur typique.

M. X. (Portrait I). Sensibilité très étendue et très profonde, d'une acuité presque maladive, très mobile aussi ; d'une extrême délicatesse de sentiments qui le fait paraître à la fois timide et ironique, l'amène à se renfermer en luimême par crainte des contacts et des froissements, et à railler ses propres sentiments par peur de trop souffrir en les sentant méconnus ; on le croirait peut-être malveillant et chagrin, si l'on ne sentait vite en lui je ne sais quelle mélancolie un peu amère, venant de ce qu'il refoule ses tendresses pour ne pas s'exposer à les déflorer en les faisant connaître. Sa susceptibilité, sa vanité même, sont teintées de souffrance. De désirs abondants et capricieux ; facile à l'enthousiasme et au désespoir ; égoïste et toujours prêt à aimer, je veux dire avide de se donner et prompt à se reprendre.

D'intelligence pénétrante, subtile, curieuse, très amoureuse du beau et du rare, très artiste ; d'imagination riche, ardente et inventive, mais tourmentée et tourmentante ; capable d'admirations subites et ne se satisfaisant de rien ; envisageant les choses, les personnes et les événements à un point de vue esthétique et sentimental ; d'esprit inquiet et mobile, peu réfléchi, répugnant à l'abstraction et au raisonnement calme, intuitif et rêveur, avec une sorte d'horreur du positif et du « sens commun ».

L'activité n'est pas spontanée, mais réagissant d'une manière fébrile et explosive ; traversant des phases d'activité ardente et de stérilité douloureuse ; irritable et nerveux, agissant par poussées et retombant dans l'inertie, violent et faible, se décidant brusquement sous l'impulsion des émotions du moment, et revenant aussi brusquement en arrière ;

volonté prompte de vouloir, mais également de ne plus vouloir. Impétueux par saccades, mais sans continuité, sans persévérance, sans calme et sans fermeté : des caprices et des impulsions plutôt que de la volonté vraie. — Au total, une nature riche ; mais instable, à contrastes violents, sans pondération, esclave de ses nerfs toujours vibrants, nullement maître de soi.

M. X. (Portrait II). Sensibilité médiocre, apathique, indifférent à presque toutes choses (sauf en ce qui concerne quelques points plus sensibles, en particulier certaines opinions politiques, une assez vive vanité de situation et de nom) ; en tous cas nullement émotif ou sentimental, sans inquiétudes pour les autres, capable d'affections mais peu étendues et toujours calmes et tièdes, ne cherchant pas à se dévouer pour ceux mêmes qu'il aime, aimant surtout ses aises et ses habitudes ; ayant des besoins plutôt que des désirs, et nullement passionné ; naïvement égoïste, sans raffinement et sans calcul, et point méchant ou malveillant ; serviable au besoin, pourvu qu'il ne lui en coûte pas trop, franc et loyal, mais volontiers bourru ou grognon, quand on trouble ses manies, avec une tendance à des brusqueries un peu brutales, à des accès de colère courts et violents.

Intelligence peu brillante, lente, peu pénétrante, mais avec du bon sens ; mémoire précise, pratique, conservant nombre de petits faits ; imagination terne et lourde, très peu esthétique ; peu capable d'une grande concentration d'esprit et de méditations longues et désintéressées ; borné à son métier et à l'indispensable, sans curiosités étrangères, s'accommodant d'opinions toutes faites sans grand souci de les concilier entre elles, sans désir de s'ouvrir des horizons nouveaux, de renouveler et de multiplier les points de vue, de se faire une conception vraiment personnelle ; en somme un esprit sans originalité, régulier, mais routinier et quelque peu étroit.

Assez bien doué du côté de l'activité spontanée qui ne manque pas d'énergie et de continuité, mais avec une lenteur caractéristique ; besoin de mouvement et résistance à la fatigue, marcheur, chasseur, aimant à s'occuper et s'employant d'ailleurs volontiers à des besognes médiocres, à des occupations factices et routinières, se créant des habitudes, s'y tenant, tournant dans son cercle. De la persévérance et du calme plutôt par manque de réactivité et force d'inertie que par énergie réfléchie et force de caractère ; cédant par indolence, résistant par suite du mouvement acquis. Aucune disposition à devenir soit un héros fougueux, soit un héros passif. — D'un mot, un bon garçon un peu maniaque, honnête et assez facile à vivre par goût de la tranquillité.

Je le répète, savoir cela d'un homme, c'est bien, pratiquement, connaître son caractère. Mais, au point de vue théorique, une question capitale se pose. La rencontre de ces divers éléments dans un individu est-elle purement fortuite ? Pourrait-il se faire aussi bien que la nature sensible de l'un se trouvât associée à la nature intellectuelle ou active de l'autre ? Ces traits ne se tiennent-ils pas au contraire entre eux par quelque lien constant ? N'est-il pas vrai qu'ils ne sauraient se combiner au hasard, que ceux-ci ont une tendance à aller ensemble, ceux-là une sorte de répugnance invincible à s'unir ? Il semble évident *a priori* et l'expérience démontre surabondamment que toutes les combinaisons ne sont pas également possibles, qu'il y a des liaisons, sinon nécessaires, du moins relativement constantes, que tels éléments sont presque toujours donnés en même temps, tels autres très rarement, ces derniers presque jamais. C'est ainsi qu'il peut y avoir une science du caractère, parce qu'il doit exister des lois de coexistence et des lois d'exclusion.

Avant d'en aborder la recherche il convient d'en préciser la nature.

II. — Parmi les psychologues, avons-nous dit, c'est Taine qui semble avoir le mieux posé le problème. On peut donc prendre pour point de départ ses idées sur ce point. Toutefois, elles ont été si fréquemment exagérées et faussées qu'il n'est pas inutile de les rappeler brièvement. Ce qui a surtout frappé dans l'œuvre de Taine, et ce qu'on a de préférence retenu, ce sont des formules violentes d'une violence voulue, par lesquelles il exprime sa prétention générale d'étendre au monde moral le déterminisme rigoureux qu'on n'avait guère osé appliquer qu'au monde physique, d'enfoncer au cœur de l'homme « les tenailles d'acier de la nécessité ». Il a donc dit : la formation des grands courants historiques, l'apparition et l'évolution des écoles artistiques et littéraires, le génie d'un écrivain, d'un peintre, d'un sculpteur, ne sont que « des problèmes de mécanique »; — « un siècle est une définition qui se développe », « notre esprit est une machine construite aussi mathématiquement qu'une montre », « l'homme est un théorème qui marche ». Et voilà pourquoi on admet couramment que Taine traite de l'homme en géomètre, qu'il le veut déduire de certaines formules, qu'il ne fait que combiner des forces (race, milieu, moment) pour en construire mécaniquement la résultante. Et cela, encore que relativement exact, est, au fond, erroné. C'est en effet bien plutôt l'histoire naturelle, l'anatomie comparée qui lui ont servi de guides. Il est avant tout, comme il le répète lui-même, un « naturaliste de l'esprit », il veut faire de la « zoologie morale ».

Or, que nous apprend la zoologie ? — Les caractères d'un être, remarque Jussieu, n'ont pas tous même importance ; il faut les *peser* et non les *compter;* il en est qui entraînent avec eux un groupe plus ou moins considérable de caractères de valeur moindre, et qui par conséquent exercent sur l'ensemble de l'être une influence plus considérable. D'autre part, les organes sont distribués dans une même classe suivant un même plan et ne peuvent être transposés, bien qu'ils puissent être modifiés, transformés, atrophiés. Mais, suivant la loi de balancement des organes, énoncée par Geoffroy-Saint-Hilaire, le développement exagéré ou l'atrophie d'un système organique doit entraîner une atrophie ou un développement correspondant dans d'autres systèmes. Car les traits de conformation d'un être ne sont pas indépendants les uns des autres ; il y a entre eux des *connexions organiques* et des *corrélations organiques :* « les parties d'un être devant toutes avoir une convenance mutuelle, il est tels traits de conformation qui en excluent d'autres ; il en est au contraire qui en nécessitent ; quand on connaît donc tels ou tels traits dans un être, on peut calculer ceux qui coexistent avec ceux-là ou ceux qui leur sont incompatibles. » (Cuvier, *Règne animal,* préface.) En un mot, un vivant forme un système où tout est lié et où il existe une hiérarchie de caractères.

Toutes ces lois, dit Taine, et d'autres aussi (celles de l'hérédité, de la sélection, de l'adaptation, etc.) qui régissent les vivants, peuvent passer de la zoologie à la psychologie ; elles s'appliquent aux fonctions de la vie consciente comme aux systèmes organiques. « Il y a un système dans les sentiments et dans les idées humaines... Les diverses inclinations ou aptitudes s'équilibrent, s'harmonisent, se tempèrent les uns les autres sous quelque penchant ou faculté dominante... Si tel ressort l'emporte, il accélère ou fausse le mouvement de tous les autres... Dans une même race, à une même époque, la même constitution psychologique se retrouve sous les innombrables variétés qui la dérobent à première vue... Tout changement local entraîne un changement général... Les caractères dominateurs trouvés, toute la constitution psychologique de l'individu s'en déduit. » — Avec sa logique outrancière, Taine, sans aucun doute, a poussé beaucoup trop loin ; ces relations, ces dépendances mutuelles, il les considère comme infiniment trop rigoureuses ; les comparaisons tirées de la mécanique, dont il abuse, l'inclinent à envisager les choses à un point de vue trop mathématique et pas assez rigoureusement naturaliste. Les formes organiques ne sont pas liées entre elles par une nécessité de même ordre que celle qui rattache l'une à l'autre les diverses propriétés d'une figure géométrique ; les caractères subordonnés ne sont pas avec les caractères dominateurs dans le même rapport que les conséquences le sont aux prémisses. Et si le corps organisé, si l'organisme mental forment bien des *systèmes*, il ne faut pas prendre cette expression dans le sens que l'on donne en mécanique à celle-ci : un système de forces. — Mais, ces réserves faites, il reste bien que c'est *par analogie* avec les lois organiques qu'il faut comprendre les lois de composition du caractère.

III. — Maintenant il convient de bien entendre ces lois zoologiques elles-mêmes, et de voir en quelle mesure, avec quelles réserves il est possible de les appliquer à l'homme moral.

On peut, dit très justement M. Rabier, « constater entre les caractères constitutifs deux ordres de relations que l'on n'a pas d'ordinaire suffisamment distinguées : la *coordination* et la *subordination*. » (*Leçons de Logique*, p. 194.) Précisons-en les caractères. Les premières expriment ce fait que certaines formes se présentent toujours ensemble, ou font défaut ensemble, ou varient ensemble ; là où les unes se rencontrent on doit s'attendre à rencontrer les autres. « De la forme de la dent dérive celle du condyle, de l'omoplate, des ongles, et de même l'ongle, l'omoplate ou le condyle donnent la dent. » (Cuvier). « Ces caractères sont donc coextensifs... Ils forment un ensemble, un tout en quelque façon indissoluble ; ils sont comme les pièces intégrantes d'un certain type... Ces caractères peuvent s'appeler *coordonnés, connexes, corrélatifs.* » (Rabier.) — Il n'en est plus tout à fait de même lorsqu'il s'agit de la subordination. Un caractère dominateur n'entraîne pas nécessairement tel caractère subordonné, mais *tel ou tel* caractère subordonné, parmi un certain nombre déterminé. L'être en qui se rencontre le caractère dominateur a donc pour ainsi dire le choix entre certains caractères subordonnés, mais d'ailleurs entre ceux-là seulement. Un être étant vertébré, par exemple, peut présenter 4 ou 5 formes d'appareils circulatoire, digestif, reproductif, etc., mais il ne peut présenter une forme autre que l'une de ces 4 ou 5. D'autre part, chacune de ces formes n'est possible que là où il y a un système de vertèbres. A leur tour, le système reproductif ou circulatoire peuvent être dominateurs à l'égard de certains autres, c'est-à-dire que là encore il y a une ambiguïté possible, mais restreinte à un nombre défini de formes définies. De telle manière que, sachant qu'un animal est vertébré, nous ne savons pas s'il est mammifère ; sachant qu'il est mammifère, nous ne savons pas s'il est carnassier ; sachant qu'il est carnassier, nous ignorons s'il est carnivore, et ainsi du reste ; — mais par contre, s'il est carnivore, il est nécessairement carnassier, mammifère, vertébré.

Ces relations sont donc différentes l'une de l'autre ; les unes rendent possible la détermination de certains types, les autres la hiérarchie de ces types. Et ainsi, dans la nature, ces lois de coordination et de subordination interfèrent constamment et se complètent mutuellement. Ce qui reste manifeste, c'est qu'entre les divers systèmes d'organes il existe des relations de coexistence et d'exclusion d'une remarquable régularité. — Y a-t-il causabilité, ou finalité ? L'une et l'autre vraisemblablement ; et en tous cas on ne peut dire qu'une forme organique en crée une autre, ni que celle-ci soit simplement moyen par rapport à la première. Pour ne citer qu'un cas aussi singulier que connu, on ne peut concevoir aucun de ces deux rapports dans cette coexistence singulière, signalée par Darwin, entre la couleur blanche des poils et la couleur bleue des yeux, d'une part, et la surdité d'autre part, chez les chats. En fait, il en va ainsi, et c'est tout ce que l'on peut dire.

Ce sont des lois analogues que nous rencontrons entre les divers éléments du caractère. Là aussi, au point de vue théorique, il peut y avoir des relations de coordination et de subordination ; là aussi il y a des coexistences et des incompatibilités régulières. Là aussi, on ne peut ramener ces rencontres à des lois définies de causalité ou de finalité ; — il ne faut pas toujours vouloir *expliquer*, c'est déjà quelque chose que de *constater*. Mais surtout, la rigueur de ces lois est infiniment moins grande encore dans le domaine de la psychologie que dans celui de la zoologie.

IV. — Considérons, en effet, des lois du premier genre ; elles expriment, avec un degré de précision supérieure ce fait que, dans un individu donné, la sensibilité, l'activité, l'intelligence réagissent les unes sur les autres, de sorte que la forme particulière de l'une est liée étroitement à la forme particulière des autres, parce qu'elles se conditionnent mutuellement et sont par là même en connexion réciproque. — Il ne s'agit pas évidemment de savoir si la sensibilité, l'intelligence et l'activité peuvent se développer parallèlement ou si le développement supérieur de l'une entraîne nécessairement un abaissement correspondant de l'autre. M. Ribot proteste très justement contre ceux qui voudraient traiter ce sujet en purs logiciens, et il compte des formes mixtes, c'est-à-dire des caractères qui se distinguent par la prédominance simultanée de deux facultés. Ce qui est vraiment intéressant à notre avis, c'est de noter quel genre d'intelligence ou d'activité coïncide avec tel genre de sensibilité. Dire avec M. Fouillée qu'il existe des hommes doués de *beaucoup* de sensibilité et en même temps de *beaucoup* d'intelligence et de *peu* de volonté ; d'autres, au contraire, de *beaucoup* de sensibilité et de *peu* d'intelligence avec *beaucoup* de volonté ; dire seulement cela c'est employer des expressions assez peu précises et c'est même passer à côté de la véritable question. Sans aucun doute un homme dont l'émotivité est très vive peut être d'intelligence *très développée*, mais qui différera vraisemblablement et par sa tournure et par sa direction de l'intelligence *très développée* dont est capable aussi un apathique. Le biologiste ne se demande pas si *un système respiratoire* se rencontre avec *un système circulatoire*, mais quelle forme déterminée de l'un est unie à telle forme déterminée de l'autre. De la même manière le psychologue doit rechercher quelle forme déterminée d'activité ou d'intelligence coïncide avec telle forme déterminée de sensibilité. Alors seulement on conçoit ce que peuvent être ces relations définies ; alors seulement on comprend nettement que toute modification de l'un des éléments entraîne des altérations correspondantes dans les autres.

Une foule de causes concourent à dissimuler ces lois ; et ces lois elles-mêmes n'ont pas un caractère de nécessité absolue. Il semble bien difficile en pareille matière de dire : jamais ou toujours ; il s'agit d'une constance plus accusée, d'une rareté plus remarquable. Certains traits de caractère qui semblent inconciliables peuvent néanmoins exceptionnellement coexister dans certains individus. La Biologie ne nous présente-t-elle pas des faits analogues ? N'y a-t-il pas dans la nature des êtres qui « réunissent en eux des caractères disséminés ailleurs chez des êtres fort éloignés », ceux qu'Agassiz nomme des *types synthétiques* et qu'on pourrait peut-être appeler des types paradoxaux ? L'Éthologie se trouve en présence de semblables difficultés. Il convient d'ailleurs d'observer que dans la plupart des cas certaines particularités, si l'on y regarde de plus près, permettent de considérer des exceptions apparentes comme d'indirectes confirmations. Parfois il se produit une sorte de compromis : les traits opposés se neutralisent dans une certaine mesure, mais à la manière des alcalis qui neutralisent les acides en donnant naissance à des sels ; je veux dire que, par une sorte de pénétration et de transformation réciproques, les éléments en présence en arrivent à réaliser un état d'équilibre particulier qui rentre alors au moins partiellement dans la loi. Parfois aussi il en résulte un état de contraste, de conflit tel que, par une sorte de jeu de bascule, certain système de tendances ne s'exalte que quand certain autre s'efface du moins momentanément; — à moins qu'ils n'entrent directement en lutte et ne divisent en quelque sorte l'individu contre lui-même : et ce sont là, non seulement, des traits de caractère très dignes d'être notés, mais aussi comme une démonstration par l'absurde de la loi elle-même.

Des observations de même nature se présentent au sujet des lois de subordination. L'être psychologique et moral, disions-nous, est un système d' « éléments » ; mais il y a toujours quelque ressort principal qui communique son impulsion propre, quelque caractère dominant (la faculté maîtresse de Taine) qui marque son empreinte sur les autres fonctions, autour duquel gravite, duquel dépend plus particulièrement tout le reste. Un tel caractère n'est pas seulement dominant, il mérite d'être appelé dominateur, car sa présence ou son absence entraîne la présence ou l'absence de tout un groupe d'autres caractères coordonnés entre eux. Il est dominateur aussi en ce sens qu'il a pour la définition de l'espèce une importance plus considérable, que deux individus se ressemblent plus entre eux quand ils le possèdent en commun, bien que différents à d'autres égards, que s'ils se ressemblaient par d'autres points et différaient par celui-là.

Seulement ici, il n'y a pas une hiérarchie fixe et constante au même titre qu'en biologie. Suivant les individus c'est tantôt la sensibilité, tantôt l'activité, tantôt l'intelligence qui sont dominatrices. — Ici encore, au demeurant, la zoologie peut nous fournir des points de comparaison. « L'importance d'un organe, écrit Milne-Edwards, peut varier considérablement d'un animal à l'autre ; et telle partie qui maîtrise en quelque sorte toute l'économie chez certaines espèces, se trouve ailleurs déchue de son rang et réduite à un rôle secondaire[1]. » En psychologie, on pourrait presque dire que cette interversion est la loi, de telle sorte que le caractère dominateur doit être pris, suivant les cas, tantôt de l'une, tantôt de l'autre des grandes fonctions de la vie consciente : la seule difficulté est de savoir combien on comptera de fonctions fondamentales.

Il n'en reste pas moins que l'individu dont la caractéristique principale, la faculté dominatrice est telle ou telle, n'a plus, comme nous l'écrivions plus haut, que le choix entre un certain nombre de formes déterminées, en ce qui concerne les autres facultés. Et cette ambiguë possibilité est très intéressante encore à noter avec précision ; elle complète le sens et la portée des lois de coordination, par cela même qu'elle les limite. Elle les limite, mais ne les supprime pas. C'est ainsi qu'un homme chez qui le trait saillant de la physionomie morale sera une certaine forme de sensibilité pourra présenter ou bien tel trait ou bien tel autre en ce qui regarde l'activité ou l'intelligence. Un individu chez qui la caractéristique frappante sera une sensibilité obtuse et

---

[1]. Cité par M. Rabier, *Leçons de Logique*, p. 211. — Ainsi « la formule dentaire, si importante chez les mammifères, comme l'a montré Cuvier, perd une grande partie de son poids chez les vertébrés à sang froid ». — « Le mode de placentation entraîne ordinairement tout un ensemble organique ; pourtant ici encore il y a des exceptions : ainsi le chevrotin, qui est un ruminant, devrait par sa placentation appartenir à l'ordre des carnassiers. » (*Id.*) — On sait enfin que la valeur des caractères varie pour un même être aux divers stades de son évolution.

languissante (un *apathique*) pourra être un *inerte* ou un *actif*, un esprit étroit et *routinier*, ou au contraire doué d'une très haute intelligence. Voilà l'ambiguïté. Mais d'autre part, son activité, son intelligence auront néanmoins une certaine tournure *sui generis* qui ne serait pas la même chez un *sensitif* d'une haute intelligence et d'une grande activité : et voilà le rapport de corrélation. Et en conséquence, si le caractère dominateur, dans un autre individu, doit être pris de l'activité, il pourra se faire que cette même forme d'activité laisse le choix entre divers modes de sensibilité, mais qui, eux aussi, auront une commune tournure et par là le différencieront de l'apathique que nous supposions tout à l'heure[1].

Ces considérations générales ne peuvent évidemment avoir la prétention de se suffire à elles-mêmes. Elles ne sauraient être précisées et rendues instructives que par l'application qui en sera faite quand on essayera de formuler quelques-unes de ces lois. Elles ne nous ont pas semblé inutiles toutefois, d'abord pour mieux fixer le sens de nos investigations, et ensuite pour faire pressentir la singulière complexité du problème et excuser peut-être en partie ce qu'il y aura nécessairement d'incomplet dans les chapitres qui vont suivre.

1. Remarquons que de là résulte cette conséquence : les altérations acquises, les modifications ultérieures, en ce qui concerne telle ou telle fonction, ntraîneront dans tout le reste du système des altérations corrélatives et d'autant plus profondes que la transformation aura primitivement porté sur un caractère plus important. C'est un point que nous aurons à examiner dans la 3e partie.

CHAPITRE II.

DES RELATIONS EXISTANT ENTRE LES MODES DE LA SENSIBILITÉ ET CEUX DE L'INTELLIGENCE.

I. — De tout temps, les psychologues ont professé que des rapports singulièrement étroits rattachent l'une à l'autre la sensibilité et l'intelligence. On a montré que l'exaltation, la dépression ou la désorganisation de l'une s'accompagnent généralement de modifications correspondantes de l'autre. Où le désaccord commence, c'est lorsqu'il s'agit de savoir si l'une de ces fonctions de la vie consciente est exclusivement conditionnée par l'autre, et quelle est celle qui est ainsi subordonnée et dépendante. L'école intellectualiste (d'origine cartésienne), pour qui la sensibilité n'est rien que de l'intelligence obscurcie, devait tout naturellement considérer les phénomènes affectifs comme étant sous la dépendance des phénomènes intellectuels. Ce ne sont pas seulement les sensations représentatives qui, d'après elle, se ramènent à des pensées confuses, ce sont aussi les plaisirs et les peines, les émotions et les passions qui consistent essentiellement en des idées inadéquates, en un trouble de la raison, et comme disaient déjà les stoïciens, en des jugements faux. Herbart et son école représentent cette doctrine sous sa forme moderne : c'est le cours des représentations, sa lenteur ou sa vitesse, son incohérence ou sa cohérence qui conditionnent et qui constituent les émotions et tous les états affectifs. On pourrait même regarder certains aliénistes et physiologistes comme se rattachant plus ou moins expressément à ce système : Esquirol, par exemple, et partiellement M. Ch. Richet. — Par contre, l'école physiologiste, qu'on pourrait appeler ici l'école sensualiste, considère volontiers l'intelligence comme un phénomène secondaire, surajouté, et devait par là même estimer qu'elle est toujours conditionnée par la sensibilité. On ne s'est pas borné à reprendre, en les modifiant, tous les arguments d'ordre proprement théorique qu'avait accumulés Schopenhauer pour déposséder l'intelligence de sa suprématie. On s'est adressé aux faits, on a essayé d'établir par l'observation clinique, par l'étude des cas pathologiques, par l'expérimentation même, que l'état de la pensée résulte de celui de la sensibilité, que les altérations d'ordre intellectuel qui se manifestent dans toutes les psychoses dérivent d'altérations d'ordre affectif, qu'on n'avait pas su noter ou qu'on avait considérées comme des effets, tout au plus comme des concomitants, alors qu'en réalité ce sont les vraies causes. On a voulu montrer que toute coordination ou incoordination mentale a pour condition nécessaire et suffisante l'organisation ou la désorganisation des tendances sensibles ; que le défaut, l'excès, le degré variable de systématisation des sentiments et des émotions suffisaient à expliquer la lenteur ou la rapidité, la cohérence ou l'incohérence des idées. Renversant, en quelque sorte, les termes mêmes de la doctrine de Herbart, pour qui les états affectifs « proviennent » de troubles survenant dans le « cours des représentations », on soutient que le lien sous-jacent de nos associations d'idées est toujours un état affectif. (Cf. Féré, Godfernaux, Dumas, etc.) Nous n'avons pas ici à discuter cette théorie qui, dans son ensemble, nous paraît plus proche de la réalité que la précédente. Remarquons seulement que la très grande part de vérité qu'elle contient ne doit pas nous faire méconnaître cette vérité opposée, à savoir que l'intelligence réagit profondément à son tour sur la sensibilité, qu'elle la pénètre, qu'elle la transforme, la resserre ou l'élargit, en modifie la direction, en altère la nature même. Il semble bien établi, par exemple, pour certaines maladies mentales consistant essentiellement dans des dispositions particulières de la sensibilité (la mélancolie entre autres), que non seulement les idées peuvent développer les troubles affectifs, les renforcer en quelque sorte par une espèce de choc en retour, mais encore en être parfois la cause déterminante. (Cf. Griesinger, Schüle, Ball, etc.)

Ce qui demeure incontestable et ce qui ressort avec une parfaite évidence de l'œuvre entière des neuropathologues, c'est que, dans toutes les formes d'aliénation mentale, dans toutes les psychoses, il existe des désordres simultanés et corrélatifs dans la sphère de la sensibilité et dans la sphère de la pensée. Des relations de même ordre et aussi étroites doivent sans doute se rencontrer à l'état normal, et ce sont celles-ci qu'il s'agit de dégager. Si donc nous sommes fréquemment amenés, par la suite, à rappeler les résultats auxquels est arrivée la pathologie mentale, ce sera seulement pour montrer sous une forme plus frappante les faits aussi réels, quoique infiniment moins apparents, qui se produisent chez l'homme sain ou réputé tel, le seul que nous ayons à étudier.

II. — Une première question s'impose : le développement de l'intelligence est-il inversement proportionnel au développement de la sensibilité ? Ou plus exactement, car en ces termes beaucoup trop généraux et trop vagues la question serait mal posée, est-il vrai que, comme s'exprime M. Letourneau, « ce que l'homme gagne en puissance intellectuelle, il le perd en impressionnabilité morale » et réciproquement ? Est-il vrai que la suractivité intellectuelle ait pour condition une dépression de la sensibilité, que les hommes chez qui se rencontre une capacité de pensée vraiment supérieure, doivent racheter cette supériorité par une sorte d'atrophie de l'affectivité, de telle sorte que le sentiment, l'émotion, la passion se trouvent, comme le pense M. Ribot, aussi complètement que possible exclus de leur vie ? Cet antagonisme prétendu, on a cru pouvoir lui assigner des causes physiologiques. « La vie intellectuelle, écrit le Dr Lange, dépend des fonctions vaso-motrices ;... les opérations intellectuelles supposent une augmentation de l'afflux sanguin du cerveau et sont en partie conditionnées par ce phénomène ; naturellement il ne se produit pas dans les parties du cerveau qui sont de préférence affectées aux états émotionnels[1]. Il y a donc, jusqu'à un certain point, une opposition vaso-motrice entre la vie intellectuelle et la vie affective. » (*Les Émotions*, tr. fr., p. 139-140.) Que toutes ces observations se puissent prendre en un bon sens, nous n'y contredisons certes pas et nous aurons bientôt occasion d'en tirer parti. Mais il n'en faudrait pas conclure qu'un individu doué de hautes capacités intellectuelles ne puisse vivre en même temps d'une vie affective très intense, et qu'un homme d'une nature franchement émotionnelle ne

---

1. Inutile de faire remarquer tout ce qu'il y a d'hypothétique dans une telle affirmation.

puisse être très intelligent et même très *intellectuel*. Il ne faudrait pas prendre à la rigueur cette formule de Maudsley : « Pour connaître, il faut peu sentir. »

A coup sûr, il ne suffirait pas, pour discuter cette opinion, de faire observer que bien souvent l'obnubilation de l'intelligence marche de pair avec celle de la sensibilité. Car on n'a jamais soutenu que l'apathie fût une condition suffisante du développement intellectuel. Mais comment admettre que cette apathie soit une condition, non pas même nécessaire, mais simplement favorable à l'exercice de la pensée ? Chez l'idiot, le débile, le faible d'esprit, chez les gens obtus et médiocres, il est manifeste que l'affaissement intellectuel tient en grande partie à cet état de « stupeur sensible » auquel participent non seulement les formes supérieures du sentiment et de l'émotion, mais la sensibilité animale, si l'on peut dire, et les sens eux-mêmes. Cette torpeur ne peut être que très défavorable à l'acquisition, à la conservation, à l'élaboration intellectuelles. — J'entends bien, sans doute, qu'on ne veut pas parler d'une dépression morbide de la sensibilité et qu'on soutient seulement que la constitution de l'intelligence abstraite et scientifique en système relativement indépendant et prédominant serait malaisée, dans le cas où l'individu se trouverait doué d'une sensibilité suraiguë, d'une excitabilité excessive et déréglée, tumultueuse et spasmodique. Mais il y a là peut-être un malentendu. Cette émotivité — qui est morbide aussi — est-elle donc la seule forme d'impressionnabilité morale vive et forte ? Est-il nécessaire d'être la victime de ses nerfs affolés pour être doué d'une sensibilité profonde et étendue ? N'y a-t-il pas des émotions, — et les plus complexes, les plus élevées, — des passions vivantes et agissantes, — d'ordre moral, social, esthétique, scientifique, — dont on reste capable avec l'intelligence la plus hautement spéculative ? N'est-ce pas même grâce au développement de l'intelligence qu'on en devient capable ? « Parce que Kant, dit très bien M. Fouillée répondant à M. Ribot, faisait chaque jour à la même heure sa promenade sous les arbres de Kœnigsberg, manquait-il de sensibilité, lui qui, en apprenant la Révolution française, s'écriait, les larmes aux yeux : « Je puis dire maintenant comme Siméon : *Nunc dimittis servum tuum, Domine.* » — Et enfin les choses de la pensée peuvent être elles-mêmes objets de sentiment ; on ne penserait à rien, si on ne s'intéressait à rien, si on n'était touché par rien. Un Spinoza, un Newton, un Mentelli, un Bordas-Demoulin n'étaient pas de purs apathiques, car on ne saurait du moins leur refuser la passion de penser, de chercher et de connaître.

Il ne s'agit point au reste d'opposer à la théorie que nous discutons une théorie diamétralement contraire et dont on pourrait trouver les éléments dans les intéressants essais de Ch. Richet. « Le développement du système sensitif, écrit-il, est corrélatif au développement des forces intellectuelles. » Et encore : « On pourrait presque mesurer l'intelligence d'un individu à sa sensibilité. » — Ce qui est vrai c'est que d'une part il y a une certaine disposition de la sensibilité (l'excès d'émotivité) qui est contraire à la pensée pure, et que réciproquement, il y a une certaine direction de l'intelligence qui se concilie mal avec la surexcitabilité affective. Par contre le défaut de sensibilité peut contrarier le complet épanouissement des fonctions intellectuelles, et l'inintelligence contribue à atrophier certaines formes de la sensibilité. Ce qui est vrai, surtout, c'est que, si tous les *degrés* d'intelligence sont compatibles avec tous les *degrés* de sensibilité (sauf, manifestement, les cas trop véritablement morbides), — du moins telle ou telle *forme* d'intelligence s'accommode mieux de telle ou telle *forme* de sensibilité. En un mot l'apathique, le sensitif, l'émotionnel, le passionné sont naturellement inclinés vers certaines qualités et certains défauts d'esprit ; ils sont en quelque sorte prédestinés à posséder une nature définie d'intelligence, à l'exclusion des autres.

Ce sont précisément ces rapports très délicats de coexistence ou d'exclusion, ces lois de corrélation entre les modes de la sensibilité et ceux de l'intelligence qu'il faut essayer d'esquisser. La sensibilité et la pensée, qui sont en un sens indépendantes, sont en un autre sens dans un perpétuel état d'action et de réaction réciproques, par là même mutuellement conditionnées l'une par l'autre, se pénétrant et se modifiant d'une façon très intime. Sans rien préjuger, et simplement pour mettre de l'ordre dans ces observations, nous allons voir d'abord de quelle manière la sensibilité conditionne l'intelligence, puis étudier ce qu'on pourrait appeler la sensibilité de l'intelligence elle-même, enfin rechercher quelle influence peut exercer l'intelligence sur la sensibilité.

III. — Pour éviter les généralités vagues et aborder de suite le détail concret des faits, une méthode semble se présenter tout naturellement: — Prendre ici pour point de départ la classification des modes essentiels de la sensibilité qui a été proposée plus haut, et examiner quelle est la nature d'esprit qui est plus particulièrement associée à chacun d'eux.

A. — L'Apathique. — Tempérament équilibré et calme ;

la sensibilité générale est obtuse; ni mélancolique, ni gai; l'émotivité est nulle, du moins notablement inférieure à la moyenne; pas d'ardeur, les désirs restent languissants et mous, pas de passion : la marque propre, c'est l'indolence et l'indifférence. [Il faut ici, bien entendu, laisser de côté les gens, qu'à de certains égards on peut classer parmi les apathiques, mais chez qui l'étude, la connaissance, l'activité intellectuelle sont un besoin, un plaisir ou une passion : on les retrouvera tantôt.]

Cette disposition de la sensibilité, si elle est trop accentuée, est très défavorable, on l'a déjà dit, aux acquisitions intellectuelles, à la promptitude et à la facilité de l'assimilation, à la vivacité d'esprit. L'enfant apathique conserve une attitude engourdie et comme endormie; il manque singulièrement de curiosité; à peu près rien des objets ou des personnes qui l'entourent, des événements dont il est témoin, ne l'intéresse et ne le séduit; il est peu questionneur et peu observateur. Sa mémoire est lente, paresseuse, sans souplesse et sans étendue; son imagination lourde, terne, tout au plus reproductrice, presque jamais créatrice; les associations sont peu rapides et se font par contiguïté plutôt que par similitude ou contraste. Ce ralentissement s'étend à l'intelligence entière, qui n'est pourtant pas lésée dans son fonctionnement. La concentration de l'attention s'opère aussi avec moins de spontanéité et de rapidité; elle présente fréquemment un caractère marqué de mollesse. Le jugement manquera de finesse et d'à propos, d'originalité et de pittoresque.

Par contre, ce peut être là une aptitude favorable à l'appropriation durable, à la compréhension. Ce qui est acquis l'est solidement et pour longtemps; la mémoire gagne en ténacité et en fidélité ce qu'elle perd en facilité et en promptitude ; les associations ont le temps de se corriger les unes par les autres ; l'attention, une fois fixée, pourra se maintenir et sa continuité, sa persistance pourront compenser son défaut de vigueur et de rapidité. Le jugement aura de la netteté, de la justesse, de la rectitude, de la prudence : l'esprit sera facilement méthodique, pratique, logique ; l'aptitude à raisonner correctement et à réfléchir apparaît souvent de fort bonne heure chez les enfants de cette classe.

Ces défauts et ces qualités pourront, au demeurant, se présenter à des degrés très variables, se combiner ou l'emporter les uns sur les autres en des proportions diverses, qu'il est impossible d'énumérer et de déterminer rigoureusement et complètement. Les moins heureusement doués, — exception faite de l'idiot, du crétin, du débile, — seront ces esprits étroits et routiniers, lourds, épais et lents, comprenant peu et mal, incapables de rien trouver par eux-mêmes, et dont les qualités se réduisent en dernière analyse à l'absence de certains défauts comme l'étourderie, la dissipation, l'incohérence, l'agitation brouillonne. — D'autres, supérieurs, quoique incomplets encore, auront du bon sens, mais terre à terre, du jugement, mais sans fécondité et sans brillant : esprits honnêtes, droits, réfléchis, sans puissance et sans échappées. — Les plus éminents enfin auront des aptitudes plus ou moins remarquables à la pensée sérieuse et appliquée : observateurs consciencieux, géomètres déductifs, historiens narrateurs collationnant scrupuleusement des faits et des documents, philologues patients, vulgarisateurs non sans talent, spécialistes non sans utilité.

Mais, si élevée qu'elle soit, l'intelligence, chez les hommes de cette espèce, n'aura jamais cette universelle curiosité qui fait tout goûter, s'intéresser à tout, jeter sur tout des traits de flamme. Elle n'aura pas cette soudaineté d'intuition, cette souplesse de la démarche, cette hardiesse de l'imagination, cette originalité des points de vue, ce don de l'invention, cette puissance de renouvellement des problèmes et des solutions, qui font le grand artiste et, dans toutes les sphères de la pensée, le génie créateur. A tous les degrés, ce qui est manifeste c'est la pondération, la régularité, avec le manque de feu, de vivacité, d'imprévu, d'inspiration.

B. — Les Sensitifs. — On se rappelle que ce nom a été réservé aux individus à sensibilité vive, généralement superficielle et mobile, expansive et volontiers exubérante, tournée de préférence vers le plaisir, vers l'excitation. Ce sont ceux que Kant appelle les « sanguins légers » (Leichtblütigen), M. Fouillée, les « sensitifs à réaction prompte », et chez lesquels il y a toujours quelque chose qui rappelle la jeunesse et l'enfance.

Avec une telle nature sensible tous les degrés d'intelligence sont possibles, mais non pas toutes les formes.

Nous rencontrons ici une disposition de la sensibilité évidemment favorable aux acquisitions intellectuelles, à la curiosité, à la vivacité : l'esprit est plus capable de s'intéresser à beaucoup de choses, à saisir avec facilité, à s'ouvrir à de nombreux systèmes d'idées. Mais par contre, il y aura toujours en lui de la légèreté, de l'irréflexion, de l'étourderie ; la multiplicité même des impressions et des points de vue, leur mobilité empêcheront la méditation prolongée, l'application soutenue, nuiront à la persévérance dans l'effort qui seule permet d'aller au fond des choses. Apprendre vite, c'est souvent moins bien comprendre, effleurer une foule de questions empêche de creuser profondément son sillon, puisqu'on ne se donne pas le temps de pénétrer les idées ni de se laisser pénétrer par elles.

Entrons maintenant dans le détail. — La mémoire est facile et prompte, assez riche et variée, mais d'une appropriation moins durable et d'une fidélité moins heureuse. — L'imagination est vive, mobile sans excès, enjouée et souriante, ni tourmentée ni tourmentante, peu rêveuse et sentimentale, nullement obsédante, tournée vers l'avenir et vers le dehors, facile à contenter, spontanément optimiste. — Les associations d'idées sont rapides, un peu lâches, se font plus volontiers par similitude et contiguïté que par contraste et ne sont guère gouvernées par des rapports logiques très définis et très stables. — L'attention, susceptible d'une prise prompte et énergique, a presque toujours besoin d'être provoquée et soutenue par des états affectifs, une sensation, un sentiment, un intérêt présent: de là l'usage, par certains individus de cette catégorie, de ce que l'on a nommé les « condiments de l'attention ». Aussi l'attention est-elle inégalement accordée et volontiers dispersée ; le sensitif ne la dirige pas et n'en dispose pas à son gré, ne sait guère la protéger contre les sollicitations étrangères ; il a une tendance marquée à devenir un distrait-dissipé. — Le jugement enfin est prompt, primesautier ; l'individu a du coup d'œil, de l'originalité, de l'esprit, parfois le sens des nuances, une certaine habileté à voir le point faible, les ridicules des gens et des choses, à découvrir aussi des rapports éloignés et délicats, et même une pénétration intuitive qui le fait capable de véritables trouvailles. Mais l'esprit n'est pas assez calme et rassis, pèche par défaut de prudence, de pondération, de raisonnement, de fermeté logique.

Ici encore, qualités et défauts se balancent inégalement.
— Chez les plus médiocres, nous voyons cette vivacité et cette mobilité se traduire par une déplorable facilité à passer d'une idée à une autre, un intarissable bavardage, un goût déplorable pour les plaisanteries, les jeux de mots, les à-peu-près; ils sont brouillons et confus, illogiques avec des saillies heureuses, esprits faux et superficiels, à chaque instant désorientés, avec pourtant de-ci de-là des vues ingénieuses et des réparties justes. Car au milieu de ce va-et-vient perpétuel des idées qui se succèdent et se chassent, le contrôle de la raison n'intervient guère et le triage, l'organisation des idées sensées ne se fait qu'avec peine: on voit ici apparaître quelque chose de cette incohérence qui se rencontre en grossissement dans la manie et dont l'hyper-idéation de l'ivresse nous fournit un bon exemple. — Il en est d'autres, supérieurs déjà, chez qui ces défauts sont moins accusés: causeurs spirituels, saisissant aisément les idées et même les théories, ayant de la souplesse et de l'ingéniosité, plus brillants d'ailleurs que solides, plus ouverts que fermes et méthodiques. — Les mieux doués enfin seront observateurs perspicaces, littérateurs pittoresques, inventeurs, dilettanti curieux, mais non point esprits organisateurs et constructifs, dialecticiens solides et philosophes systématiques et synthétiques.

Il y a donc là une nature particulière d'intelligence qui, à tous les degrés, se retrouve avec ses traits caractéristiques et rentre plus ou moins dans le genre des brouillons ou du moins des dispersés.

C. Les Émotifs. — Quels sont les effets généraux de l'émotivité sur les opérations intellectuelles?

On a mainte fois remarqué que l'émotivité s'accompagne en général d'une très grande suractivité de la mémoire (Bain, Wundt, Féré, etc.). Une distinction toutefois est nécessaire. S'agit-il de la fixation des souvenirs ? il est manifeste que l'émotion y joue un rôle considérable : ce qui nous a vivement émus, c'est une observation banale, a plus de chances de se graver dans l'esprit. Mais il faut ajouter de suite que l'émotivité rend la mémoire partiale, parce qu'elle la sollicite dans un sens défini et l'amène à négliger dans les objets et les circonstances tout ce qui n'a pas une valeur émotionnelle et même tout ce qui n'a pas de rapport avec l'émotion actuelle. Des effets tout analogues doivent être notés en ce qui concerne la restauration. L'évocation des souvenirs se fait suivant des rapports d'une nature particulière que nous avons eu déjà occasion de signaler; les relations logiques et proprement intellectuelles sont à chaque instant modifiées par l'intervention de l'émotion. De là aussi des lacunes singulières à côté d'une ténacité surprenante, des infidélités et des confusions étranges. J'ai eu occasion de remarquer chez des tempéraments de cette nature des exemples incroyables de cette espèce d'amnésie spécialisée : ils semblaient avoir totalement oublié, dans une phase nouvelle de leur existence sentimentale, des faits et des personnes qui avaient joué dans leur vie un rôle exceptionnel. L'état de la mémoire chez les hystériques nous montre la chose avec un relief saisissant.

L'émotivité, d'autre part, est liée au développement de la faculté imaginative ; l'émotion, en effet, anime et colore l'image, et celle-ci à son tour est éminemment propre à entretenir, à renouveler l'émotion. L'émotif a une disposition singulière à vivre dans le passé et dans l'avenir ; l'activité imaginative, de son côté, puise en grande partie ses forces dans l'émotion. « Les travaux d'imagination, écrit Ch. Féré, nécessitent une condition préalable, une excitabilité nerveuse particulière qui souvent confine à la maladie, et c'est cette excitabilité nerveuse qui est en réalité la cause de tous les maux dont sont atteints les hommes dont l'imagination est la plus vive. » (*La pathologie des émotions*, p. 223.) Plus l'émotivité s'exalte, plus aussi l'imagination devient déréglée et enfiévrée. On pourrait facilement suivre cette marche parallèle chez la plupart des artistes. On verrait aussi la différence qu'il y a entre le genre d'imagination de l'émotif et celui du sensitif proprement dit. Taine, dans sa *Philosophie de l'Art*, a donné sur ce point de pénétrantes indications[1]. Quoi qu'il en soit, c'est l'émotivité qui donne à l'imagination sa puissance et sa flamme; c'est elle qui est la maîtresse pièce du tempérament intellectuel de l'artiste.

Elle est aussi, d'ailleurs, un obstacle à l'équilibre intellectuel, aux facultés de jugement, de raisonnement, de contrôle, au gouvernement de la pensée. Elle provoque une agitation dangereuse, un défaut de clarté et de suite ; « à part des moments d'heureuse inspiration, l'esprit ne produit tout d'abord que des idées confuses ». — Nos jugements en sont faussés, nos convictions perverties, nous sommes frappés d'une sorte d'aveuglement intellectuel. Nous avons, sur ce point, un curieux témoignage de J.-J. Rousseau, qu'il n'est pas sans intérêt de rappeler. « Deux choses presque inalliables, dit-il, s'unissent en moi sans que j'en puisse concevoir la manière : un tempérament très ardent,

---

1. Cf. en particulier, *op. cit.*, I, p. 163 et suiv. : « Nos plus grands coloristes, littérateurs ou peintres, sont des visionnaires surmenés et détraqués ;... les artistes de la Renaissance sont des voyants, » etc., etc.

des passions vives, impétueuses, et des idées lentes à naître[1], embarrassées et qui ne se présentent qu'après coup. On dirait que mon cœur et mon esprit n'appartiennent pas au même individu. Le sentiment, plus prompt que l'éclair, vient remplir mon âme; mais au lieu de m'éclairer, il me brûle et m'éblouit. Je sens tout et je ne vois rien. Je suis emporté, mais stupide; il faut que je sois de sang-froid pour penser... Cette lenteur de penser jointe à cette vivacité de sentir, je ne l'ai pas seulement dans la conversation, je l'ai même seul et quand je travaille. Mes idées s'arrangent dans ma tête avec la plus incroyable difficulté: elles y circulent sourdement, elles y fermentent jusqu'à m'émouvoir, m'échauffer, me donner des palpitations; et, au milieu de toute cette émotion, je ne vois rien nettement, je ne saurais écrire un seul mot; il faut que j'attende. » (*Confessions*, 1re partie, livre III.)

Maintenant, au risque de paraître vouloir abuser des subdivisions, il est nécessaire d'établir ici une distinction. Il y a, a-t-on dit, deux grandes catégories d'émotions, — les sthéniques et les asthéniques, — ou mieux, il y a une sorte d'émotivité qui se manifeste surtout par l'excitation, une autre par la dépression. Leurs effets particuliers sur l'intelligence méritent d'être étudiés à part; ils présentent, en effet, à côté d'analogies profondes, des différences qui ne sauraient être négligées.

Dans le premier cas, ce qui est remarquable, c'est une suractivité diffuse et généralisée de la mémoire et de l'imagination, avec diminution notable du temps d'association;

---

1. Entendez des idées *claires*, car il y a au contraire, comme le montre le reste du passage, un bouillonnement très rapide d'impressions confuses.

mais les associations deviennent alors irrégulières et capricieuses. L'émotivité irritable se traduit par des sautes brusques d'idées, des changements subits de l'orientation mentale ; l'attention est capricante, procède par bonds désordonnés, ou bien se fixe subitement comme sous l'empire d'une véritable obsession : « au fort d'une certaine habitude d'être, dit encore Rousseau, un rien me distrait, me change, m'attache, enfin me passionne : et alors tout est oublié ; je ne songe plus qu'au nouvel objet qui m'occupe ». (*Confessions*, 1re partie, livre I.) Ainsi s'expliquent aussi l'amour des objets imaginaires, de l'utopie, le goût du paradoxe, de la polémique, la combativité intellectuelle, — l'illogisme, une disproportion frappante entre les opinions et les faits qui les provoquent, de l'exagération dans les appréciations, des engouements et des dénigrements sans mesure et parfois sans motif, une singulière inaptitude au raisonnement abstrait.

Les émotions déprimantes (tristesse, mélancolie, émotion tendre) provoquent au contraire un ralentissement psychique général. Exner, de Vintschgau et Dietl, ont établi expérimentalement que, sous l'influence des émotions pénibles, le temps d'association est considérablement allongé, et cela pour plusieurs heures, parfois pour plusieurs jours. Tous les auteurs qui ont étudié la mélancolie ont fait des remarques analogues. (Cf. Griesinger, Schüle, Ball, Magnan, Dumas, etc.) L'imagination est bien développée, mais dans une certaine direction ; elle n'est plus aussi vive, aussi mobile, aussi emballée ; elle devient rêveuse, sentimentale, habile à représenter à propos de tout les mêmes regrets, les mêmes appréhensions, à prévoir les malheurs, à se forger de désolantes chimères, à se créer de vaines angoisses. —

L'attention est lésée, ici encore, mais d'une manière assez différente : c'est une sorte de concentration, d'absorption intérieure, de rumination psychique portant sur des chagrins, des misères, des inquiétudes réelles ou imaginaires, mais toujours étrangement amplifiés. — La pensée devient aussi, le plus souvent, d'une excessive timidité, d'une défiance extrême qui se manifeste par des scrupules exagérés, une hésitation presque maladive à conclure, un balancement indéfini des raisons antagonistes, — quelque chose comme un vague commencement de folie du doute.

En résumé, les émotions excitantes agiraient dans le sens de la dispersion, les émotions déprimantes, dans le sens de l'agglutination mentale ; mais, comme les unes et les autres reposent sur un fond de faiblesse et de désorganisation nerveuses, il y a une sorte d'incompatibilité naturelle (non pas radicale toutefois) entre l'émotivité et le pouvoir de contrôle intellectuel, le calme et la lucidité de la pensée, la coordination logique et méthodique des idées. Chez les émotifs, le « bon sens » n'est pas « la chose du monde la mieux partagée »[1]. Non pas que, chez certains, l'intelligence ne puisse être très élevée ; car s'il en est d'absolument médiocres et d'entièrement incohérents, il en est d'autres d'une singulière puissance et richesse d'imagination, d'esprit pénétrant et subtil, et qui touchent au génie, un peu, il est vrai, dans la mesure où le génie est une névrose. Mais avec des dons esthétiques éminents, de la fougue ou de la délicatesse, des envolées magnifiques ou des grâces captivantes, ils procèdent toujours par fusées, manquant d'équilibre et de sérénité,

---

1. Mozart eut, toute sa vie, besoin d'un tuteur, — et Byron, dit son biographe et ami Moore, « était presque incapable de suivre un raisonnement régulier »

d'aptitudes scientifiques, du moins dans l'ordre de la spéculation abstraite.

D. Les Passionnés. — Une fois encore il faut le redire, tous les degrés d'intelligence se peuvent trouver unis à une nature passionnée, depuis la brute jusqu'à un Luther ou un Lamennais. Mais n'y a-t-il pas toujours une sorte de physionomie commune ? C'est ce qu'il convient d'examiner.

La mémoire, qui peut être très inégalement facile, riche et souple, est généralement précise, vivace, tenace, mais partiale aussi, n'arrêtant et ne retenant que ce qui importe à la passion, avec des lacunes singulières. L'imagination présente les objets de prédilection avec un relief saisissant ; elle est grossissante, ardente, absorbante, impétueuse, au service des appétits et des désirs, nullement contemplative, non plus que langoureuse ou sentimentale, si ce n'est parfois par un effet de contraste violent. Les associations, généralement par similitude, sont gouvernées par la passion dominante qui n'évoque que les souvenirs, les images, les idées qui lui sont conformes ; ces éléments d'ailleurs sont fortement liés entre eux en un système stable, et se prêtent malaisément à la dissociation qui leur permettrait d'entrer dans des synthèses nouvelles, de se recombiner suivant un plan différent : d'où quelque chose d'un peu étroit et d'un peu raide dans l'allure générale de l'esprit. — L'attention, d'une prise vigoureuse, manque d'indépendance, ne se prête pas volontiers à toutes sortes de choses, subit parfois une sorte de fascination, se ferme d'autres fois avec je ne sais quelle brutalité. — La pensée est d'ordinaire concrète, malhabile à manier les abstractions et les hautes généralités ; elle est hardie, impétueuse, puissante, chez les plus grands, emballée aussi et excessive, poussant jusqu'à l'extrême, jusqu'à l'absurde, souvent aggressive et se complaisant aux violences outrancières, d'une logique spéciale, vivante et enflammée, excellant à lancer d'un coup avec une force singulière toutes les idées, tous les arguments vers un but clairement vu, mais qui seul est envisagé ; capable d'ailleurs d'une souplesse particulière qui consiste à tout ramener à son point de vue, à revenir, au milieu de multiples circuits, à son centre permanent. Par cela même l'intelligence est amenée à négliger beaucoup de questions et beaucoup d'aspects des questions envisagées, comprenant mal tout ce qui contrarie son système, entrant difficilement dans les idées et les théories des autres, ne s'arrêtant guère aux objections et ne leur accordant pas leur vraie valeur, ignorant l'art de douter où il faut, les réserves prudentes, les atténuations et les scrupules de la pensée. De convictions entières, ils voient nettement ce qu'ils voient, excellent à interpréter tous les faits dans le sens de leur passion, à trouver des preuves à l'appui de leurs amours, de leurs haines, de leurs jalousies, de leurs préventions, — mais sont comme aveuglés à l'égard du reste, et par leurs exagérations mêmes arrivent aux plus extravagantes erreurs. Ainsi « la clairvoyance de la passion » se concilie avec « l'aveuglement de l'amour ». [Cf. Young : « Le premier soupir de l'amour est le dernier de la sagesse. »] Ainsi, s'il est vrai de dire que « les grandes passions nourrissent l'esprit », il n'est pas faux d'ajouter : « il y a une plénitude de passion, il ne peut pas y avoir un commencement de réflexion. » (Pascal, II, 259.)

Il va de soi d'ailleurs qu'il faut tenir compte de la nature et de la valeur des passions. Il en est de basses et de bestiales qui ravalent l'intelligence et ne s'accommodent d'aucune activité mentale; il en est de nobles et de fières qui ne conviennent qu'à un esprit large et généreux, qui sollicitent le mouvement de la pensée et en exaltent l'ingéniosité ; il en est qui ne peuvent vivre que dans les ténèbres, d'autres qui ne s'épanouissent que dans la lumière. « Il y a des passions, dit encore Pascal, qui resserrent l'âme et qui la rendent immobile, et il y en a qui l'agrandissent et la font répandre au dehors. »

IV. — Ces relations entre la sensibilité et l'intelligence sont compliquées encore par ce fait que l'intelligence elle-même peut avoir, pour ainsi parler, sa sensibilité propre. Je veux dire que, comme toute tendance, les tendances intellectuelles donnent naissance à des phénomènes d'ordre affectif. Il existe, en effet, un besoin d'activité intellectuelle, tout comme un besoin d'activité musculaire ; l'un, de même que l'autre, est très inégalement réparti : fort développé chez certains individus, il est, chez d'autres, réduit à son minimum. Différent, non seulement en degré, mais en direction et en nature, il contribue à donner naissance à des différences individuelles caractéristiques.

Laissons évidemment de côté, ici, les hommes dans lesquels l'activité proprement intellectuelle est atrophiée, soit congénitalement, soit par arrêt de développement, soit par suite de son inexercice habituel et prolongé. Ils n'ont ni le goût, ni le désir des choses de l'esprit ; ils en ignorent les plaisirs si vifs pour d'autres; sans curiosité élevée, ils passent leur vie sans même soupçonner qu'il existe des problèmes dépassant la sphère des intérêts, des habitudes, de la routine professionnelle, de la vulgarité journalière. La paresse intellectuelle tient au fond de leur nature. Les mots beauté, vérité, art, science, philosophie n'ont pas de sens pour eux. — Arrivons de suite aux autres, à ceux qui pensent et qui aiment penser, pour montrer brièvement les nuances qui les distinguent au point de vue qui nous occupe.

On rencontre des hommes à qui un certain travail intellectuel est nécessaire, mais comme une fonction naturelle à laquelle on satisfait sans qu'elle ait rien de tyrannique ; ce n'est ni un désir bien vif, ni un plaisir bien séduisant ; ils pensent, comme on respire, ou comme on fume, par un effet de l'habitude ou tout simplement parce que leur cerveau est ainsi construit, parce que la vie consciente en eux se traduit spontanément par le maniement des idées, comme en d'autres par le mouvement musculaire ou par la sensibilité. — Il est d'autres individus pour qui l'activité intellectuelle est un besoin impérieux, sans cesse renaissant ; ne pas penser leur est pénible ; ils ne peuvent s'arrêter de lire, d'étudier, de chercher ; leur esprit est sans cesse en éveil, en quête d'une pâture nouvelle ; ils n'approfondissent pas, certes, toutes les questions qu'ils abordent, mais ils en touchent beaucoup ; le repos de la pensée produit vite chez eux un état d'inquiétude, de malaise, voire de souffrance : ce n'est pas seulement l'appétit, c'est la faim de savoir, au moins de s'occuper. Dans leurs distractions et leurs délassements même se manifeste ce besoin : ils aiment les jeux savants, ceux qui supposent de l'attention, des combinaisons (whist, échecs, etc.) et dont le principal stimulant est précisément qu'ils donnent tout au moins l'illusion d'une occupation intellectuelle. Il arrive fréquemment, au reste, que ce besoin se localise, et, au lieu de s'étendre à toute espèce de questions, se limite à un ordre déterminé de choses qui seul les intéresse et devient l'objet de prédilection de toutes leurs réflexions : c'est le cas des collectionneurs, des spécialistes étroits.

Voici une autre classe qui mérite d'être rangée à part : celle des gourmets de l'esprit. Pour eux l'exercice de la pensée est moins encore, peut-être, un besoin qu'un plaisir délicat et raffiné ; le jeu des idées les séduit ; ils s'y complaisent pour les subtiles jouissances qu'ils éprouvent à en faire le tour, à les accueillir toutes sans être forcés de s'arrêter à aucune, à se prêter aux plus disparates, aux plus contradictoires, sans se donner jamais entièrement. C'est d'eux surtout qu'il faut dire avec Pascal qu'ils recherchent non les choses mais la recherche des choses ; ils s'intéressent moins à la solution des problèmes qu'aux faces diverses sous lesquelles on les peut envisager. Il y a là une sorte d'épicuréisme de la pensée, infiniment supérieur à coup sûr à l'épicuréisme de la sensation, mais qui au fond est de même nature. C'est l'amour à la Stendhal appliqué aux choses de l'esprit, et qui, chez un penseur très délié, devient ce dilettantisme séduisant qu'on a si souvent analysé, admiré ou blâmé en Renan, et dont quelques illustres contemporains seraient des exemples plus certains.

Enfin les tendances intellectuelles, comme toutes les autres, peuvent s'exalter jusqu'à la passion. Et cette passion de la vérité est exclusive au même titre que l'amour ou l'ambition : ceux qui en sont possédés lui appartiennent sans partage ; rien plus n'existe pour eux ; par elle seule et pour elle seule ils vivent. Connaître est pour eux l'objet d'un culte jaloux. On en peut dire ce que F. Huet dit de Bordas-Demoulin : « penser était sa vie, sa profession. » — Tantôt c'est la passion de l'étude, tantôt celle du prosélytisme. Les uns ont une soif inextinguible de savoir pour savoir. Tel ce

Mentelli dont Descuret nous a retracé la curieuse histoire, et qui, sachant douze langues, très versé dans toutes les sciences exactes, passa plus de trente années à étudier six jours par semaine et vingt heures par jour, sans laisser aucun ouvrage ni même la moindre trace de ses immenses recherches. « Du reste, ajoute Descuret, l'affectation de la singularité n'entra pour rien dans le choix de cette vie austère, dont il ne s'est jamais lassé et qui surpasse tout ce qu'on connaît de celle de quelques philosophes anciens. Pour lui, l'amour de la science fut le seul bien désirable : il y sacrifia toutes les jouissances que prisent les autres hommes ; mais personne ne lui voua un culte plus dénué de vanité ou d'ambition. » (Descuret, *Médecine des Passions*, p. 721 et suiv.) — Les autres ne séparent pas de la poursuite du vrai sa divulgation, sa diffusion ; ils s'y consacrent, non seulement pour le posséder mais pour le transmettre et le faire triompher ; ils sont les apôtres d'une idée, ne séparent pas l'humanité de la vérité et prendraient volontiers pour devise la belle parole de Sénèque : *Si mihi cum hac exceptione detur sapientia, ne cui communicem, rejiciam*[1].

V. — Que l'intelligence, quand elle est devenue à ce point souveraine, modifie toutes les autres manifestations de la sensibilité, les transforme ou les absorbe, c'est ce qui ne semble guère être contestable. Mais on peut ajouter que d'une manière générale l'intelligence réagit toujours sur la sensibilité. Aussi, après avoir essayé de montrer comment une forme déterminée de la sensibilité paraît bien entraîner

---

[1]. Cf. le mot de Fontenelle : « Si j'avais la main pleine de vérités, je me garderais bien de l'ouvrir. »

une certaine nature d'esprit, il faut voir si une forme déterminée d'intelligence ne favorise pas réciproquement certaines dispositions de la sensibilité. Et ce sera un moyen de contrôler et de vérifier quelques-unes des lois de coexistence ou d'exclusion que nous avons cru pouvoir signaler plus haut.

En disant qu'un mode défini de sensibilité s'accompagne normalement d'un mode défini d'intelligence, nous ne voulions pas soutenir, en effet, que l'intelligence fût sous la dépendance exclusive de la sensibilité et que celle-ci ne pût à son tour subir l'influence de celle-là. Ce fait que tous les degrés de développement intellectuel sont compatibles avec n'importe quelle nature sensible, prouve déjà qu'il y a indépendance relative. Ce qui le démontre aussi c'est qu'en somme l'intelligence est le facteur de notre constitution psychique le plus directement modifiable et éducable. La discipline de la pensée est en somme plus aisée que celle du cœur; mais l'instruction serait de peu de prix peut-être, si, par l'intermédiaire de la pensée, on ne pouvait pénétrer jusqu'au cœur lui-même. Les idées agissent sur les sentiments et cette action n'est pas nécessairement « instable, oscillante, faible, extrinsèque », elle ne s'exerce pas seulement « du dehors », mais « du dedans ». Il y a certes une influence qui s'exerce « de bas en haut », comme dit M. Ribot; mais il y en a une aussi qui se produit « de haut en bas ». M. Fouillée l'a très justement soutenu : « Savoir ce qu'on sent, pourquoi on le sent, ce qu'on tend à faire, pourquoi on tend à le faire, enfin qu'elle est la valeur de ce sentiment ou de cette impulsion, ce n'est point aborder les choses par le dehors : c'est au contraire éclairer l'intérieur d'une lumière qui est elle-même tout interne, dont une certaine chaleur est inséparable et qui par cela même est prête à se convertir en mouvement visible. » (*Tempérament et caractère*, p. 118.)

La sensibilité elle-même n'enveloppe-t-elle pas déjà en effet un élément de connaissance ? La sensation, Platon le faisait remarquer, ne serait à peu près rien sans la mémoire qui la conserve, l'imagination qui la pressent, l'entendement qui la juge : elle est cognitive en même temps qu'affective, et les deux indissolublement. Nos désirs ou nos aversions se précisent ou se modifient grâce à la connaissance que nous prenons de leur objet. Nos sentiments, nos émotions les plus élevés sont aussi les plus complexes ; ils supposent la combinaison d'une masse considérable d'éléments plus simples, dont un grand nombre sont d'ordre intellectuel. Que ceux-ci soient amoindris ou multipliés, que la nature de l'intelligence varie et la sensibilité tout entière sera du même coup transformée. L'intelligence se peut développer de telle sorte qu'elle fasse contrepoids aux impulsions de la sensibilité ; de même que, si elle se laisse entraîner sans résistance dans la direction où elle est naturellement sollicitée et comme inclinée par la sensibilité, elle ne manquera pas de confirmer celle-ci dans ses dispositions primitives en les exagérant encore.

Une intelligence obtuse, lente et paresseuse ne permettra pas à la sensibilité morale de se dégager, et ne laissera place qu'à des tendances inférieures et grossières. Chez l'idiot, par exemple, l'obtusion des sentiments tient en grande partie à l'arrêt du développement intellectuel. La méchanceté, d'autre part, est en grande partie inintelligence. « Tous les idiots sont méchants, dit le Dr Azam, tous ont un détestable caractère. » Et il ajoute : « Mal comprendre, tirer des conséquences fausses d'un fait quelconque, est l'origine de mille défauts ; voir les choses de haut, en prévoir les suites, est une condition importante du calme de l'existence. Ce calme et cette sérénité de l'homme intelligent ont sur le caractère une heureuse influence. On n'a qu'à regarder autour de soi pour constater que les hommes intelligents ont meilleur caractère que ceux qui ne le sont pas. » (*Le caractère dans la santé et dans la maladie*, p. 57.) On peut observer aussi très nettement dans la chorée cet abaissement parallèle de l'intelligence et de la sensibilité morale. Chez ces malades l'intelligence s'affaiblit singulièrement, au point qu'il y a parfois « une incapacité absolue de penser ». (Ziemssen.) Ch. Lasègue les dépeint « paresseux, bêtas, indolents », et qualifie leur état mental « d'état mental inférieur » ; « les manières de l'enfant, dit West, sont presque celles d'un idiot ». En même temps les sentiments affectifs sont profondément atteints. « Ordinairement, l'enfant témoigne de l'indifférence, de la méfiance vis-à-vis de ses proches. Il n'est plus caressant, affectueux comme par le passé. Il ne témoigne aucune sympathie aux personnes qu'il chérissait. Souvent encore il s'en prend à ses égaux, soit qu'il repousse ses frères ou ses sœurs, ses camarades d'école ou autres, soit qu'il les batte ou même quelquefois exerce sur eux certaines violences. Insensible aux caresses de son entourage, le malade se renferme dans un égoïsme absolu. » (Dr A. Breton, *État mental dans la chorée*, p. 48.) L'égoïsme instinctif et en quelque sorte inconscient des apathiques lourds, l'égoïsme brutal des impulsifs, comme l'égoïsme violent des passionnés dépendent au fond, dans une large mesure, de cet état d'infériorité mentale. — C'est qu'en effet, quand l'esprit s'habitue à ne jamais sortir de son étroit sillon, quand il se fige en une immobilité froide, s'abandonne à une aveugle routine, le cœur se rétrécit avec la pensée; le sentiment, comme l'idée, perd de sa souplesse, de sa vitalité, de sa chaleur, de son expansion; il s'accommode lui aussi d'une sorte d'indolence, d'impassibilité, d'indifférence mesquine à l'égard tout au moins de ce qui ne le touche pas d'une manière immédiate et personnelle. La médiocrité d'esprit est à la fois le signe et la cause de la médiocrité d'âme.

D'autre part, on a souvent remarqué que le développement de la sympathie résulte de celui de l'imagination. Dugald-Stewart, après A. Smith, a très finement analysé ce phénomène. « Ce que d'ordinaire on appelle *sensibilité* dépend en grande partie de la faculté d'imagination. Offrez à deux individus un même tableau de souffrance ou de tristesse; par exemple, celui d'un homme que des circonstances imprévues ont fait passer de l'aisance à la pauvreté. L'un deux, peut-être, ne sent que ce qu'il voit, n'éprouve que ce dont il a la perception par ses sens. L'autre suit en imagination cet infortuné dans sa triste demeure; il partage, dans tous ses détails, la détresse et l'angoisse de la famille et de son chef... A mesure qu'il avance dans ce tableau, sa sensibilité s'émeut; ce n'est pas ce qu'il voit, c'est ce qu'il imagine qui le touche. On dira peut-être que c'est sa sensibilité même qui monte son imagination. Cela est vrai; mais il ne l'est pas moins que c'est à l'imagination qu'il doit l'exaltation et la durée de sa sensibilité... Il est probable que la froideur apparente et l'espèce d'égoïsme qu'on observe dans beaucoup d'hommes tiennent en grande partie à un défaut d'attention et d'imagination[1]. »

---

1. Dugald-Stewart, *Philos. de l'Esprit humain*, ch. VIII, sect. IV. — Cf. H. Spencer, *Principes de Psychologie*, trad. fr., II, p. 590 et suiv. — « Le degré et l'étendue de la sympathie dépendent de la clarté et de l'étendue

L'excès d'imagination a donc, comme on l'a vu déjà, un étroit rapport avec les émotions tendres, la sentimentalité et aussi la mélancolie. Il est lié d'une manière générale à l'émotivité sous toutes ses formes; il la surexcite, en accroît l'impétuosité, la mobilité et la tyrannie. Enfin il exerce des effets analogues sur les passions qui sont, d'ordinaire et si l'on excepte les passions purement organiques, d'autant plus impétueuses que l'imagination est elle-même plus ardente, a plus de force et de chaleur.

De la même manière, l'éparpillement des forces intellectuelles, le manque d'attention, la légèreté d'esprit, l'inaptitude à réfléchir favorise une disposition analogue à ce qu'on pourrait appeler la dissipation sensible, je veux dire une certaine vivacité superficielle et changeante des sensations et des sentiments, une certaine gaieté frivole et enfantine qui nous livre aux impressions du moment.

La discipline de la pensée, tout au contraire, l'habitude de diriger notre esprit vers des recherches intellectuelles, tout au moins l'habitude de l'ordre, de la méthode dans les idées, — voilà qui a pour effet normal d'atténuer l'émotivité, de lui faire perdre en partie ce qu'elle peut avoir de tumultueux et de déraisonnable. Un esprit juste, un entendement clair et vigoureux, par conséquent la culture et l'exercice des facultés intellectuelles, constituent la plus efficace protection contre les exaltations de la sensibilité, contre la dégénérescence morale. L'éducation intellectuelle, en nous amenant à penser avec plus de lucidité et de logique, en nous apprenant à réfléchir et à juger, à envisager les

de la représentation... L'accroissement de l'intelligence est donc une condition de l'extension de la sympathie. » — Voir aussi : Espinas, *Sociétés animales*, passim choses, les événements, les personnes et nous-mêmes d'une façon plus calme et plus impersonnelle, nous rend capables de contrôler nos émotions et nos désirs, de les réfréner, de les rendre moins turbulents et moins impulsifs ; peu à peu elle les apaise. Elle nous met en garde contre les duperies de l'enthousiasme et contre ces rêveries dangereuses ou coupables où d'autres se complaisent sans réserve. Elle est, comme l'avait admirablement vu Spinoza, le souverain remède contre l'esclavage des passions.

Il existe d'ailleurs un certain mode de développement, ou plutôt une certaine direction de l'intelligence, qui peut altérer plus ou moins profondément la sensibilité normale. Je ne veux pas ici parler seulement de l'abus de l'analyse qui flétrit et corrompt nos sentiments et nos affections. Mais l'abus de la pure spéculation peut détruire singulièrement en nous les tendances affectives et développer une sorte de sécheresse de cœur. Ce serait le cas de rappeler l'exemple de Gauss s'il n'était trop connu. En réalité, il y a là un phénomène de dérivation qui n'est qu'un cas particulier de la « loi de balancement des organes » appliquée aux fonctions psychiques. Tout excès de développement constitue une véritable anomalie et entraîne une atrophie correspondante.

Mais il n'en reste pas moins que le développement sain et harmonieux des facultés intellectuelles est une garantie du développement harmonieux et sain des facultés sensibles. La fraîcheur et l'étendue de l'esprit, sa souplesse, une pensée généreuse et vivante, curieuse et ferme, attentive et vigilante, la disposition à sortir de soi pour s'intéresser à toutes choses et en même temps à rentrer en soi-même pour demander, comme parle Epictète, le mot du guet à toutes ses idées, une intelligence lucide sans froideur, enthousiaste sans aveuglement, — cela seul donne à la sensibilité le calme et l'élévation, la chaleur et la lumière, cela seul élargit et vivifie l'âme et rend capable des sentiments nobles et supérieurs : « dans une grande âme, tout est grand ». — C'est qu'aussi bien tout se tient ici. En s'intéressant aux choses de la pensée, de l'art, de la philosophie, l'homme apprend à se désintéresser de lui-même : les jouissances délicates qu'il y apprend à goûter le détournent des satisfactions grossières et le rendent capable des généreuses amours et des belles passions. « Car si la haute culture moralise, c'est que la moralité est la première condition sous-entendue de la haute culture, comme la première condition de la flore alpestre est un air pur. » (G. Tarde, *Criminalité comparée.*)

VI. — Est-il possible, maintenant, de dégager de toutes les observations précédentes quelques conclusions générales?

Sans méconnaître ce fait que l'intelligence peut se constituer en un système relativement indépendant de la sensibilité, il nous a semblé que des liens de corrélation réciproque les unissaient assez généralement. Ces rapports se peuvent ramener à quelques principes essentiels.

Et d'abord, toutes les altérations pathologiques de l'une de ces fonctions de la vie mentale s'accompagnent d'altérations de l'autre. Si la sensibilité tombe au-dessous d'un certain niveau, l'intelligence s'abaisse concurremment ; si la sensibilité s'exalte au point de devenir morbide, l'équilibre mental se trouve du même coup compromis. La réciproque est d'ailleurs vraie.

A ne considérer que les phénomènes normaux et les individus sains, ce parallélisme se remarque encore. La lenteur des processus psychiques se manifeste à la fois dans le domaine de la sensibilité et dans celui de l'intelligence. De même aussi, la mobilité, l'instabilité des phénomènes affectifs coïncide avec un certain éparpillement intellectuel.

En résumé, la dissociation psychique et aussi la systématisation ou coordination mentale s'accompagnent dans ces deux sphères et s'y manifestent par des effets analogues ; elles s'élèvent ou s'abaissent parallèlement, car elles tiennent vraisemblablement à de mêmes causes profondes.

CHAPITRE III.

DES RELATIONS EXISTANT ENTRE LES MODES DE LA SENSIBILITÉ ET DE L'INTELLIGENCE ET CEUX DE L'ACTIVITÉ.

D'une manière très générale, on peut dire qu'étant connues la sensibilité et l'intelligence d'un individu donné, il est possible d'en inférer, sans de trop grandes chances d'erreur, la nature de son activité. Je parle de la nature et non pas de la puissance, de la forme plutôt que de la quantité. Nous avons remarqué déjà, en effet, qu'il existe une activité primitive (une *capacité* et un *besoin* d'action), très inégalement répartie entre les hommes et qui peut être le trait dominant et caractéristique de certains d'entre eux. Cette activité nous a paru — du moins au point de vue de son énergie spontanée — indépendante de la sensibilité et de l'intelligence ; elle ne s'élève ni ne s'abaisse parallèlement avec celles-ci ; il semble même parfois qu'elle perde ce que gagnent les autres. Il est manifeste au contraire que le mode de déploiement de l'activité, sa façon particulière d'entrer en exercice et de se développer, dépendent presque exclusivement de la nature de la sensibilité et de l'intelligence auxquelles elle est liée.

Toutefois, comme dans l'organisme psychologique tout s'enchaîne avec une rigueur dont on se fait difficilement idée, les dispositions propres de l'activité ne sont pas sans exercer une influence notable sur la sensibilité et l'intelligence même. On peut donc examiner tout d'abord cet aspect de la question.

I. — L'activité spontanée est faible ou forte : il y a des gens naturellement répugnants à l'action, d'autres naturellement actifs. Mais dans chacun de ces groupes, une distiction paraît nécessaire. Il est des hommes dont l'inactivité provient tout simplement d'une sorte d'inertie primitive, résultant elle-même vraisemblablement de la lenteur des échanges vitaux. Il en est d'autres chez qui elle est l'effet ou du moins l'expression d'une sorte d'épuisement — ayant probablement pour cause un défaut de nutrition. — D'autre part il y a des actifs de deux catégories : les premiers chez qui l'activité bien que puissante est lente et lourde ; les seconds chez qui elle se dépense avec vivacité et même une certaine impétuosité. Il y a ainsi quatre cas principaux à étudier séparément.

L'inertie s'accompagne normalement d'une dépression de la sensibilité ; il n'y a pas malaise, d'ailleurs ; ce n'est pas là un état pénible, c'est tout simplement un état d'hypoesthésie. Toutes nos sensations, en effet, nos émotions, nos tendances, nos désirs enveloppent des éléments moteurs, proprement musculaires, qui y jouent un rôle sinon prépondérant, comme le soutient une certaine école, du moins fort important. Si ce support musculaire vient à disparaître, à s'atténuer dans une proportion plus ou moins considérable, le phénomène affectif tombe pour ainsi dire sur lui-même, s'affaisse, s'affaiblit, ne tarde pas à se dissiper. En parlant des émotions, nous avons déjà remarqué ce fait que leur durée et leur intensité tiennent dans une large mesure à l'intensité et à la prolongation de leurs manifestations motrices. De même c'est un fait d'observation banale que la résolution des muscles des membres et, de la face apaise promptement un accès de colère. L'atonie musculaire doit donc agir dans le sens d'une diminution de la sensibilité : c'est d'ailleurs l'effet constant de l'immobilité, du repos, qui tendent à produire le sommeil, ou tout au moins qui provoquent un état de plaisir général, ou plutôt de bien-être calme et égoïste. Les inertes sont d'ordinaire un peu endormis. Cela est vrai aussi communément en ce qui regarde l'intelligence, — exception faite toutefois et bien entendu, pour les purs intellectuels; aussi bien dans ce cas l'activité proprement dite est plutôt dérivée que supprimée. Mais l'inactivité primitive et foncière coïncide presque toujours avec la lenteur et la lourdeur de la pensée, qui reste comme embarrassée et empêtrée, et dont le champ semble se rétrécir. L'imagination est terne et languissante, l'attention manque de vigueur et de souplesse, l'esprit n'est ni vif, ni curieux, ni brillant.

L'épuisement est tout autre chose que l'inertie que nous venons d'examiner. C'est un état physiologique particulier, qui peut être dû à des causes occasionnelles très diverses, mais qui peut être aussi congénital. Il y a des gens qui naissent fatigués. Or la fatigue a des effets très remarquables sur la sensibilité et l'intelligence. Elle s'accompagne de tristesse, d'inquiétude. Elle crée « un état de faiblesse irritable qui se rapproche singulièrement de celle des états névropathiques... Autant au point de vue de la motilité et de la sensibilité que de l'excitabilité, la fatigue peut réaliser les conditions physiologiques permanentes de l'hystérie ; la fatigue constitue une véritable hystérie expérimentale momentanée. » (Ch. Féré, *Pathol. des Émotions*, p. 158-162.) Le

même auteur écrit encore: « Suivant que l'exercice musculaire est modéré, ou excessif, fatigant, il entraîne des sentiments différents. Dans le premier cas, le mouvement entraîne une sensation générale de bien-être, comme dans le jeu; dans le second, il entraîne un sentiment pénible, avec ou sans tendance à la réaction. Cette influence de l'exercice physique sur les sentiments varie du reste suivant les individus[1]: tandis que, chez les uns, il développe une tendance à l'expansion et à la bienveillance, chez d'autres, au contraire, on voit se manifester une irritabilité pénible et une tendance à l'aggression; certains dégénérés sont incapables de se livrer à un exercice un peu violent sans devenir tout de suite querelleurs. Je connais un mélancolique amateur d'excursions qui fréquemment et à la suite de marches forcées a des accès d'excitation maniaque. » (Id., *ibid.*, p. 134).
— Chacun a pu expérimenter sur soi-même des effets analogues. La fatigue, l'épuisement sont liés à un état d'émotivité-mélancolique et d'émotivité-irritable : ce qui est entièrement conforme à tout ce que nous savons sur les causes ou conditions de ces phénomènes affectifs.

Les effets de l'épuisement sur l'intelligence concordent naturellement avec ceux que nous venons de signaler à propos de la sensibilité. Galton a étudié avec soin les effets de la fatigue mentale. (Fr. Galton, *La Fatigue mentale*, in *Revue scientifique*, 26 janvier 1889.) Ceux de la fatigue physique, de l'amyosthénie, sont de même ordre. Les facultés les plus profondément atteintes sont l'attention qui devient pénible

---

[1]. Précisément parce que, suivant l'activité propre de chacun, la même dépense d'exercice musculaire est ou non fatigante : il faut évidemment mesurer ici non la somme d'énergie dépensée, mais son rapport avec la somme d'énergie disponible et cette dernière varie d'un homme à l'autre.

et instable, le jugement et le raisonnement. « Les études qui faiblissent les premières sous l'influence de la fatigue sont dans la majorité des cas l'arithmétique et les mathématiques. » (Galton, *loc. cit.*) L'esprit montre une peine remarquable à comprendre, à s'appliquer aux travaux qui supposent de la réflexion, à combiner logiquement des idées abstraites. Les associations manifestent un certain désordre, la mémoire devient plus inexacte, plus sujette à l'erreur, l'imagination plus capricieuse et désordonnée. Il y a là en somme un manque d'équilibre que nous avons eu plusieurs fois occasion de signaler et qui est une première manifestation de l'automatisme et de la dissociation psychologiques.

Si nous passons aux Actifs proprement dits, nous rencontrons d'abord les Actifs-lents. Un tel mode caractéristique d'activité se rapproche à certains égards de l'inertie, mais en diffère pourtant d'une manière assez notable pour que nous n'ayons pas simplement à répéter ici ce que nous avons dit à propos de cette dernière. Sans doute, les mouvements lents développent, comme le remarque Bain (*Les Sens et l'Intelligence*, tr. fr., p. 67) des sentiments agréables qui sont de la nature des sentiments passifs et qui ressemblent à ceux du repos musculaire ou de l'invasion du sommeil. Sans doute cette lenteur correspond d'ordinaire à une sensibilité peu profonde et peu vive, souvent assez obtuse, à une « inémotivité » très apparente. Mais il convient de remarquer que la tendance à l'activité vient modifier assez profondément cette disposition générale de la sensibilité et lui donner un cachet particulier. C'est moins l'apathie, l'indifférence, que la tranquillité continue des tendances, qui peuvent avoir à la fois une stabilité et une puissance très grandes. Ce n'est pas, à coup sûr, le règne des passions, mais c'est déjà celui des désirs assez intenses et surtout permanents, avec une égalité d'humeur caractéristique, faite de calme, de bienêtre, de bienveillance un peu molle et passive, de sangfroid naturel, une certaine bonhomie qui n'exclut pas la fierté. L'égoïsme, naturel et innocent encore, est plus personnel, si je puis dire, plus actif, plus enclin à travailler à se satisfaire. L'intelligence aussi participe de ce caractère mixte. Elle manque d'enthousiasme, de feu, de subtilité esthétique ou spéculative ; l'esprit n'est pas très ample, il est même volontiers routinier, mais il peut être net, réfléchi, pratique, pondéré.

Par actifs-vifs j'entends les gens chez qui les énergies motrices sont à la fois puissantes et toujours prêtes à se dépenser avec rapidité et vigueur ; ils se rapprochent plus ou moins de ceux que nous avons nommés les agités. Or l'exercice musculaire, quand il se dépense ainsi par besoin de se dépenser et sans excès, sans fatigue, provoque une diminution de la sensibilité à la douleur, une expansion générale et joyeuse, une disposition à l'exubérance et à la gaîté. « C'est une vérité bien connue, écrit Spencer, que l'agitation corporelle affaiblit l'émotion... Après une grande infortune, on souffre moins si l'on est forcé de payer de sa personne, que si on demeure en repos. » (*Essais sur le Progrès; la Physiologie du rire*, tr. fr., p. 302.) La vivacité de l'activité, qui engage l'individu à entreprendre mille choses, à se mettre sans cesse en quête d'occupations et de projets nouveaux, à regarder vers l'avenir plutôt que vers le passé, le détourne en effet de la contemplation mélancolique de ses déboires et de ses tristesses anciennes. La sensibilité, tout en restant vive, manquera dans une large mesure de cette profondeur, de cette persistance, de cette sorte de résonnance et de récurrence qui sont les conditions normales de l'émotivité. Les sentiments auront donc de la mobilité, les sympathies et les antipathies seront promptes mais passagères. En général, de la bienveillance, un peu trop facile peut-être, et qui se transforme assez rarement en bienfaisance persévérante et continue ; qui se prête trop aisément à tous, ne peut se donner tout entier à quelqu'un.

Le travail intellectuel lui aussi est facile et rapide plutôt que soutenu et puissant. La mémoire est heureusement douée plus encore pour l'acquisition que pour la ténacité et la fidélité. De la décision dans le jugement, de la netteté pratique, mais une certaine imprévoyance et étourderie. Peu de goût pour les idées abstraites et les longues chaînes de raisonnement. Ils ont même une certaine répugnance pour la réflexion prolongée, pour la méditation intérieure, qui ferait obstacle au besoin d'agir et d'agir vite. D'un mot une légère tendance à la dissipation, qui parfois d'ailleurs s'exagère jusqu'à nous donner le type intellectuel du brouillon.

Il y a donc en résumé une corrélation frappante entre l'état de la sensibilité et de l'intelligence et l'état de la motilité. Et, en un sens, cela tient à ce que les deux premières sont subordonnées à cette dernière. C'est ce que montrerait nettement l'étude d'un certain nombre de cas pathologiques (hystérie, neurasthénie, chorée, mélancolie, épilepsie, etc.). L'impotence musculaire des hystériques, l'incoordination motrice des choréiques, l'amyosthénie matutinale des neurasthéniques, etc., sont les causes véritables d'un grand nombre de troubles affectifs et intellectuels. Ceux-ci d'ailleurs à leur tour réagissent dans le même sens et il y a là une sorte de cercle : aussi arrive-t-il fréquemment que les symptômes apparents se succèdent dans un ordre différent, de telle manière que la détermination de la cause vraiment première est rendue singulièrement difficile. Mais, et c'est ici ce qui nous importe avant tout, cela même démontre la rigueur foncière de ces relations, de ces lois de coordination. Aussi l'examen, qu'il nous faut aborder maintenant, de l'influence qu'exerce sur l'activité l'état de la sensibilité et de l'intelligence, nous permettra-t-il de vérifier en les complétant la plupart des conclusions que nous avons tout à l'heure indiquées.

II. — C'est de la sensibilité que l'activité reçoit ses impulsions ; c'est l'intelligence qui en dirige les manifestations. Il faut donc s'attendre à rencontrer tel mode d'activité généralement associé à tel ou tel mode de sensibilité ou d'intelligence, généralement exclu par tel ou tel autre. Il y a des rapports de convenance ou de disconvenance, de compatibilité ou d'incompatibilité qu'il faut tâcher de découvrir. — Puisque nous avons rencontré déjà des relations de ce genre entre la sensibilité et l'intelligence, nous pouvons ici encore reprendre le plan que nous avons antérieurement suivi et considérer successivement, à ce nouveau point de vue, chacune des formes essentielles de la sensibilité. Nous indiquerons, chemin faisant, le rôle propre que peut jouer l'intelligence.

L'Apathie. — Elle est généralement liée à l'inertie. La dépression de la sensibilité coïncide normalement avec un abaissement plus ou moins notable de l'activité. Les impressions restant faibles et obtuses, les tendances sensibles languissantes et comme énervées, l'activité ne se trouve pas excitée. Ce qui domine la situation des malades atteints de stupeur, c'est un affaissement généralisé et parallèle de la sensibilité et de la motilité : indifférents à tout, objets et personnes, dangers, menaces, promesses, ils demeurent inactifs et immobiles : leurs mouvements sont rares, sans vigueur, d'une lenteur et d'une mollesse extrêmes ; leur puissance musculaire est très affaiblie ; ils montrent une tendance remarquable à s'asseoir ou à se coucher. La durée du temps de réaction est accrue. « A la suite des paroxysmes convulsifs ou vertigineux [dans l'épilepsie] la durée du temps de réaction est constamment plus longue, même lorsque le malade est complètement sorti de la stupeur depuis longtemps. Cette augmentation du temps de réaction persiste un temps variable après le paroxysme. Elle concorde avec la diminution de la sensibilité et l'affaiblissement musculaire qui se produisent dans les mêmes circonstances. » (Ch. Féré, *Épilepsies et Épileptiques*, p. 196.) Un malade d'Esquirol, guéri d'un accès de mélancolie avec stupeur, lui disait : « Ce manque d'activité vient de ce que mes sensations étaient trop faibles. » — C'est ce qui a lieu aussi manifestement chez les apathiques normaux : chez eux le ton vital tombe à un niveau inférieur ; la sensibilité et les énergies motrices et actives sont par là même concurremment déprimées. L'atonie est générale : la réaction reste nonchalante et molle, précisément parce que l'excitation a été médiocrement intense. — Au cas où l'intelligence elle-même (et cela est, comme on l'a vu, très fréquent) reste lourde, lente et médiocre, nous avons une raison de plus pour que l'inactivité coïncide avec l'apathie.

Toutefois deux exceptions doivent dès maintenant être notées. D'une part l'apathie est conciliable, on s'en souvient, avec un développement intellectuel fort élevé, particulièrement avec des aptitudes plus ou moins remarquables à la pensée réfléchie, à l'attention soutenue et méthodique. Or, l'importance du développement de l'intelligence et surtout de l'attention sur l'activité mérite une mention spéciale. On a établi expérimentalement (Broca, Féré) que la « pression produite par l'effort de flexion des doigts est moins forte chez les ouvriers dont la profession est exclusivement manuelle, que chez les ouvriers d'art, qui dépensent moins de force musculaire, mais dont l'intelligence est plus en jeu ; et cette pression est plus considérable encore chez les sujets adonnés aux professions libérales, dans les mêmes conditions d'âge... Des observations qui précèdent on est en droit de tirer cette conclusion que *l'énergie de l'effort momentané est en rapport avec l'exercice habituel des fonctions intellectuelles.* » (Féré, *Sensation et Mouvement*, p. 4-5.) Il s'agit ici, bien entendu, de l'effort *momentané*, d'un mouvement déterminé, indiqué, connu, volontaire en un mot : il s'agit de la concentration et de la coordination, en vue d'un acte donné, de certaines contractions musculaires. C'est en ce sens seulement que l'on doit prendre cette formule : « Sous l'influence du travail intellectuel, la force dynamométrique augmente » ; on dira donc plus exactement : « L'exercice momentané de l'intelligence provoque une exagération momentanée de l'énergie des mouvements volontaires. » — C'est qu'en effet le facteur essentiel qui entre en jeu dans ce cas, c'est l'attention. Suivant qu'elle a été fixée d'une façon plus ou moins soutenue, l'acte est plus ou moins énergique. Sous l'influence de l'attention le temps de réaction est diminué, et l'énergie des mouvements accrue ; la diminution de la force d'attention a des effets opposés : l'amyosthénie des hystériques a pour cause au moins partielle la perte d'attention. — Aussi chez l'apathique intelligent, d'esprit pondéré et réfléchi, capable d'attention soutenue, voyons-nous l'activité prendre un aspect tout particulier. Nous n'avons pas affaire à coup sûr à un grand actif, à un de ces hommes qu'une activité dévorante, un besoin sans cesse renaissant de mouvement, engage dans des entreprises toujours nouvelles. Nous sommes en présence d'individus bien doués du côté de la volonté, non pas impétueuse et hardie, mais calme et durable, car nous trouvons là les conditions les plus favorables au développement de l'activité persévérante, patiente, tenace, et aussi de la volonté inhibitrice qui, chez les mieux doués, sera possession de soi, modération, sang-froid, et qui, chez les représentants inférieurs du type sera cette force de résistance qui ressemble un peu trop à la force d'inertie.

D'un autre côté, il ne faut pas oublier que les énergies actives, — au point de vue de la quantité du moins, — ne dépendent pas exclusivement de la vivacité de la sensibilité : une certaine activité spontanée peut coexister avec une apathie fort accusée. En ce cas toutefois, l'activité offrira un caractère remarquable de lenteur, ou plutôt de régularité monotone. Parfois, cependant, comme sous l'action d'une poussée intérieure, pourront se produire des accès généralement courts de violence, de colère et de brutalité. S'ils sont, par surcroît, d'intelligence médiocre et routinière, ce seront de bonnes machines, solides, bien réglées, accomplissant consciencieusement leur besogne, à condition que celle-ci ne soit ni bien variée ni bien délicate. Avec une intelligence supérieure, ils auront tout ce qu'il faut pour devenir des hommes de volonté froide et énergique, prudente et maîtresse de soi.

Les Sensitifs. — Une sensibilité vive, tournée vers le

plaisir, est liée ordinairement à une activité riche et expansive. Si elle est mobile, elle provoquera une activité dispersive et discontinue, et qui, plus ou moins puissante par elle-même, a besoin d'être suscitée, provoquée par des sensations, des phénomènes affectifs quelconques ; comme ceux-ci se succèdent avec rapidité, il y a exubérance, excitation, besoin tumultueux de mouvement, poussées brusques en des directions diverses ; l'individu est entreprenant, a du ressort, ne se laisse pas facilement abattre, se relève vite, est toujours en quête de quelque chose de nouveau à tenter. Ce qui est à craindre c'est l'agitation déréglée et incohérente. Ajoutons d'ailleurs que l'intelligence, participant le plus fréquemment à cette motilité et à cette surexcitation de la sensibilité, contribue pour sa part à donner à l'activité le caractère typique que nous essayons de décrire. L'attention en effet est instable, se fixe malaisément, ne se maintient guère ; le sensitif-vif est presque toujours un distrait-dissipé ; les facultés de jugement et de réflexion sont déprimées au profit de l'imagination, de l'association des idées. La volonté dès lors aura une tendance remarquable à être changeante et capricieuse. L'individu veut et cesse bientôt de vouloir, change de décision, cède ou résiste au hasard, est à la merci de la dernière impression qui, au lieu d'être ajournée, réfrénée, appréciée, contrôlée, se traduit immédiatement par des mouvements. Ce n'est pas de l'aboulie, au sens rigoureux du mot, c'est plutôt de la « polyboulie », avec de l'impulsivité et surtout une extrême incapacité de se dominer. Cet élément essentiel de la volonté complète, le non-vouloir, fait plus ou moins complètement défaut. Un bon exemple — encore qu'il soit extrême — de cette combinaison normale, nous est fourni par la manie. J'emprunte à Ball et à

Magnan[1] les éléments de la description suivante. — La donnée essentielle de la manie est la mobilité. Il y a surexcitation de tous les penchants bons ou mauvais et le malade passe des uns aux autres avec la plus grande rapidité ; il est expansif, gai sans motif, généreux sans discernement ; l'exagération des phénomènes affectifs, des désirs, n'a d'égales que leur diversité et leur instabilité. — Les facultés intellectuelles sont singulièrement excitées aussi : c'est un déluge d'images, de souvenirs, d'idées qui s'attirent suivant les lois de l'association, mais surgissent brusquement, bondissent en tous sens ; on voit ici se produire au plus haut degré, ce phénomène dont Esquirol a fait le signe caractéristique de la folie : le défaut d'attention. Le malade ne peut fixer son esprit. — Le malade devient en même temps de plus en plus actif et remuant ; pour lui, parler, courir, agir d'une manière quelconque devient un besoin irrésistible : cette exubérance est le caractère primordial de la maladie. Le maniaque pérore, gesticule, parle au hasard, passe d'un sujet à un autre, s'occupe des affaires d'autrui, se montre indiscret, fait des visites sans motif, s'agite, fait mille projets qu'il abandonne bientôt, entreprend mille choses à la fois ou successivement et n'en achève aucune. Sa volonté est perpétuellement vacillante et défaillante, sans continuité et sans suite ; il ne peut plus arrêter les impulsions immédiates et ne sait pas ordonner ses mouvements et ses actes en vue d'un but défini et plus ou moins lointain. Il n'a plus que des

---

1. Ball, *Leçons sur les maladies mentales*, 2ᵉ édit., Paris, Asselin et Houzeau, 1890, pp. 265-270 ; Magnan, *Bulletin médical*, 15 mai 1887.— Les deux descriptions sont remarquablement concordantes au reste et je ne fais que les compléter l'une par l'autre, en présentant les divers traits dans un ordre un peu différent.

velléités momentanées, vite oubliées et ne peut préparer un acte à longue échéance; tout pouvoir d'organisation, de synthèse, tout pouvoir d'inhibition tend de plus en plus à disparaître. C'est l'incohérence absolue qui se prépare.

Il s'agit ici bien évidemment d'un état anormal et pathologique. Toutefois, il convient de remarquer que la manie est moins une entité nosologique, une affection distincte, qu'un « état général, un trouble mental symptomatique, qui peut se rencontrer dans un grand nombre d'affections diverses ». (Ball.) Et ce qui importe surtout, c'est que ces divers traits caractéristiques forment un ensemble très lié, très défini, un véritable système naturel, qui met bien en évidence des relations réciproques dont l'existence, dans l'état normal, ne nous semble pas douteuse. Aussi bien, qu'on atténue ces différents symptômes, qu'on leur enlève l'exagération qui en est la marque commune et distinctive, et on obtiendra un portrait sous lequel chacun pourra mettre un nom.

Les Passionnés. — Si la vivacité et la mobilité des phénomènes affectifs a pour effet habituel une exaltation et une instabilité analogues dans les manifestations de l'activité, il faut s'attendre à ce que l'ardeur et la permanence des tendances sensibles s'accompagnent d'une activité énergique, violente et s'emportant tout entière dans une direction définie qui lui est imposée par le désir prédominant. C'est en effet ce qui a lieu.

Les passionnés, tels que nous les avons définis, sont des individus que caractérise précisément l'ardeur et l'emportement du désir. Les types les plus complets de cette classe, ceux que M. Ribot appelle les héros fougueux, un Pierre l'Ermite, un Luther, un Danton, un Napoléon, sont des hommes chez qui l'impétuosité d'une passion toute puissante donne naissance à une activité d'allure énergique, vibrante, inassouvie : ce sont des forces, souvent d'ailleurs des forces brutales. Ils vont droit devant eux, ne s'arrêtent pas aux difficultés théoriques, ne s'embarrassent pas de scrupules excessifs, ignorent l'art de temporiser. S'ils sont mal doués du côté de l'intelligence et si leurs passions sont basses, c'est la Bête, c'est l'instinct tyrannique, violent et implacable. S'ils sont d'intelligence puissante, ils mettront au service de leurs appétits, de leurs passions une vue nette et précise du but à atteindre et des moyens qui y conduisent, une volonté active, intense et persistante. Mais ce qui leur manque c'est la volonté inhibitrice ; ils auront infiniment plus de peine que d'autres à se dominer, à se maîtriser. Ce qui domine c'est l'impulsivité. Et, suivant qu'en eux les passions seront plus multiples et divisées, ou qu'au contraire une passion unique envahira et absorbera en quelque sorte l'âme tout entière, leur activité, sans perdre de sa violence explosive, sera plus saccadée, plus tumultueuse, ou au contraire plus canalisée et plus continue, plus « unifiée », mais d'une unité qui n'est pas leur œuvre propre, qui leur est imposée pour ainsi dire du dehors, comme tel ou tel de ces personnages de Balzac qui est moins un homme passionné qu'une passion faite homme.

L'Émotivité. — Il ne faudrait cependant pas conclure de ce qui précède que l'exaltation de la sensibilité s'accompagne toujours d'un développement corrélatif de l'activité. Du moins dans les cas où l'exagération de la sensibilité est l'expression d'une sorte de désordre, de désorganisation plus ou moins profonde, il est facile de constater une dépression ou tout au moins des troubles correspondants dans l'activité, à la fois dans la motilité et dans la volonté.

Et d'abord la douleur (physique ou morale) quand elle est intense et continue, ou répétée et habituelle, atténue l'activité. De Vintschgau et Dietl, comme Exner, ont remarqué que « les émotions psychiques déprimantes allongent le temps de réaction pendant plusieurs heures et même plusieurs jours de quelques centièmes de seconde ». (Cf. Wundt, *Psychol. physiol.*, tr. fr., II, p. 258.) — Sans doute, certaines douleurs aiguës semblent au premier abord provoquer une surexcitation violente des énergies actives : les mouvements sont accélérés, tout le corps est agité. Mais, comme l'observe Bain, bientôt après survient une période plus ou moins prolongée de prostration, d'abattement, d'épuisement. La force vitale est en décroissance et cette dépression, après un accès de douleur, dépasse fort celle qui suivrait la même décharge de force musculaire. Il conclut : « Si l'on tient compte de la fin comme du commencement, la douleur, sous toutes ses formes, loin d'être stimulante, détruit les forces vitales. » (*Sens et Intellig.*, tr. fr., p. 85.)

Les effets de la douleur physique et ceux de la douleur morale sont en effet singulièrement analogues, et ce n'est pas un des moindres arguments qui militent en faveur de leur identité de nature. Elles se transforment d'ailleurs facilement l'une dans l'autre. Il est presque superflu de rappeler combien vivement les chagrins, les tristesses, les deuils influent sur l'organisme, sur l'état général de la nutrition et quels désordres physiologiques ils peuvent engendrer. De même aussi la douleur physique quand elle s'installe, pour ainsi parler, à demeure dans l'organisme, pénètre jusqu'à l'âme et provoque un état permanent aussi de tristesse et d'anxiété morales. C'est ce que montre bien le changement de caractère qu'on remarque dans les maladies chroniques accompagnées de longues souffrances. « Il semble, dit à ce propos Ch. Richet, qu'à la suite d'une hyperesthésie médullaire, il y ait plus tard une sorte d'hyperesthésie cérébrale. L'aptitude du système nerveux à être excité fortement par des excitations faibles irait donc en suivant cette progression : hyperesthésie de la partie malade d'abord ; plus tard de toute la région avoisinante ; plus tard enfin hyperesthésie sensitive générale ; et enfin, après de longues années où la douleur semble s'être accumulée par le temps, hyperesthésie morale. » (*Recherches exp. et cliniques sur la sensibilité*, p. 255.) Quoi qu'il en soit, voyons brièvement les effets de la douleur physique, puis de la douleur morale sur l'activité. Une sensibilité organique vive, par conséquent très accessible à la souffrance, nous rend attentifs à l'état du corps, au fonctionnement des organes ; elle amène un rétrécissement du champ de la conscience, une sorte de reploiement pénible sur soi. De là, pour le dire en passant, une certaine perversion des sentiments, de l'irritabilité, un état de nervosisme inquiet, un égoïsme raffiné et douillet, une espèce de débilité morale. De là aussi une répugnance très vive à l'action, au mouvement, dont on craint perpétuellement qu'il n'avive la douleur. On se sent vivre, on ne s'occupe plus qu'à assister au défilé de ses sensations, on s'absorbe dans cette décourageante contemplation et les énergies actives s'atrophient, au profit de cette surexcitation de la sensibilité interne. Le courant centripète, si j'ose dire, en devenant envahissant, supprime ou tend à supprimer le courant centrifuge. L'hypocondrie nous révèle, en grossissement, ces effets. Et Maine de Biran les a très subtilement observés et analysés en lui-même. « Dès l'enfance, écrit-il dans son *Journal*, je me souviens que je m'étonnais de me sentir exister ; j'étais déjà porté comme par instinct à me regarder au dedans, pour savoir comment je pouvais vivre et être *moi*. » Or, c'est là une signe d'un trouble organique, d'un certain état de misère physiologique. « Il n'y a guère, dira Biran, que les gens *malsains* qui se sentent exister ; ceux qui se portent bien s'occupent plus à jouir de la vie qu'à rechercher ce que c'est. Ils ne sont guère étonnés de se sentir exister. La santé nous porte aux objets extérieurs, la maladie nous ramène chez nous. » Aussi Biran est-il une âme mélancolique et recueillie. Et l'on remarque chez lui « une tendance presque invincible à regarder couler en lui le flot des impressions sans rien faire pour modifier le cours changeant des événements. Aux champs, où il vit le plus qu'il peut, à la Chambre où le retiennent ses fonctions de questeur, il agit peu, il regarde agir. » (A. Bertrand, *La Psychologie de l'effort*, p. 16.) Il n'a pas le goût de l'action et chez lui la volonté en souffre : j'erre, dit-il, comme un somnambule dans le monde des affaires. Et s'il divinise l'effort, c'est « par une sorte d'intense réaction contre son tempérament ».

« Je ne suis bien en aucun endroit, écrit-il encore, par ce que je porte dans mon organisme une source d'affliction, de malaise. Je n'ai le sentiment de ma personnalité qu'autant qu'il le faut pour sentir mon impuissance, ce qui est un grand supplice. Je suis toujours près de faire beaucoup de choses,... et je ne fais rien. » (*Journal de ma vie intime*.)

Même affaiblissement de la puissance musculaire, même dégoût de l'action chez les gens mal portants et chez les gens naturellement portés à la tristesse. Le mélancolique répugne absolument à toute sorte d'effort, de travail, d'occupation ; il montre une tendance remarquable à s'asseoir ou à se coucher; les mouvements qui se produisent sont sans vigueur, d'une lenteur et d'une incertitude caractéristiques. Les tristes, les émotifs-sentimentaux présentent une physionomie toute semblable. « L'homme triste est souvent reconnaissable à son aspect extérieur : il va lentement, il chancelle, il se traîne les bras ballants, sa voix est faible, sans éclat, par suite de la faiblesse des muscles expirateurs et du larynx ; volontiers, il reste inerte, affaissé, muet. » (Dr Lange, *Les Émotions*, tr. fr., p. 38.) Cette diminution des phénomènes moteurs se traduit sous forme d'aboulie. La volonté active est profondément atteinte : l'exécution de l'acte conçu apparaît si difficile, si pénible, qu'on l'abandonne après la plus légère tentative, parfois même sans oser tenter. « Le sentiment de ne pas vouloir, dit Schüle, de ne pas pouvoir se décider est le second symptôme principal de la mélancolie; il forme, avec la dépression douloureuse, l'essence même de la maladie. » (*Maladies mentales*, p. 25. — Cité par Dumas, *États intellectuels dans la mélancolie*, p. 41.) — Parfois cette aboulie coexiste avec une intelligence très nette, très lucide de l'acte à faire, des raisons de le faire, des moyens à employer : mais l'effort nécessaire pour passer à la réalisation constitue un insurmontable obstacle. Parfois aussi, à l'aboulie proprement dite se joint un état particulier d'hésitation, de doute, qu'on a désigné sous le nom d'aboulie intellectuelle. Les motifs s'opposent, se balancent ; chaque raison de vouloir suscite une raison équivalente de ne pas vouloir. La volonté ici n'agit pas, parce que la pensée elle-même ne se résout à rien. En somme, il y a là un nouvel aspect de cet affaiblissement du pouvoir de synthèse personnelle, de cet état de misère psychologique où l'on a vu la cause profonde de la plupart des troubles de l'intelligence et de la volonté. — Remarquons enfin que dans la tristesse, dans la mélancolie (au sens vulgaire aussi bien qu'au sens médical du mot) l'inactivité est favorisée encore par cette disposition d'esprit, que nous avons déjà notée, à vivre d'une vie tout intérieure, à se renfermer en soi, à s'enfoncer dans son chagrin, à ruminer ses maux, à se complaire en des rêveries indolentes. L'activité en est atténuée, la volonté rendue plus timide. Les âmes tendres sont rarement de volonté énergique.

Ainsi nous remarquons une dépression analogue de l'activité et un défaut semblable de volonté, d'une part chez les gens tristes, moroses, parce qu'ils sont très sensibles à la douleur physique, que le fond de leur tempérament est une sorte d'état permanent de malaise, — et d'autre part chez les mélancoliques sentimentaux, chez qui la vie émotionnelle est plus intense, la sensibilité morale plus en éveil, les sentiments tendres plus développés, mais dont la sensibilité est néanmoins douloureuse, inquiète, souffrante.

Voici qu'un fait nouveau, au premier abord contraire à ceux que nous venons de noter, se présente maintenant à nous. L'émotivité — qui toujours repose sur un fonds d'épuisement pénible — s'accompagne souvent d'une réactivité qui semble très vive et dont il faut caractériser la nature. Il existe, on l'a vu, une espèce particulière d'émotivité qui développe un état de faiblesse-irritable avec une impulsivité tumultueuse et spasmodique, violente mais imprévue et discontinue, procédant par sursauts, par accès brusques, suivis de périodes plus ou moins prolongées d'affaissement extrême. Cette irritabilité, ces impulsions irrésistibles, ces emportements subits, ces colères sans motif, trahissent moins en somme une grande activité qu'une excitabilité réflexe anormale. Ce sont aussi des signes d'une inactivité relative des fonctions psychiques supérieures, des facultés de contrôle, ce sont des signes d'un défaut de coordination, d'un manque d'équilibre, par conséquent d'instabilité mentale et de faiblesse nerveuse. Cette impétuosité relative, cet état plus rapproché de l'action réflexe primitive, proviennent donc de ce fait que les émotions et les tendances ne sont pas tenues en échec les unes par les autres, réfrénées, organisées, inhibées. Voilà pourquoi chez les émotifs la volonté est à la fois explosive et instable ; elle s'emporte et est impuissante à se contenir sous la pression d'une émotion, d'un mobile ; mais comme ces émotions se supplantent brusquement l'une l'autre, que ces mobiles ne peuvent être retenus longtemps devant l'esprit, de façon à devenir un principe permanent d'action, la force active de l'individu se dépense immédiatement et s'épuise aussitôt ; la conduite est chaotique, la volonté tour à tour emballée, indécise et impuissante. A des périodes de surexcitation violente succèdent des périodes de dépression, d'épuisement, d'impuissance. Il y a une incapacité presque absolue de se dominer : l'émotivité est incompatible avec une volonté ferme et persévérante ; tantôt le pouvoir d'action est étrangement affaibli, pendant les phases de prostration ; tantôt le pouvoir d'arrêt est aboli, pendant les phases de surexcitation. Ainsi s'expliquent tout à la fois l'impulsivité et l'irrésolution qu'on remarque chez les hommes de cette sorte.

Remarquons enfin que la nature particulière d'intelligence ordinairement liée à l'émotivité concourt aussi pour sa part à donner cet aspect caractéristique à l'activité et à la volonté. Chez la plupart des émotifs l'attention est lésée : elle est difficile à fixer, pénible, oscillante, instable, capricieuse.

Or, l'aproséxie est très étroitement rattachée à l'aboulie, à ce point qu'on a pu justement y voir deux syndromes d'une même perturbation psychologique[1]. Rien d'étonnant dès lors à ce que, chez les individus dont l'attention est plus ou moins profondément atteinte, la volonté apparaisse sans décision et sans résistance, également et tour à tour impuissante à commencer et à s'arrêter; ils sont irrésolus, hésitants, discutent longtemps avant de se décider à une action sans importance, craignent de se tromper, doutent d'eux-mêmes et des autres, sont défiants et inquiets, manquent de persévérance et de prévoyance, — et sont sujets à des impulsions irrésistibles, cèdent subitement et violemment à des entraînements irréfléchis. C'est ce que montre bien l'étude de nombreux états pathologiques, comme la neurasthénie, l'hystérie, où ces divers symptômes concordent toujours.

Nous avons vu aussi que l'émotivité est normalement unie au développement de l'imagination et que, chez les mieux doués intellectuellement, elle provoque fréquemment le goût et l'abus de l'analyse, l'excès de subtilité douteuse et raisonnante, avec son accompagnement habituel : la crainte presque morbide du définitif, de l'irréparable, dans l'ordre affectif comme dans l'ordre intellectuel. Et voilà encore qui détourne de l'action, qui supprime la volonté, sans supprimer d'ailleurs la souffrance qu'il y a à se sentir incapable de vouloir. Biran, Amiel, ont noté sur eux-mêmes ce singulier état d'âme. « J'ai la terreur de l'action, écrit Amiel. — Pourquoi cela ? — Par timidité. — D'où vient cette timidité?

---

1. V. en particulier, à ce sujet, P. Janet, *Étude sur un cas d'aboulie et d'idées fixes* (*Rev. Philos.*, avril 1891) et *Histoire d'une idée fixe* (*Revue Phil.*, février 1894).

— Du développement excessif de la réflexion, qui a réduit presque à rien la spontanéité, l'élan, l'instinct et par là même l'audace et la confiance. Quand il faut agir, je ne vois partout que causes d'erreur et de repentir, menaces cachées et chagrins masqués... Comme je me sens vulnérable sur tous les points, partout accessible à la douleur, je reste immobile. » (*Fragments d'un Journal intime*, I, p. 101.)
« J'ai l'épiderme du cœur trop mince, l'imagination inquiète, le désespoir facile et les sensations à contre-coup prolongés... J'ai trop d'imagination, de conscience et de pénétration et pas assez de caractère... La vie pratique me fait reculer... J'ai eu la désespérance précoce et le découragement profond... J'ai l'esprit subtil, complexe, la faculté de distinction et d'analyse ;... mais l'analyse poussée jusqu'au bout se dévore elle-même... Par l'analyse je me suis annulé... Ce qui me manque, c'est le caractère, le vouloir... L'action est ma croix, parce que ce serait mon rêve. » (Id., passim.)
— Et encore : « Dans cet éternel observateur de soi-même [Maine de Biran] je me retrouve avec tous mes défauts : indécision, découragement, besoin de sympathie, inachèvement ; avec mon habitude de me voir passer, sentir et vivre ; avec mon incapacité croissante pour l'action pratique. » (Id., *ibid.*, I, p. 123.) Il semble que c'est à eux, à ces sortes de modernes Hamlet[1] que s'adressent ces paroles de Léopardi : « La finesse de ta propre intelligence et la vivacité de ton imagination t'excluront pour une très grande part de ton empire sur toi-même. Les brutes tournent facilement vers les fins qu'elles se sont proposées toutes leurs

---

1. Voir dans Dumas, *Les États intellectuels dans la mélancolie*, p. 55-67, une ingénieuse et curieuse analyse du caractère d'Hamlet : mélancolie, esprit d'analyse, aboulie, impulsivité, tels en sont les éléments essentiels.

facultés et toutes leurs forces. Mais les hommes n'utilisent que très rarement toute leur puissance, arrêtés qu'ils sont le plus souvent par la raison et l'imagination qui créent pour eux mille incertitudes dans la délibération et mille obstacles dans l'exécution. Les moins aptes ou les moins habitués à considérer ou à balancer les motifs eux-mêmes sont les plus prompts à prendre une résolution et les plus puissants dans l'action. Mais tes pareilles, les âmes choisies, repliées continuellement sur elles-mêmes, et comme dépassées par la grandeur de leurs propres facultés, impuissantes par suite à se gouverner elles-mêmes, sont le plus souvent soumises, soit dans la délibération, soit dans l'exécution, à l'irrésolution qui est une des plus grandes peines qui affligent la vie humaine. » (Léopardi, *Dialogue de la Nature* ; — cité par Lombroso, *L'Homme de Génie*, tr. fr., p. 71.)

III. — Il y a donc entre les modes de la sensibilité et de l'intelligence et ceux de la volonté des rapports définis et constants. Ces rapports sont de deux sortes : rapports d'exclusion, rapports de coexistence ou de corrélation.

L'apathie est inconciliable avec une activité énergique, exubérante et toujours prête à se dépenser. — Il y a de même exclusion entre la douleur et l'activité, entre l'émotivité et la volonté persévérante, patiente, maîtresse de soi[1].

D'autre part, il y a opposition entre l'activité et certaines dispositions de l'intelligence. C'est d'abord une direction purement objective de la pensée spéculative et contemplative, ou encore le dilettantisme de l'esprit. — C'est aussi le

---

1. Seulement il y a deux cas à distinguer : tantôt c'est le développement de l'émotivité qui empêche la formation de la volonté ; tantôt, au contraire, c'est le développement de la volonté qui refrène et modère l'émotivité.

développement excessif de l'imagination rêveuse, romanesque et chimérique. — C'est enfin la manie épuisante de l'analyse, l'extrême subtilité de l'esprit.

Réciproquement l'activité énergique, spontanée, toujours sur le point de se dépenser, s'accommode mal d'une sensibilité trop raffinée et trop exquise; elle répugne à la méditation prolongée, ne s'attarde guère à envisager abstraitement toutes les faces des questions; elle a une prédilection marquée à ne retenir que les raisons d'agir, les idées pratiques.

Rappelons maintenant les lois de concordance. L'apathie et l'inertie coexistent en général; du moins l'apathie entraîne une activité lente et monotone. — La sensibilité vive et forte, tournée vers le plaisir, est liée à une activité riche et expansive. Si elle est mobile et superficielle, elle entraîne une activité dispersive qui est plus volontiers de l'agitation que de l'action véritable. Si elle est ardente, passionnée, elle provoque une activité impétueuse, d'une énergie vibrante, soutenue, mais qui se transforme malaisément en volonté contenue et réfléchie. Si, enfin, cette impressionnabilité devient extrême, si l'émotivité s'exalte au point de devenir caractéristique, nous aurons probablement affaire à une activité impulsive et capricieuse, sujette à des défaillances profondes, à une volonté instable, s'emportant ou s'abandonnant tour à tour, irrésolue et explosive, sans pouvoir d'arrêt suffisant, sans régularité et sans calme.

Une intelligence automatique, lourde, routinière, correspond dans la plupart des cas à une activité lente, sans souplesse et sans variété. L'inattention amène des troubles, de l'incoordination dans la motilité et une altération concordante de la volonté; la mobilité de l'esprit entraîne de l'incohérence dans l'activité. Le développement de l'attention, la fermeté de la pensée, l'habitude de la réflexion sont au contraire les conditions nécessaires de l'ordre et de la mesure dans la conduite, de l'unité dans le vouloir.

Si nous voulions enfin envisager de plus haut ces relations diverses nous pourrions remarquer ici encore que l'organisation et la désorganisation psychologiques se traduisent d'une manière concordante dans la vie affective, la vie intellectuelle et la vie active.

L'irascibilité, l'émotivité irritable et impulsive, l'incohérence de la pensée, l'inaptitude à l'attention et à la réflexion, l'activité chaotique (qui sont la caractéristique de la plupart des races inférieures, de certains dégénérés et d'un grand nombre d'individus normaux) témoignent d'une incoordination profonde, d'un manque de synthèse, d'une dissociation des éléments psychiques.

L'excessive mobilité des sentiments, des idées, des mouvements, des volitions, avec défaut de stabilité, de permanence, est la marque d'une coordination incomplète, imparfaite, avec une tendance notable encore des tendances à agir chacune pour son compte.

Dans d'autres cas, il y a coordination excessive, une prédominance exagérée des phénomènes d'inhibition, quelle que soit au reste leur nature; d'où la concentration, l'oppression de la sensibilité, une sorte d'agglutination des idées qui tournent sans cesse autour d'un même centre, qui s'organisent difficilement en synthèses nouvelles, et en conséquence l'hésitation, l'irrésolution, la crainte de l'action.

Parfois, comme dans l'apathie, l'inertie, la routine intellectuelle, ce qui fait défaut ce n'est pas la coordination, mais la richesse des éléments, la vivacité des tendances, leur variété et leur souplesse.

Enfin la pondération, avec richesse et harmonie des fonctions psychiques est l'expression d'une organisation supérieure : c'est la plénitude de la vie qui, ici comme partout, suppose qu'il n'y a ni excès ni défaut en aucun sens, ni absorption des tendances les unes par les autres, ni conflit, ni lutte, toute désharmonie se résolvant en dernière analyse dans une déperdition finale des forces.

CHAPITRE IV.

CLASSIFICATION DES CARACTÈRES.

« La nature, grande faiseuse d'embarras, est beaucoup moins prodigue qu'elle ne veut le paraître. Elle a donc deux ou trois moules où elle jette les hommes, peut-être au hasard, et, à quelques nuances près, tous les hommes sortis du même moule se ressemblent. » (A. Dumas, *L'Ami des Femmes,* acte II, scène 1.) Les choses, à la vérité, semblent aller moins simplement et une classification des caractères, pour serrer d'un peu près la réalité, comporte une complexité autrement déconcertante. Ce qui est vrai toutefois, c'est que, les divers éléments du caractère se combinant selon certaines lois générales, il en résulte un certain nombre de types entre lesquels se partage l'infinie diversité des individus. C'est aussi que la prépondérance accusée de telle ou telle fonction de la vie psychique suffit à caractériser déjà une classe très nombreuse d'hommes et à entraîner à sa suite un certain nombre de traits concordants. Or c'est précisément en essayant une classification des caractères (qui n'a d'ailleurs pas la prétention d'être définitive ou complètement nouvelle) que nous verrons se manifester d'une façon concrète ces lois de coordination et de subordination dont nous avons déjà parlé.

Sans vouloir procéder à une critique détaillée de toutes

les classifications proposées, et en éliminant de suite celles qui sont fondées sur une classification des tempéraments, nous ne pouvons nous dispenser de rappeler et d'apprécier brièvement les plus intéressantes et les plus récentes.

Nous ne nous arrêterons pas à celles de Fourier, du Dr Bourdet[1] ou du Dr Azam[2]. Ou bien elles manquent de principe directeur, ou bien celui dont elles partent est véritablement trop extérieur, trop facile, et pour ainsi dire un peu enfantin. Ce sont en somme des nomenclatures de traits de caractère, les uns simples, les autres plus ou moins composés et dérivés.

Arrivons de suite aux travaux les plus récents sur ce sujet, je veux dire ceux de MM. B. Pérez, Ribot, Paulhan et Fouillée.

M. Bernard Pérez prend pour point de départ de sa classification la considération des mouvements. Il donne de son principe et de sa classification une idée très nette dans ce bref résumé : « Une étude minutieuse, avec un classement rigoureux des diverses formes ou combinaisons de mouvements, représenterait un schema exact de toutes les modifications possibles de la personnalité humaine. Je n'ai pas la prétention d'en tracer même une simple esquisse. — Il me suffira de trouver dans l'ordre des manifestations motrices quelques modes généraux représentant un certain nombre de modes caractériels. Ainsi, négligeant toutes les autres qualités ou formes générales des mouvements, je me suis

---

1. Dr E. Bourdet, *Des Maladies du caractère*, 1858. — 36 caractères, provenant de la présence, de l'exagération ou de l'absence de 12 qualités principales.

2. Dr Azam, *Le Caractère dans la santé et dans la maladie*, 1887. — 3 grandes classes : bons caractères, mauvais caractères, caractères bons ou mauvais suivant les circonstances, en tout plus de 120.

arrêté à ces trois : la *vitesse*, la *lenteur*, l'*énergie intense* ou l'*ardeur*, qui, en y ajoutant leurs combinaisons deux à deux, m'ont paru offrir les éléments d'une classification très simple et très facile à vérifier.

« La rapidité des mouvements nous semble entraîner un premier type de caractères, celui des *vifs;* la qualité contraire, celui des *lents;* l'énergie très accusée, celui des *ardents;* la même énergie, combinée avec la vivacité, mais celle-ci prédominant, nous offre le type intermédiaire des *vifs-ardents;* combinée avec la lenteur, celui des *lents-ardents*. Nous distinguons en outre la classe des *pondérés* ou des *équilibrés*, tempéraments de juste-milieu ou d'heureuse harmonie, où ni la vivacité, ni l'ardeur, ni la lenteur n'ont une suprématie évidente[1]. »

Cette classification à coup sûr est claire, intéressante et même vraie en un sens ; elle est surtout très heureusement illustrée par des « portraits » dont presque tous sont ingénieusement et finement tracés. Mais le principe n'est pas sans soulever quelques difficultés. Je n'irai pas jusqu'à dire qu'il est arbitraire et que la classification par là-même est artificielle. Toutefois la motilité, si elle est bien un caractère apparent, reste en somme un caractère extérieur et dérivé ; elle est une expression dérivée de la nature psychique beaucoup plus que son fond, et ce peut même être dans bien des cas une expression équivoque, nous l'avons observé plus haut. L'énergie des mouvements est un signe, une manifestation objective pour ainsi dire de la violence des désirs ou de l'impulsivité des tendances ; elle pourrait être aussi le signe d'une certaine exubérance de l'activité spontanée, ou

---

[1]. B. Pérez, *Le Caractère de l'Enfant à l'Homme*, 1891, pp 23-24.

encore l'expression d'une volonté forte et toujours prête. Du signe il faut remonter à la chose signifiée. Certains types de caractères se trouvent enfin nécessairement omis. Par exemple les *intellectuels* auxquels on ne peut, j'imagine, assigner une forme bien déterminée de motilité. Et encore les *Volontaires*, à moins qu'on ne les range parmi les *Pondérés*, ce qui ne serait guère exact, d'abord parce qu'il y a des « pondérés », des « équilibrés » qui ne sont pas des volontaires, et aussi parce que les « volontaires » ne sont pas toujours et nécessairement des « pondérés » au sens rigoureux du mot [1].

Je passe de suite à la classification de M. Paulhan, bien que chronologiquement elle soit postérieure à celle de M. Ribot, parce qu'elle me semble provoquer des réserves dont certaines (et les plus importantes) sont de même ordre que celles que nous venons de formuler. — Ici encore j'emprunte à l'auteur lui-même le résumé de sa doctrine. « Si nous considérons les qualités premières susceptibles de constituer par leur prédominance des types psychologiques, nous aurons deux grandes classes à étudier : 1° la classe des qualités qui se rattachent à la manière d'être des tendances,

---

1. Cf. Fouillée, *Tempérament et Caractère*, p. 17 : « La classification proposée par M. Pérez nous paraît avoir un défaut capital ; elle repose tout entière sur de pures considérations de quantité, abstraction faite de la qualité. A quoi jugez-vous une mélodie ? Ce n'est pas seulement à l'intensité des sons et à leur rapidité ; il faut considérer leur rapport mutuel. Même dans un son isolé, c'est le timbre qui est distinctif, parce qu'il enveloppe, comme on sait, une combinaison d'harmoniques, dont les unes sont des consonances, les autres des dissonances. De même, ce qui est caractéristique dans une individualité, c'est son timbre moral. Les observations de M. Pérez sur les vifs et les lents nous semblent donc stériles, tant qu'on ne sait ni sur quelles qualités portent la vivacité ou la lenteur, l'énergie ou la faiblesse, ni quelles en sont les causes, ni quels effets s'en déduisent nécessairement. »

au caractère général de leurs relations dans un même individu...; 2° la classe des qualités qui sont constituées par les tendances mêmes... La première classe comprend les formes de l'activité mentale, la seconde les éléments concrets qui dirigent cette activité[1]. » — La première classe au reste comporte deux groupes qu'il est nécessaire de distinguer : — ou bien il s'agit « des rapports des tendances, des désirs, des idées chez un même individu, de la façon générale dont ils s'appellent et s'associent » ; ou bien il s'agit « des différentes manières dont les éléments peuvent réaliser ces formes générales », « des différentes qualités des tendances ». Mais dans les deux cas, ce sont les *formes* de l'activité psychique que l'on envisage ; ce n'est qu'ensuite qu'on abordera la considération du contenu, de la nature propre des tendances concrètes. — Pour mieux comprendre le principe, voyons-en de suite l'application. Dans la première catégorie (types provenant des formes diverses de l'association psychologique) on rangera : les *équilibrés*, les *unifiés*, les *maîtres d'eux-mêmes*, les *réfléchis*, les *inquiets*, les *nerveux*, les *contrariants*, les *impulsifs*, les *composés*, les *incohérents*, les *émiettés*, les *suggestibles*, les *faibles*, les *distraits*, les *étourdis*, les *légers*, etc. — Dans la seconde catégorie (types provenant des différentes qualités des tendances) nous trouverons les caractères *larges* ou *étroits* et *mesquins*, les *purs*, les *tranquilles*, les *troublés*, les *passionnés*, les *entreprenants*, les *volontaires*, les *constants*, les *faibles*, les *changeants*, les *souples*, les *doux*, les *raides*, les *vifs*, les *impressionnables*, les *froids*, les *mous*, etc. — Enfin la troisième catégorie (types formés par la prédominance ou le défaut d'une ten-

---

1. Fr. Paulhan, *Les Caractères*, 1894 ; Introd., p. xi.

dance) comprendra les types déterminés par : les tendances VITALES (les *gloutons*, les *sobres*, les *sexuels*, les *peintres*, les *sculpteurs*, les *musiciens*, les *gourmands*, les *intellectuels*, les *affectifs*, etc.); les tendances SOCIALES (*égoïstes*, *altruistes*, ceux chez qui domine l'*amour*, l'*amitié*, les *affections de famille*, les *humanitaires*, les *mondains*, les *professionnels*, les *avares*, les *économes*, les *orgueilleux*, les *vaniteux*, les *humbles*, les *ambitieux*, les *autoritaires*, les *soumis*, les *heureux*, les *jouisseurs*, les *pessimistes*, etc., etc.) ; — enfin les tendances SUPRA-SOCIALES (les *formalistes*, ceux qui ont l'*amour des principes abstraits*, les *mystiques*, les *amoureux du vrai*, etc.)

Il y a là une tentative dont nous ne méconnaissons certes pas la force et l'originalité. M. Paulhan a voulu déduire, en somme, des lois générales de la psychologie[1] une détermination des divers types humains. Il ne saurait entrer dans nos intentions de discuter ici et en passant le système philosophique de cet auteur et nous devons nous borner à sa théorie des caractères. Une première remarque s'impose : entre ces trois grandes catégories qu'on a distinguées, il est bien difficile d'apercevoir des relations nettes et bien définies. Une des *formes* générales de l'association entraîne-t-elle nécessairement ou préférablement telle ou telle *qualité* des tendances et lesquelles? Et aussi telle *forme* d'association, telle *qualité* des tendances, sont-elles aussi facilement compatibles avec telles tendances concrètes qu'avec telles autres ? Je vois bien par exemple qu'il doit y avoir des rapports étroits entre certaines qualités de la pre-

---

1. Où du moins de *sa* psychologie, fondée sur la théorie de l'*association systématique*, et qu'il a exposée dans un remarquable ouvrage : *L'Activité mentale et les éléments de l'esprit*.

mière catégorie (inquiets, nerveux, composés, incohérents) et certaines qualités de la deuxième catégorie (troublés, changeants, émotifs); mais c'est peut-être qu'en dernière analyse on nous présente la même chose à peu près, sous des noms différents et dans des classes différentes. Je ne vois plus aussi bien si la gourmandise, l'amour de l'humanité, le mysticisme, ou l'orgueil, le pessimisme, s'accordent mieux l'un que l'autre avec les qualités distinguées dans les deux groupes précédents. Je suis même tenté de croire qu'on peut être peintre ou sculpteur et rentrer indifféremment dans n'importe lequel des types constitués par les formes de l'association ou les qualités des tendances. Et puis on peut être peintre et sobre ou gourmand, avare ou prodigue, jouisseur ou ascète. Ce qui tient sans doute à ce que les aptitudes esthétiques de tel ou tel ordre ne constituent ni des caractères, ni peut-être même de véritables *traits de caractère*. En tous cas, il y a, au point de vue que nous venons d'envisager, une indétermination manifeste et qui, à notre avis, est particulièrement grave.

C'est qu'aussi bien il est assez peu légitime de partir des *formes* de l'activité mentale considérées *in abstracto*. On se heurtera à des difficultés inextricables quand il s'agira d'y faire entrer ensuite les éléments concrets eux-mêmes ; et ce qu'il y a d'arbitraire et d'artificiel en somme dans cette méthode aprioristique éclatera au moment où il faudra passer de la théorie à la détermination du caractère d'un individu donné. — Le mode d'organisation des tendances ne dépend-il donc pas de leur nature même ? Ne s'ordonnent-elles pas entre elles suivant ce qu'elles sont en elles-mêmes et par elles-mêmes ? Les éléments concrets du caractère réagissent sans doute les uns sur les autres, s'opposent aussi les uns aux autres, se coordonnent et se subordonnent ; mais c'est précisément de la nature propre et de la prépondérance relative de ces éléments que résulte la forme particulière de leur combinaison. C'est donc d'eux qu'il faut partir et non pas de la loi abstraite qui exprime simplement des rapports, indépendamment des termes. Un caractère n'est pas un mode de relations entre des tendances psychiques, il est ces tendances mêmes en relation les unes avec les autres. Il ne faut pas aller pour ainsi dire du dehors vers le dedans, mais au contraire du dedans vers le dehors.

C'est un défaut de même nature qui se remarque encore dans la détermination des différentes tendances concrètes et dans leur classification par M. Paulhan. Il définit chaque tendance, comme l'observe justement M. Fouillée, par son objet, par la fin extérieure vers laquelle elle nous entraîne, et le fond même de la vie intérieure n'est pas abordé. Et l'éminent psychologue ajoute : « Entre les formes générales de l'association systématique et les objets particuliers des tendances ou des passions, il nous semble qu'il doit exister un intermédiaire ; et cet intermédiaire, c'est précisément le caractère même, c'est-à-dire la nature propre de la sensibilité, de la volonté, de l'intelligence... Ce qui est primordial, c'est le mode individuel de développement et de fonctionnement du processus psychique, sentir, penser, vouloir[1]. »

Les classifications de MM. Ribot et Fouillée se distinguent précisément des deux précédentes en ce qu'elles portent « non sur la forme, mais sur le fond. » En cela consiste à nos yeux leur supériorité, et nos réserves seront d'une tout autre nature. « Pour constituer un caractère, écrit M. Ribot,

---

1. Fouillée, *Tempérament et Caractère*, p. 127.

deux conditions sont nécessaires et suffisantes : l'unité, la stabilité[1]. » Cette définition permet d'éliminer de suite les innombrables individus humains qui n'ont ni unité, ni stabilité, ni marque qui leur soit propre. Ces « cas frustes » ce sont les *amorphes* et les *instables*. Cette exclusion opérée, la classification parcourra quatre degrés ; au premier degré on notera les conditions les plus générales, ce seront de simples cadres, correspondant aux *genres* en zoologie ou en botanique. — Au deuxième degré on rencontrera les types fondamentaux, les formes pures, correspondant aux *espèces*. « Ici entre en scène un nouveau facteur : les dispositions intellectuelles. » — Au troisième degré les formes mixtes ou composites, — analogues aux *variétés*. — Enfin les substituts ou caractères partiels dont la formule est celle-ci : « un amorphe *plus* une disposition intellectuelle ou une tendance affective très prédominante... Le caractère partiel n'agit que sur un point, ... pour tout le reste, il sent, pense et agit comme tout le monde. »

Le point de départ de la classification, son principe même, sera dès lors la détermination des fonctions essentielles de la vie mentale capables de donner naissance par elles-mêmes aux genres, par leur union avec les dispositions intellectuelles aux espèces, par leurs combinaisons entre elles aux variétés. — Or pour M. Ribot, « le fond de tout animal, c'est le *sentir* et l'*agir*. » D'où deux grandes classes : les *sensitifs* et les *actifs*, auxquelles il en faut joindre une troisième caractérisée par l'atrophie de la sensibilité et de l'activité, les *apathiques*.

---

1. Ribot, Sur les diverses formes du caractère ; *Rev. Philos.*, novembre 1892, p. 483 et suiv.

Chacun de ces *genres* se subdivise en *espèces*, de la manière suivante :

Sensitifs : 3 groupes..
- 1. Les *humbles*. Sensibilité excessive, intelligence médiocre, activité nulle.
- 2. Les *contemplatifs*. Sensibilité vive, intelligence aiguisée, activité nulle.
- 3. Les *émotionnels*. Impressionnabilité extrême, intelligence subtile, activité spasmodique et intermittente.

Actifs : 2 groupes..
- 1. Les *médiocres*. Machines solides, fonds riche d'énergie et besoin de le dépenser, sans autre but que d'agir.
- 2. Les *grands-actifs*. Fonds robuste d'activité, intelligence puissante, pénétrante, raffinée.

Apathiques : 2 groupes..
- 1. Les *apathiques-purs*. Peu de sensibilité, peu d'activité, peu d'intelligence.
- 2. Les *calculateurs*. Intelligence puissante, absence de spontanéité ; ils obéissent à des idées.

Les formes mixtes résultent enfin de la rencontre dans un même individu et avec une intensité à peu près égale de deux des tendances fondamentales déjà distinguées. Nous obtenons quatre nouveaux types :

A. — Sensitifs-actifs. Sensibilité vive, tempérament actif, héros fougueux.

B. — Apathiques-actifs. Tempérament moral, se rapprochant des calculateurs, héros passifs.

C. — Apathiques-sensitifs. Atonie et instabilité, se jetant dans l'action avec violence, mais par épisodes.

D. — Tempérés (mais M. Ribot ne pense pas que ce soient des caractères.)

Telle est cette classification, la plus pénétrante et la plus vraie, à un très grand nombre d'égards, que je connaisse.

Elle ne me semble pécher, si je puis dire, que par *défaut;* elle exclut trop, elle simplifie peut-être trop aussi.

Est-il bien légitime d'abord d'éliminer les amorphes et les instables, sous prétexte que les uns se prêtent à subir toutes les influences et que les autres sont changeants d'un instant à l'autre? Ni chez les uns ni chez les autres ne se rencontre, dira-t-on, une singularité caractéristique, quelque chose de notable, un cachet original. Faut-il en conclure qu'ils n'ont pas un certain caractère? — D'abord il n'y a pas de purs amorphes et cette plasticité est chose variable d'un individu à l'autre; ensuite elle est par elle-même un signe distinctif; enfin l'amorphe se rapproche fort de l'apathique-pur dont M. Ribot fait une espèce et qui n'est pas beaucoup plus intéressant, puisque son originalité c'est d'être une borne, ce qui est assez maigre après tout. De la même manière nul n'est absolument instable, ni instable au même titre, capable d'oscillations également fréquentes, d'égale amplitude, entre les mêmes pôles ; ce fait, d'autre part, de se montrer « capricieux, changeant d'un instant à l'autre, tour à tour inerte et explosif, incertain et disproportionné dans ses réactions », voilà qui n'est pas sans constituer une certaine originalité et qui (si nous n'entrons pas complètement dans le domaine de la pathologie) fait singulièrement ressembler « l'instable » au « sensitif-émotionnel » qu'on nous dépeint « n'agissant que sous l'influence momentanée de motifs puissants, puis retombant dans l'inaction..., capable d'activité fiévreuse, puis traversant des périodes d'épuisement et de marasme. »

Passons maintenant aux types de caractères que retient M. Ribot, et voyons si le principe sur lequel il s'appuie pour classer tous ceux qui ne sont ni amorphes ni instables est suffisamment large. Ici encore je note trois exclusions principales qui ne me semblent pas entièrement justifiées. — D'abord, et ceci est le point le moins important d'ailleurs, on refuse de faire des Tempérés ou Equilibrés un genre et même une espèce. Sans doute ils sont nommés dans le groupe des types mixtes, mais en quelque sorte à contre-cœur, et à propos de Gœthe qu'on considère d'ordinaire comme un exemplaire presque parfait du type (ce qui au reste est fort contestable) M. Ribot va jusqu'à douter qu'il soit un caractère ou même un génie. Que les tempérés constituent une « espèce » distincte et nettement caractérisée, c'est ce qui nous paraît certain. Qu'on lise par exemple le très intéressant portrait que M. Pérez a tracé de Mme Roland (*op. cit.*, pp. 181-187) et l'on s'apercevra qu'un caractère de cette sorte appartient bien à un type défini et qu'il n'entre néanmoins d'une façon nette dans aucune autre catégorie. Il y a plus; nous voyons là non pas seulement une espèce, mais un genre. L'*harmonie*, l'*équilibre*, nous apparaissent comme quelque chose d'aussi important, d'aussi fondamental que l'*excès* ou le *défaut;* la pondération est aussi caractéristique que la disproportion et peut par conséquent donner naissance à un type aussi « pur », à un genre aussi caractéristique.

Poussons plus loin. Parmi les fonctions essentielles de la vie psychique, M. Ribot refuse de compter l'intelligence et ne parle pas de la volonté. Sur le premier point nous avons précédemment insisté. (Cf. 1re partie, ch. iv.) Nous n'y reviendrons pas ici: la fonction de penser nous a paru aussi « innée » que l'activité, aussi caractéristique que « le goût des voyages sans raison et sans but » par exemple, et capable dès lors par sa prépondérance de constituer aussi un genre, au même titre que la prépondérance de la sensibilité. —

Il en est de même de la volonté. Elle n'est pas, cela va de soi, aussi primitive, aussi simple que le sentir et l'agir ; elle est une manifestation supérieure, partant complexe et ultérieure : on ne l'aperçoit pas à la base de la vie psychique, ou mieux de la vie animale[1]. Est-ce un motif suffisant pour ne pas la compter quand il s'agit de la vie humaine, et doit-on se refuser à explorer les sommets ? Pour déterminer le supérieur faut-il s'en tenir exclusivement à la considération de l'inférieur ? Outre que le développement plus ou moins remarquable de la volonté, chez un individu donné, trouve peut-être ses conditions et en quelque sorte sa base dans une certaine constitution particulière de la sensibilité, de l'activité, de l'intelligence, — nous croyons qu'*en fait* cette faculté proprement humaine, très inégalement répartie au demeurant parmi les hommes, quand elle devient prédominante, suffit à donner à une certaine catégorie d'individus une nature propre et franchement différenciée. — Nous estimons donc qu'il y a une classe de *Volontaires*, comme aussi une classe d'*Intellectuels :* les supprimer c'est simplifier à l'excès.

Cet abus de la simplification que nous avons essayé de mettre en lumière vient, au fond, de la conception même que M. Ribot se fait du caractère. Le caractère, pour lui, « ce sont les instincts, tendances, impulsions, désirs, sentiments : tout cela et rien que cela. » C'est pourquoi tout vrai caractère est « un », « stable », « inné » ; c'est pourquoi « la marque propre d'un vrai caractère est d'apparaître dès l'enfance » ; c'est pourquoi aussi « les vrais caractères sont

---

1. « Le fond de tout *animal*, écrit M. Ribot, c'est le sentir et l'agir. » Soit ; mais la question est précisément de savoir si c'est tout le fond de l'*homme*, si c'est l'*homme* tout entier.

rares ». C'est qu'en effet, en dernière analyse, M. Ribot semble entendre par caractère une sorte de vocation tranchée, irrésistible et native, d'un mot la fatalité d'un instinct puissant. Et ainsi les amorphes et les instables seront justement exclus; et aussi les Volontaires et les Intellectuels, car la volonté ni l'intelligence ne sont des instincts ou du moins de purs instincts. Et si les apathiques trouvent grâce, c'est qu'ils portent en eux une espèce d'irrésistible instinct de résistance ou d'inertie. Mais cette acception du mot caractère n'est-elle pas arbitrairement restreinte? le caractère n'est-il pas toute la « physionomie morale » d'un individu? Ne faudrait-il pas réintégrer dans la compréhension du terme un grand nombre des éléments ainsi éliminés? Si la théorie de M. Ribot est d'un bout à l'autre si solidement construite, si vigoureusement conséquente, c'est peut-être qu'elle s'éloigne trop de la réalité concrète et complexe, et que pour vouloir la ramener à un petit nombre d'éléments simples, elle la mutile. — L'amour de la clarté peut avoir ses inconvénients.

La classification de M. Fouillée n'a pas, à nos yeux, les mêmes défauts; elle en a de plus graves, à la vérité. — Cette classification est, comme celle de M. Ribot, tripartite[1]. « Puisque nous avons rétabli la présence de l'intelligence dans les éléments primordiaux de l'évolution mentale, nous arrivons logiquement à distinguer trois grands genres de caractères: le sensitif, l'intellectuel et le volontaire. Chacun de nous, dit Platon, est composé d'une hydre, d'un lion et d'un homme: l'hydre aux cent têtes, c'est la passion;

---

1. Remarquons toutefois que M. Fouillée semble considérer les « Équilibrés » comme formant un *genre* à part, bien qu'il ne les décrive ni ne les subdivise.

le lion, c'est la volonté; l'homme, c'est l'intelligence; on peut ajouter que notre forme morale change selon que l'un de ces trois éléments prédomine[1] ».

I. — Voilà les genres; passons aux espèces. — Parmi les *sensitifs*, trois espèces sont à distinguer :

1° Les sensitifs ayant peu d'intelligence et peu de volonté;

2° Les sensitifs ayant de l'énergie volontaire, mais peu d'intelligence;

3° Les sensitifs ayant peu de volonté, mais beaucoup d'intelligence.

II. — Les divisions du genre des *Intellectuels* sont moins nettement marquées dans l'ouvrage que nous analysons. Si nous avons bien compris, toutefois, voici quelles elles seraient:

1° Les intellectuels exclusifs; — avec des subdivisions possibles en concrets (imaginatifs) et abstraits, en intuitifs et déductifs;

2° Les intellectuels ayant de la sensibilité et peu de volonté; — on y pourrait ranger les méditatifs et contemplatifs, et les analystes;

3° Les intellectuels ayant beaucoup de volonté.

III. — Les *Volontaires* se diviseraient tout naturellement aussi en trois catégories :

1° Volontaires ayant peu de sensibilité et peu d'intelligence;

2° Volontaires ayant beaucoup de sensibilité et peu d'intelligence;

---

1. Fouillée, *Tempérament et Caractère*, selon les individus, les sexes et les races, 1895, p. 135; — articles parus dans la *Revue des Deux-Mondes* en 1894.

3° Volontaires ayant beaucoup d'intelligence et peu de sensibilité[1].

Nos critiques, au sujet de cette classification, seront très brèves. Nous ne nous attarderons pas à des observations de détail comme celle-ci par exemple : quelle différence y a-t-il au juste entre un individu doué de *beaucoup de sensibilité, beaucoup de volonté et peu d'intelligence,* et un individu doué de *beaucoup de volonté, beaucoup de sensibilité et peu d'intelligence ?* En somme l'obscurité vient ici de la très grande indécision des termes qu'emploie M. Fouillée : *beaucoup* ou *peu* de sensibilité, de volonté, d'intelligence. Ne pourrait-on retourner contre lui cette objection qu'il adresse, si je ne me trompe, à M. B. Pérez : il s'agit d'une question, non de quantité, mais de qualité. Ce qui m'intéresse surtout, c'est de savoir quelle nature, quelle forme de sensibilité ou d'intelligence ou de volonté se rencontre dans un individu donné, suivant que chez lui domine tel mode ou tel autre de volonté, d'intelligence ou de sensibilité.

Autre difficulté, que nous avons signalée ailleurs : cette classification des caractères n'est pas rattachée à celle des tempéraments que l'auteur avait proposée cependant parce que la connaissance du caractère doit avoir pour base la détermination des tempéraments, et qu'une théorie des caractères doit être fondée à la fois sur la biologie et sur la psychologie. Or parmi les *tempéraments* décrits par M. Fouillée, voici le sensitif à réaction prompte : sensibilité vive, émotions fugitives et peu profondes, mobilité des sen-

---

[1]. *Op. cit.,* p. 178. — M. Fouillée semble aussi établir une division en « volontés d'impulsion » et « volontés d'inhibition », et encore en « volontés égoïstes » et « volontés altruistes » ; mais ces nouvelles classes ne correspondent pas bien nettement à celles que nous venons d'indiquer.

timents, disposition à l'optimisme, humeur enjouée, légèreté, insouciance, aptitude à vivre dans le présent, activité mobile et superficielle, pas de persévérance, mais de l'exubérance, de l'entrain. Cela, c'est bien la description d'un caractère; — on ne la retrouve plus dans la classification des caractères proprement dits. — De la même manière, s'il y a un tempérament actif, pourquoi ne compterait-on pas un caractère « actif »; et les « actifs » ne sont pas nécessairement la même chose que les « volontaires »; j'essaierai, en décrivant les uns et les autres, de montrer aussi nettement qu'il me sera possible les différences qui les séparent. — Enfin je ne vois pas de raison majeure pour refuser de faire des « apathiques » un genre à part; M. Fouillée se borne à dire: « l'apathie n'est qu'une question de degré, non de nature », ce qui ne constitue pas un argument définitif, d'autant plus que l'auteur, à propos des tempéraments, écrit fort bien: « Chez le flegmatique passif et *apathique*, l'inertie est excessive et s'étend à tout, à la sensibilité comme à l'activité... Les apathiques pourraient aussi s'appeler des adynamiques; ils ont en eux quelque chose de cette dépression de forces qui caractérise la maladie, le sommeil et la vieillesse. Leur tempérament est *à la fois l'antipode des tempéraments sensitif et actif*[1]. » En résumé, ce que nous reprochons à M. Fouillée, c'est d'avoir méconnu un certain nombre de types de caractères et d'avoir simplement repris la classification de Bain en émotionnels, intellectuels, volitionnels[2], qui est vraiment un peu étroite.

1. *Op. cit.*, pp. 75, 76. C'est moi qui souligne ce dernier membre de phrase, qui me paraît d'autant plus caractéristique que M. Fouillée fait du tempérament apathique une subdivision des « actifs ».
2. A. Bain, *Study of Charakter*, 1861.

II. — Cette étude critique n'est pas, on l'a vu, purement négative. Les deux dernières théories que nous venons d'examiner nous ont paru, en particulier, être, suivant le mot de Leibnitz, vraies en ce qu'elles affirment, fausses seulement en ce qu'elles nient. Ce qui reste acquis, après qu'on a parcouru ces diverses classifications, c'est qu'un certain nombre au moins de types méritent d'être universellement reconnus. Quelques autres ne sont pas acceptés par tous les psychologues et nous semblent néanmoins devoir être retenus parce qu'ils résultent nettement de toutes nos précédentes recherches tant sur les éléments du caractère que sur leurs lois de combinaison. La classification à laquelle nous nous arrêtons ne semblera sans doute, au moins dans ses divisions générales, que la réunion, la fusion de celle de M. Ribot avec celle de M. Fouillée. Nous acceptons volontiers le reproche, si c'en est un ; encore une fois, nous ne prétendons pas ici à l'originalité, — à moins que ce n'en soit une que de n'y pas viser de parti pris et de se contenter de dire ce qui semble exact.

Présentons d'abord quelques observations très générales sur le plan que nous allons suivre. — Dans un caractère comme dans un organisme, il y a des systèmes dominateurs et d'autres subordonnés, il y a un grand ressort qui imprime au reste sa direction, sa vitesse, il y a certaine fonction prépondérante, certain trait profond et essentiel qui donne à toute la physionomie son cachet propre et distinctif. Il suffira que deux ou plusieurs individus aient en commun ce caractère fondamental, et que chez eux il soit la pièce maîtresse du système psychologique et moral, pour qu'ils méritent d'être rangés dans la même catégorie, quelles que soient au reste les différences qui les séparent à d'autres égards. C'est donc de la détermination de ces différentes « facultés maîtresses » qu'il faut partir. Nous n'obtiendrons d'ailleurs ainsi que des « cadres vides » comme dit M. Ribot. Aussi nous garderons-nous de les décrire. On ne décrit pas un « invertébré ». Voici par exemple les « sensitifs » ; peut-on en faire un portrait, peut-on les caractériser autrement qu'en disant que chez eux c'est la sensibilité qui prédomine et par là même imprime à l'activité, à l'intelligence, à la volonté une allure et un aspect qu'on ne saurait définir qu'en montrant de quelle nature particulière est la sensibilité elle-même. Comparez par exemple la description que M. Ribot fait des « sensitifs » en général, et celle que nous donne M. Fouillée de l'une au moins des deux grandes divisions de cette même classe des sensitifs : elles s'opposent presque mot pour mot. « Impressionnables à l'excès, pessimistes, craintifs, timides, méditatifs, contemplatifs : » voilà leur bilan d'après le premier de ces auteurs ; — voici ce qu'en dit le second : « les nerfs vibrent facilement et rapidement, optimistes d'instinct, portés à l'espérance, d'humeur enjouée, ne se tourmentant pas, tout entiers à l'impression présente ». — Les noms par lesquels nous désignerons nos grandes catégories exprimeront simplement ce fait que c'est telle ou telle fonction psychique générale (laquelle peut revêtir plusieurs aspects caractéristiques, au surplus) qui est en eux dominatrice.

Je dis dominatrice et non pas exclusive. Toutes les fonctions de la vie mentale, à des degrés variables et avec des formes diverses, se rencontrent dans tous les individus : la proportion, pour ainsi parler, est seule très différente. Tous les caractères sont donc mixtes, composés, et il n'y a pas de nécessité de compter là une catégorie à part. Tout caractère est un « tempérament » suivant des rapports variables de sensibilité, d'activité, d'intelligence, de volonté. Il n'y a pas de types « purs », si l'on entend par là des individus chez lesquels une seule de ces facultés se présenterait à l'exclusion des autres.

Une difficulté cependant se présente ici. Nous venons de dire que les « genres » doivent être déterminés d'après la prépondérance au moins relative d'une certaine « fonction » psychique. Nous allons compter un genre des « Tempérés »; or la pondération n'est pas à proprement parler une fonction. Toutefois cet équilibre entre les diverses fonctions psychiques, qui résulte lui-même d'un mode spécial d'exercice de celles-ci, constitue une attitude psychologique toute particulière et qui n'est pas seulement de forme, mais de fond. Il peut donc être justement considéré comme une sorte de caractère dominateur et servir de caractéristique à un genre, à peu près comme la présence ou l'absence d'un plan de symétrie sert aux naturalistes à distinguer des embranchements.

Nous arrivons ainsi à compter six *genres* principaux, à savoir :

Les Apathiques,
Les Affectifs,
Les Intellectuels,
Les Actifs,
Les Tempérés,
Les Volontaires.

Dans chacun de ces genres, diverses espèces devront être distinguées et caractérisées.

Préciser, compléter et du même coup justifier s'il se peut notre classification, ce ne peut être que décrire les divers types que nous pensons pouvoir reconnaître. Et comme il ne saurait suffire de donner des indications générales, et pour ainsi parler de simples schémas, nous essayerons de présenter, toutes les fois qu'il sera utile, des portraits individuels. Ce sont ceux de personnes que j'ai eu le moyen et le loisir d'étudier de près. Cette méthode, il faut bien le reconnaître, présente un inconvénient grave, celui de rendre impossible toute vérification directe. Néanmoins nos portraits pourront être tenus pour ressemblants, si d'une part ils semblent assez vivants, si, d'autre part, le lecteur peut trouver dans ses souvenirs personnels des physionomies analogues.

Les noms d'hommes illustres, ou tout au moins connus, que nous ajouterons permettront au surplus de mieux fixer les idées.

A. *Les Apathiques.* — Ils sont caractérisés par une dépression anormale de la sensibilité, tout à la fois sous le rapport de l'affectivité et sous celui du désir. Rien ne les émeut et ils manquent complètement d'ardeur, de passion. Cette atonie qui est leur trait dominant est au reste susceptible de degrés et chez plusieurs il reste un certain nombre de points sensibles par où ils sortent si je puis dire de leur nature et de leur formule. Il suffit que cette indifférence soit très généralisée pour qu'ils rentrent dans notre groupe. L'apathie qui tend à abaisser le ton de l'activité, puisqu'elle est en son fond une diminution du ton vital, et qui tend à donner à l'intelligence de la lourdeur, une allure routinière et embarrassée, n'est pas cependant exclusive, nous l'avons vu, de toute activité et de tout développement intellectuel. Elle leur imprime seulement un cachet spécial. — Nous subdiviserons ce genre en trois espèces.

1° *L'Apathique pur*. C'est la forme la plus basse. Ils sont inertes autant que peu sensibles; indolents, sans ressort, sans énergie, n'ayant de goût à rien, d'intelligence obtuse, ils sont réduits presque absolument aux instincts animaux. Ils s'élèvent tout juste au-dessus de l'idiot. Ils sont capables au reste de travailler à des besognes médiocres et uniformes sous l'impulsion de la nécessité. Leur insensibilité et leur inintelligence les rendent parfois brutaux.

Je n'ai évidemment pas de noms propres à citer ici; les hommes de cette sorte ne laissent pas de trace profonde dans l'histoire. Peut-être en pourrait-on trouver quelques-uns dans la liste des princes qui n'ont rien fait et qui n'ont rien été. — Voici un portrait d'un homme qui me semble entrer nettement dans ce groupe.

M. X... (Portrait III). Un des plus beaux spécimens d'indolence, d'insignifiance que je connaisse. Insensible à peu près à tout, sinon aux dérangements qu'on peut apporter à ses habitudes de bien-être. Pas trace d'émotivité, tout glisse sur cette écorce épaisse; il n'a jamais eu je crois de grandes joies ni de grands chagrins. Ignore ce que c'est que l'enthousiasme, n'a pas idée de ce que peut être un plaisir esthétique. A quelques affections toutefois, assez enracinées, mais qui manquent totalement d'élan, de profondeur, de vivacité, et qui sont plutôt une partie de ses habitudes qu'un morceau de son cœur. Sans ardeur, ne désirant rien passionnément, tenant seulement à trouver à l'heure voulue son déjeuner, son fauteuil, ses pantoufles ou son lit. Comme il est, d'ailleurs, de bonne santé et dans une belle situation de fortune, il est d'une bonne humeur passive assez égale; pas méchant, mais naturellement égoïste, n'ayant pas même l'idée de songer à autrui: — une tendance assez marquée à l'avarice — pour les siens.

D'intelligence fort médiocre, pour ne pas dire plus. Non seulement les choses de l'esprit n'existent pas pour lui, mais encore il comprend difficilement, n'a pas la moindre imagination, la moindre vivacité (voilà quelqu'un qui n'a rien à craindre de la précipitation de ses idées!), n'a pas une opinion, une pensée, un jugement qui lui soient propres. Il écoute une conversation sérieuse avec autant d'effort d'attention et de profondeur de compréhension qu'il en dépense à regarder béatement monter la fumée de sa pipe. Il interrompra parfois pour lâcher quelque sotte banalité ou quelque plaisanterie grossière ou puérile. Sur certains points une espèce de gros bon sens vulgaire, qui n'est ou demeurent que du psittacisme — médiocrement appliqué.

L'activité est extrêmement faible et molle ; pas le moindre besoin d'agir utilement ou pour se dépenser ; n'a jamais rien entrepris, reste volontiers des journées entières à ne rien faire. Sa seule occupation c'est de faire, modérément, de la bicyclette, parce qu'on en fait autour de lui et qu'il faut bien passer le temps. A cela près un remarquable type de désœuvré inerte.

Inutile d'ajouter que ce n'est pas un grand volontaire. Sa volonté, sans ressort, sans initiative, sans énergie propre, molle et se laissant aller suivant la ligne de moindre résistance, ne dissimule un peu de faiblesse que grâce à l'inertie qui lui donne un air vague de pondération.

2° *L'Apathique-intelligent.* — Ce type se distingue du précédent, comme son nom l'indique, par un développement supérieur de l'intelligence. Toutefois nous n'avons pas encore affaire ici à un pur intellectuel, car l'exercice de la pensée ne devient pas encore une fonction absorbante, impérieuse, vraiment dominatrice. Il peut, chez les plus distingués représentants du groupe, être une occupation favorite, il n'est pas une vocation irrésistible, une vraie passion. L'intelligence reçoit d'ailleurs de l'émoussement même de la sensibilité une physionomie particulière. La flamme, les grandes envolées, la richesse et l'exubérance de l'imagination font plus ou moins radicalement défaut. L'individu peut donc être très intelligent, mais d'une intelligence qui a sa tournure et son allure propre, plus régulière que puissante, plus apte à comprendre qu'à découvrir, à inventer : elle est assimilatrice et pour ainsi parler reproductrice plutôt que vraiment originale et créatrice. Elle affecte même chez les représentants médiocres du type un caractère assez remarque de lourdeur et de lenteur. — Ajoutons que, chez les hommes de cette sorte, l'activité est très médiocrement développée en général ; ce ne sont pas des « oseurs », mais tout au contraire des temporisateurs et comme dit M. Ribot des « calculateurs ». — C'est là une disposition ou plutôt un ensemble concordant de dispositions psychologiques qui semblent particulièrement favorables au développement de certaines qualités de la volonté ; — ce ne sera pas sans doute de la volonté active, énergique qui trouve d'ordinaire sa source dans les tendances sensibles et dans l'activité spontanée ; — mais ce sera la volonté modérée, réfléchie, égale, suffisamment continue et persévérante avec même de la ténacité. Toutefois nous ne rencontrons pas la volonté inhibitrice sous sa forme expresse, car les impulsions n'étant jamais très vives il n'y a pas de grands efforts à faire pour les vaincre et les arrêter. Enfin je réserve expressément le nom d'apathique-intelligent, et aussi comme on verra tout à l'heure d'apathique-actif, — aux individus chez qui la volonté, — bien qu'elle existe et ait ses caractères propres,

— n'apparaît pas comme vraiment souveraine, comme dominatrice et directrice incontestée.

Je voudrais esquisser ici la silhouette d'un représentant moyen de cette classe.

M. X... (Portrait IV). Nous rencontrons tout d'abord les traits généraux de l'apathique, inémotivité, absence d'effusion, d'épanchement ; je n'y reviens pas et me borne à signaler, à côté de la froideur, du calme et de l'indifférence habituels, une certaine tendance à voir volontiers les choses sous leur mauvais aspect, à se décourager (beaucoup plus d'ailleurs par manque de ressort et de vaillance que par l'effet d'une imagination obsédante et inquiète). Stable dans ses affections, ami sûr, mais assez bourru et bougon, un peu « ours ».

Un certain développement intellectuel, une certaine aptitude scientifique, qui le distinguent nettement du portrait III. Intelligence d'ailleurs qui manque de souplesse, de variété, d'universelle curiosité, de feu, qui n'a rien d'esthétique, ni de brillant. Juste et appliquée dans sa sphère, avec pas mal de routine et de « métier ». Pas l'esprit de finesse, mais plutôt l'esprit géométrique, avec ses défauts propres, comme de vouloir traiter les choses humaines et les choses de sentiment par principes mathématiques : d'où des lacunes et des preuves d'inintelligence parfois singulières.

L'activité est très médiocre ; difficile à remuer, sans spontanéité, sans esprit d'initiative ; routinier et même casanier en un sens. Volonté sans énergie ; se laisse mener par qui le sait prendre et se laisse facilement prendre ; un faible en somme et qui n'est pas éloigné de se croire un autoritaire, parce qu'il a des entêtements d'une espèce particulière, qui ne sont que des entêtements d'habitude et d'inertie, si j'ose dire, appuyés sur des principes ou plutôt qu'il croit fondés sur des principes.

Une expression tout à fait supérieure du type nous est fournie par Fontenelle dont on connaît la singulière insensibilité et qui fut un homme très intelligent mais auquel a toujours fait défaut cette dose d'imagination et de passion qui fait les grands esprits, qui « n'a été artiste à aucun degré », dont « les sentiments ont été des idées justes », qui « est né tranquille, curieux et avisé », mais n'a pas eu le feu sacré, la passion de la science, qui n'a rien découvert, rien généralisé et s'est contenté d'être comme on l'a dit spirituellement « le secrétaire général du monde scientifique ». (V. Faguet, *Études sur le XVIIIe siècle*.)

3° *L'Apathique-Actif*. — Voici un caractère qui se rapproche de certaines formes du caractère équilibré. Seulement ici l'équilibre est en quelque sorte négatif. L'apathie, qui est manifeste, est cependant en quelque mesure, non pas sans doute compensée, mais déguisée par une certaine tendance à l'activité. Celle-ci à son tour est rendue lente et calme par l'apathie même. L'intelligence, qui présente des qualités et des défauts analogues à ceux que nous indiquions plus haut, n'a plus ici la même tendance à se constituer un système relativement indépendant; elle se met pour ainsi dire simplement au service des tendances actives, permettant de concevoir la fin et les moyens d'y atteindre. La volonté, ici encore, bien que plus développée sous sa forme active, et qui n'a guère à se manifester comme pouvoir de maîtrise et de domination, n'arrive pas à être le caractère saillant et prépondérant.

Dans le portrait qui suit, je noterai donc seulement les traits qui différencient cette espèce des autres du même genre « apathique ».

M. X... (Portrait V). La sensibilité, l'émotivité sont très médiocres, — avec une disposition à la brusquerie, comme sous l'action de poussées impétueuses et même un peu brutales.

L'intelligence, très normalement développée, n'a rien de contemplatif, de méditatif, de rêveur, d'imaginatif; elle n'est pas spéculative non plus, ne se plaît que médiocrement aux abstrations, n'a pas davantage au reste le sens du pittoresque, du beau : elle est un peu lente et lourde, mais nette, voyant les choses sans raffinement, sans subtilité, mais avec justesse et rectitude : c'est un bon sens pratique assez vigoureux (se renfermant d'ailleurs volontiers dans la sphère délimitée par la fonction sociale).

Activité robuste qui a besoin de se dépenser, mais sans excès, d'une façon modérée et régulière, ne procédant pas par à-coup, par élans irrésistibles, mais continue. Un fonds assez riche d'énergie active mais à qui l'apathie donne un caractère très net de calme et de flegme.

De la volonté, de la persévérance, surtout du sang-froid, — faite principalement d'habitudes, venant en quelque sorte du dehors plus que du dedans. Je m'explique : pour un grand nombre de choses la volonté est molle; mais elle devient ferme quand il s'agit d'actes intéressant la dignité professionnelle, le point d'honneur. Aime à voir sa vie réglée, avec des obligations bien définies, qu'il saura accomplir; n'aurait pas été aussi capable de se faire à soi-même, à coup de volonté, sa loi et son plan d'existence. Une volonté qui a le « tempérament militaire ».

Le Hollandais, lent, lourd, patient, appliqué, persévérant, avec sa prudence pratique et calculatrice, l'obstination méthodique de l'effort rentrerait assez bien dans ce cadre; on y pourrait aussi placer, aux plus hauts degrés de la série, ceux que M. Ribot classe parmi les calculateurs : Franklin, Louis XI, Philippe II d'Espagne, etc.

B. *Les Affectifs.* Nous passons maintenant à notre second « genre ». Je les nomme les « affectifs », faute d'un nom meilleur, parce que « sensible » ou « sensitif » me semble comporter une détermination de sens, une spécialisation trop grandes. Je choisis le terme le plus vague, susceptible d'exprimer la prédominance de la vie sensible, précisément parce qu'il est le plus vague et peut alors convenir aux diverses formes que revêt la sensibilité même. Ce mot, comme je l'ai déjà dit, signifie donc ici tout simplement ce fait que, chez les hommes de ce groupe, la sensibilité, quelle que soit sa nature propre, est dominatrice par rapport à l'intelligence et à l'activité, qui se peuvent présenter, cela va de soi, à des degrés très variables. Et comme je crois les genres « indescriptibles », j'aborde de suite la détermination des « espèces », et des « variétés » principales qu'on peut espérer différencier avec une suffisante précision. Je compte trois espèces : les Sensitifs, les Émotifs, les Passionnés.

1° Les *Sensitifs* proprement dits sont ceux chez qui la sensibilité (considérée surtout en tant qu'affectivité, aptitude à jouir et à souffrir) est extrêmement vive, susceptible d'être ébranlée par le moindre choc, de vibrer au moindre contact. Ce qui les distingue des émotifs c'est que ces impressions sont généralement mobiles, qu'elles n'ont point ce retentissement prolongé, cette persistance et cette profondeur qui caractérisent comme on l'a vu l'émotivité proprement dite. — Maintenant cette sensibilité, dont le développement excessif est le trait fondamental et dominant des caractères de cette sorte, peut se présenter sous deux aspects principaux : elle peut être particulièrement douloureuse et par conséquent dépressive, ou au contraire tournée de préférence vers le plaisir et par là même expansive. J'appellerai les premiers sensitifs-purs ou sensitifs-passifs ou encore sensitifs-inertes, et les seconds sensitifs-vifs ou si l'on veut sensitifs-agités.

a. Sensitifs-purs, ou sensitifs-passifs. — C'est à peu près ceux que M. Ribot, sous le nom de sensitifs-humbles, décrit ainsi : « Sensibilité excessive, intelligence bornée ou médiocre, énergie nulle : tels sont leurs éléments constitutifs. Leur note dominante, c'est la timidité, la crainte et toutes les manières de sentir qui paralysent... Ils ont conscience d'être faibles, sans ressort pour l'action, sans esprit d'initiative. » — Ils sont en général pessimistes ou du moins douloureux. Une sensibilité organique aiguë les prédispose à la timidité renfermée, à l'inaction par peur de l'effort ; ils sont volontiers défiants et inquiets, n'osent rien entreprendre, ont toujours peur de se compromettre soit en agissant soit en s'abstenant. La volonté chez eux est presque absente, elle n'arrive guère à se constituer par suite d'un excès d'inhibition des tendances, résultat de leur sensibilité à forme déprimante.

Mlle X... (Portrait VI). C'est une jeune fille souffreteuse, de sensibilité douillette, d'aspect triste, s'inquiétant sans cesse de sa santé délicate ; craintive et timorée ; d'une câlinerie assez égoïste qui est plutôt besoin de se faire consoler, de se sentir entourée de soins affectueux, soutenue, réconfortée, que témoignage de tendresse active. Timidité extrême à l'égard des étrangers ou des indifférents, une certaine susceptibilité sans réaction, ou mieux facilité grande à se froisser, à se replier sur soi. Ce qui explique son antipathie pour les gens expansifs, exubérants, entreprenants.

L'intelligence est sans vigueur, sans relief; la mémoire manque de richesse, de promptitude, de ténacité, sinon en ce qui concerne les souvenirs pénibles, les douleurs organiques, les tristesses. Petite imagination, lenteur des associations, inaptitude à saisir des idées ou des théories un peu larges et élevées, esprit étroit, comme concentré, déprimé, jugement hésitant, scrupuleux et aussi tatillon et pointilleux.

Inactivité presque totale ; non seulement n'a aucune audace dans l'entreprise, mais même aucune énergie dans la réactivité; prudence excessive, se défie toujours de ses forces, s'attend à des choses désagréables et n'essaie pas de s'y opposer, voire de les éviter, plie le dos et se résigne d'avance.

Extraordinaire faiblesse de la volonté; ne sait ni prendre une décision, ni résister; cède, se repent, change d'avis, a des velléités mais ne passe pas à l'acte, finalement se laisse aller, quitte à le regretter presque aussitôt. — Au total une figure pâle, effacée et douloureuse.

b. Sensitifs-vifs. Ce caractère correspond assez exactement à ce que Kant appelle le tempérament sanguin léger (Leichtblütig), et dont il donne l'excellente description qui suit : « Il est sans souci et d'espérance facile ; il donne à chaque chose, au premier moment, une grande importance et ne peut plus ensuite y penser. Il promet magnifiquement, mais ne tient point sa parole, parce qu'il n'a pas assez réfléchi d'abord s'il pourrait tenir sa promesse. Il est assez disposé à secourir, mais c'est un mauvais débiteur, qui demande toujours des délais. C'est un bon compagnon, enjoué, de bonne humeur, ne donnant facilement une grande importance à rien (vive la bagatelle!) et qui aime tout le monde.

Il n'est pas d'ordinaire un méchant homme, mais c'est un pécheur difficile à convertir, qui se repentira fort, mais ce repentir (qui ne sera jamais du *chagrin*) sera bientôt oublié. Le travail le fatigue, et toujours il est occupé, mais à ce qui n'est qu'un jeu, parce que c'est là un changement, et que la constance n'est pas son affaire. » (*Anthropologie*, partie II, section A.) Ces divers traits de caractère, nous avons eu occasion de le montrer en détail, découlent tous assez facilement de la prédominance de cette sensibilité mobile, expansive et tournée vers le plaisir qui est la note fondamentale du sensitif-vif. De là résultent ses qualités et ses défauts d'esprit, la tournure particulière de son activité et de sa volonté. J'ajoute de suite que nous trouverions ici une foule de nuances et de degrés déterminés non seulement par le développement variable de l'intelligence, mais encore par l'exquisité, le raffinement et aussi la mobilité, l'impulsivité instable de la sensibilité, qui peuvent être fort divers. Et ainsi certains représentants de ce type vont rejoindre les émotifs proprement dits.

Je choisis parmi mes notes le portrait suivant d'une personne qui me paraît une expression nette et en même temps moyenne (ce qui ne signifie pas médiocre ou vulgaire) du type que j'essaie de caractériser.

Mme X... (Portrait VII). Jeune femme gaie, enjouée, expansive, rieuse ; nulle trace de rumination psychique, n'est pas portée à regretter le passé, à se tourmenter de l'avenir, pas sentimentale non plus, ni rêveuse, ni émotive ; les plaisirs ou les peines, bien que vifs, disparaissent rapidement ; elle « prend la vie comme elle vient » ; — n'est pas égoïste ; capable d'affections et de sympathies vives et même assez durables, ne connaît pas la rancune, est aimable et bienveillante pour presque tout le monde. Une pointe de vanité.

Intelligence ouverte, curieuse de littérature et d'art, souple et capable de se plier à des points de vue divers; peu de goût pour les abstractions et les raisonnements; juge vite et même trop vite, sans réfléchir beaucoup; pas mal d'étourderie; la vivacité, qui n'est pas exclusive d'une certaine justesse, empêche la continuité de l'attention et la netteté calme de l'esprit: un peu de dispersion et de dissipation.

De l'activité, par besoin de ne pas rester en repos; va, vient, sort, s'occupe, fait n'importe quoi pour faire quelque chose, surtout ce qui lui plaît au moment, ou lui passe par la tête. — Ce n'est pas une volontaire; se décide tout d'un coup, sans grande préparation, sans délibération prolongée, sans chercher à se rendre compte des conséquences plus ou moins lointaines, sans s'en inquiéter, — sous l'influence du sentiment, de l'idée, du conseil du moment. Ne se laisse pas conduire, en ce sens qu'elle n'accepterait pas volontiers l'idée d'être dirigée, mais cède toujours si on a simplement l'air de proposer et si elle croit diriger les autres. En somme volonté faible par manque de coordination, par ce qu'elle ne sait pas préparer à l'avance et poursuivre avec persévérance la réalisation d'une fin définie et stable; ne se pose pas des principes de conduite; s'arrange de sa vie beaucoup plus qu'elle ne songe à arranger sa vie, et vit en quelque sorte perpétuellement dans le présent.

Diderot, comme aussi Benjamin Constant me paraissent, avec des nuances différentes, exprimer des degrés supérieurs du type. Chez le premier nous rencontrons une sensibilité vive et même ardente, mais surtout changeante, capricieuse, mobile. Il a comme il dit lui-même « l'air vif, ardent et fou »; il a « en une journée cent physionomies diverses, selon la chose dont il est affecté »; il note une « rapidité surprenante dans les mouvements, dans les désirs, dans les projets, dans les fantaisies et dans les idées ». Serviable, charitable, généreux, avec d'étranges écarts et beaucoup d'incohérence. — Esprit très curieux et ouvert, et pénétrant, mais intelligence dispersée, sans concentration, sans puissance de synthèse et de méditation et de pensée calme; esprit qui tourne à tous les vents, qui comprend tout, fait comprendre tout, mais n'a pas le temps de s'arrêter, de s'attacher, d'approfondir, de coordonner. — D'activité toujours en éveil, exubérant, mais sans persévérance; étourdi et léger, avec « une pointe d'ivresse joyeuse », une insouciance absolue des conditions matérielles de la vie, impatient de toute règle, incapable de vouloir fermement, constamment, froidement, incapable surtout de vouloir se contenir, se dominer, s'imposer des principes rigoureux et réguliers, de se soumettre à une loi et de se faire sa loi.

Et B. Constant nous offre des traits fort analogues, avec quelque chose d'autre aussi. Lui aussi il est l'homme des sensations violentes et courtes et diverses; chez lui aussi la sensibilité est toute en exaltations subites et qui durent peu. Mais il se désabuse vite, et il ne jouit des choses que pour s'en dégoûter, et par là même il manque d'expansion, de dévouement, il est, comme son « Adolphe », « un mélange d'égoïsme et de sentiment, d'enthousiasme et d'ironie », il a comme lui « de la sécheresse de cœur et ce grain de sensibilité qui consiste à sentir qu'il en manque et à en souffrir ». — C'est qu'aussi bien son intelligence très lucide et très subtile et très avisée, il l'emploie volontiers à s'analyser,

à persifler les autres et à se persifler lui-même pour
« couvrir et défendre sa timidité ». Et enfin son activité
perpétuellement enfiévrée est presque de l'agitation ; « sur-
excité et bondissant, actif non sans but, mais pour mille
buts, et toujours emporté en impétueuses saillies » ; d'irrésolution singulière, d'une « extraordinaire incertitude de
conduite », et se faisant à lui-même sa devise : *sola incons-
tantia constans.*

Enfin, sur la limite qui sépare les sensitifs-vifs des
émotifs, je trouve Stendhal. Sensibilité suraiguë, voilà son
trait dominant. Un sensitif toujours en quête de sensations nouvelles, et tout entier à la sensation actuelle. Mais
sa sensibilité s'est aigrie, car son désir de sensations fortes
et âpres n'est jamais pleinement satisfait et il y a toujours
disproportion entre les événements et ce qu'il souhaitait.
L'esprit d'analyse ne contribue pas peu à corrompre ses
sentiments, à développer une sorte de crainte anxieuse de les
voir méconnus ou raillés, une incurable timidité qui devient
méfiance ombrageuse. Aussi est-il incapable de se donner,
il n'a que des « élans d'amour », le désir d'aimer sans en
avoir la puissance, et par peur d'être dupe il se gâte toute
joie. Il est « dévoré de sensibilité, timide, fier et méconnu »,
comme il le dit lui-même, « avec une maudite manie de
briller ». — Son intelligence, comme sa sensibilité, est subtile et raffinée, et « sans cesse la sensation l'emporte sur la
perception ». Son apparente activité n'est en somme que le
désir de multiplier les sensations ; il « secoue sa vie »,
comme il dit, de peur qu'elle ne le ronge. Il a des sursauts
d'énergie, de la décision, comme fouettée par le désir, et
aussi par bravoure naturelle, par amour de la lutte. Mais il
n'eut pas de volonté ; il ne sut ni vouloir, ni même ce qu'il

voulait. Il resta toujours inquiet, perplexe, irrité et faible :
« tu n'as pas de caractère ». (Journal.)

2° *Les Émotifs*. — Le « mot émotif » ou « émotionnel »
est pris ici, non pas dans le sens large que lui donne par
exemple A. Bain, mais au sens étroit que lui donne
M. Ribot. J'ai déjà dit ce qui me semblait caractériser
l'émotivité, et je n'y reviens pas ici. Un émotif, c'est un
homme chez qui l'émotivité proprement dite est le caractère
dominateur qui entraîne avec lui certains modes particuliers
d'intelligence, d'activité, de volonté. Rappelons enfin que
nous avons distingué deux grandes formes d'émotivité qui
vont donner naissance à deux variétés distinctes : une émotivité à forme dépressive et une émotivité à forme impulsive.
Nous aurons donc des émotifs-mélancoliques et des émotifs-
irritables ou encore impulsifs. Décrivons-les, en suivant la
méthode que nous avons adoptée jusqu'ici.

a. Émotif-mélancolique. — La sensibilité est ici très impressionnable, avec un retentissement prolongé des impressions
qui semblent envahir toute la conscience, troubler jusqu'au
tréfonds de l'âme, et produisent une agitation qui ne se peut
apaiser de suite : les troubles viscéraux, très accusés, contribuent largement à rendre la sensibilité douloureuse : — il
y a donc, sinon mélancolie permanente, du moins disposition
très remarquable à la mélancolie. Ce qui prédomine ce sont
les émotions déprimantes, tristesse, inquiétude, crainte,
abattement, et aussi les sentiments tendres dont nous avons
remarqué les liens si étroits avec la faiblesse. Il pourra,
d'ailleurs, y avoir des périodes de surexcitation, de l'irritabilité et même de l'impulsivité, mais bien plus rares, bien
plus accidentelles que les périodes de prostration, et l'affaissement qui les suivra sera d'autant plus profond et plus

durable que l'excitation aura été plus vive. Il y a donc ici, déjà, une tendance à l'instabilité, mais qui est beaucoup moins manifeste que chez les émotifs-irritables, parce que la sensibilité retrouve une sorte d'équilibre dans son attitude douloureuse et triste. — L'intelligence, qui peut être singulièrement développée, l'est surtout en un certain sens. Elle se replie volontiers sur elle-même et, par une sorte de concentration, tantôt se rétrécit et s'absorbe dans la contemplation monotone des sentiments, tantôt subtilise à l'excès, s'occupe toute à l'analyse inquiète des émotions. L'imagination est très développée et devient rêveuse, sentimentale et romanesque. Les fonctions supérieures de contrôle, de raisonnement logique et abstrait subissent par contre une sorte de dépression caractéristique. — L'activité est profondément atteinte ; il y a une tendance marquée au repos, une sorte d'état d'épuisement, une absence presque complète d'énergie active et même réactive. La volonté est molle ; il y a souvent même une véritable aboulie par défaut d'impulsion, comme par suite de la prépondérance des états sensibles à forme dépressive. Parfois aussi apparaissent des phénomènes d'impulsivité, résultant de l'incoordination des tendances, du manque de cohésion du caractère, de ce qu'on a appelé une diminution du « pouvoir de synthèse personnelle ».

Mille nuances pourraient au reste être notées suivant les aspects particuliers que présente cette forme d'émotivité : on pourrait distinguer des mélancoliques proprement dits, des sentimentaux, des tendres, etc. — Toutes ces variétés de caractères, tout en se distinguant, se tiennent d'ailleurs de très près. Nous pouvons donc, à la rigueur, nous borner à un portrait.

M. X... (Portrait VIII). C'est un mélancolique ; le fond de son caractère est un état de tristesse insurmontable et permanente. Sensibilité morale très délicate, avec un sentiment particulièrement vif de ses misères, de ses déceptions, qu'avive et que multiplie son imagination romanesque et chimérique. En toute chose voit des raisons de se chagriner, de se tourmenter, de s'inquiéter, non seulement pour lui, mais pour ceux qu'il aime. Souffre pour les autres et par les autres ; une légère disposition à se croire, non pas persécuté, mais oublié, trop peu aimé : d'où une susceptibilité par moments presque maladive ; d'où aussi une tendance notable à se replier douloureusement sur soi-même, à remâcher ses tristesses, à s'isoler en soi-même.

Imaginatif et rêveur ; méditatif et contemplatif ; intelligence subjective, je veux dire inaptitude à sortir de soi pour s'attacher aux objets, pour s'élever à la connaissance scientifique qui se suffirait en quelque sorte à elle-même ; la spéculation abstraite n'est pas son fait ; et il subtilise volontiers sur ses sentiments, ses « états d'âme ».

Activité extérieure quasi nulle ; craint le mouvement, l'agitation ; a conscience de son impuissance qui lui devient pénible et qu'il ne peut vaincre ; des élans de désir et d'imagination, mais qui n'ont d'autre effet que de le plonger dans un état de prostration profonde. Résignation passive ; la volonté a peine à se former, et se défait plus vite encore ; parfois des emportements irréfléchis ; ordinairement timide, hésitant, irrésolu, faible ; trouve mille raisons de ne pas vouloir, et ne sait ni se décider ni résister.

Dans cette espèce entreraient facilement un grand nombre de noms connus ou célèbres. Je laisse de côté les « personnages littéraires », comme Hamlet, Werther,

René, etc., etc.[1]. Parmi les « personnages réels », je trouve Hégésippe Moreau, Maurice de Guérin, Maine de Biran, Amiel, etc.

b. Les émotifs-irritables ou impulsifs. — C'est l'émotivité encore qui est le caractère dominant, mais elle est ici plus mobile, plus instable, avec une violence plus grande du désir, ce qui fait ressembler certains types de cette catégorie aux passionnés proprement dits. Les nerfs sont toujours vibrants ; les émotions toujours vives, sans proportion avec leur cause ou leur occasion, se succèdent, se chassent, se remplacent ; l'individu est toujours frémissant, bouleversé ou transporté, palpitant d'inquiétude ou d'espoir, passant subitement de l'enthousiasme au découragement, de l'exubérance à l'affaissement, de la gaîté la plus expansive à la tristesse la plus sombre. Antipathies et sympathies subites, ardentes, autant qu'irréfléchies. Susceptibilité et irritabilité. Voilà, dans l'ordre de la sensibilité, les manifestations de cet état de faiblesse irritable qui fait le fond de ces caractères. — L'intelligence, très diversement développée et puissante, manque toujours plus ou moins d'équilibre, de mesure, de pondération. Nous rencontrerons dans cette catégorie beaucoup d'artistes, d'inventeurs aussi, de gens à idées neuves, à utopies, à paradoxes, très peu d'esprits réfléchis, raisonneurs lucides et logiciens rigoureux, presque pas d'esprits pratiques et positifs. — L'activité est souvent très développée, mais c'est bien plutôt une réactivité intermittente, impulsive, spasmodique, avec des périodes d'aban-

---

1. Dans la littérature contemporaine, les exemples abonderaient : le Frédéric Moreau de Flaubert (l'*Education sentimentale*), le Des Esseintes de Huysmans (*A. Rebours*), le Charles Demailly de Goncourt, le Frédéric de Périgny de M. Prévost (*Confession d'un Amant*) et mille autres.

don complet. — La volonté est capricieuse aussi, emballée, explosive, sans fermeté, sans persévérance, sans stabilité, tout entière dominée par les soubresauts de la sensibilité, sans pouvoir d'arrêt, sans aptitude à se maîtriser et à se soumettre à des principes rationnels.

Si je ne craignais d'abuser des divisions et des subdivisions, je pourrais distinguer les impulsifs proprement dits, des instables, des incohérents, des émiettés. Mais en somme il y a là une question de degré plutôt qu'une différence de nature, et tout émotif-impulsif est plus ou moins incohérent et divisé. Tous les types que décrit M. Paulhan comme résultant de la prédominance de « l'association par contraste » : les inquiets, les nerveux, les contrariants, — et aussi ceux qui sont caractérisés par « l'activité indépendante des éléments de l'esprit » : les impulsifs, les composés, les émiettés, les suggestibles, etc. — rentrent dans le présent groupe, précisément parce que cette « forme d'association » des tendances résulte, comme nous avons déjà remarqué, de l'émotivité même. Le « caractère hystérique » nous montre enfin sous leur aspect pathologique ces divers traits concordants. Aussi ce type de caractère se rencontre-t-il presque toujours chez des individus nervosiques et même plus ou moins névrosés. En voici deux exemplaires, assez différents à de nombreux égards.

Mme X... (Portrait IX). Impressionnable et ardente, mais de sensibilité instable, passant du rire aux larmes, de l'emballement le plus déraisonnable au désespoir le moins justifié. Tempérament amoureux ; a des caprices très vifs et qui seraient des passions s'ils étaient plus durables. Coquette, cherche à plaire, aime attirer l'attention, se donne tout entière à l'affection actuelle ; pas de naïveté, mais beaucoup de spontanéité et d'irréflexion dans l'élan passionné.

La mémoire, l'imagination, le jugement sont sous la dépendance presque exclusive des émotions du moment. Voit les choses et les gens suivant l'état actuel de son cœur ; ne songe pas à ce qui ne la séduit pas ; le passé est pour elle presque aboli, du moment qu'il ne la touche plus : j'ai relevé chez elle des exemples d'oubli qui vont presque jusqu'à l'inconscience. Une intelligence intuitive assez vive et assez souple, du reste ; mais manque de bon sens, d'ordre dans les idées, de mesure et de tact, de fermeté et de stabilité.

Peu d'activité spontanée, de l'indolence même ; mais capable de danser toute une nuit, de patiner tout un jour ; ne faisant que ce qui lui plaît, et allant vite à l'excès. Des impulsions violentes, parfois tenaces, au service desquelles elle peut mettre beaucoup de souplesse et de rouerie câline. Mais pas de volonté réfléchie, froide, persévérante ; pas de suite dans la conduite, pas d'esprit d'ordre, ni pour l'ensemble, ni pour le détail. Abandonnant tout d'un coup : des volte-face subites, des coups de tête ; pas précisément fausse ou fourbe, et pourtant un caractère sur lequel il n'y a pas de fonds à faire, parce que la direction, la maîtrise de soi lui font complètement défaut, parce qu'elle se laissera toujours emporter par son cœur ou son tempérament et ne soumettra jamais sa vie à des principes arrêtés et immuables.

M. X... (Portrait X). Voici maintenant un type très supérieur du même groupe. — C'est un émotif, mais dont les émotions ont un caractère infiniment moins personnel : elles sont essentiellement d'ordre altruiste, ou social, ou idéal. Pas de trace d'égoïsme : affectueux, enthousiaste, généreux jusqu'à la duperie, confiant jusqu'à la naïveté; épris de littérature, de science, de justice sociale. Et tout cela avec exubérance. — Intelligence supérieure, vive, pénétrante, ingénieuse, riche, originale, mais un peu encombrée d'idées, manquant un peu d'ordre et de méthode, poussant dans toutes sortes de direction, capable néanmoins de s'attacher d'une façon exclusive et pendant longtemps à un certain ordre d'études, avec quelque chose d'excessif précisément dans son emballement et son exclusivisme ; des poussées et des soubresauts. N'a pas, au plus faible degré, le sens de la vie pratique. — De l'activité spontanée, aime le mouvement, a du ressort, est entreprenant, volontiers jusqu'à l'agitation. Nulle fermeté de volonté ; imprévoyance et insouciance ; c'est un impulsif aussi, mais un impulsif conscient, qui se rend compte de sa faiblesse de vouloir et en prend son parti, et se laisse aller, si l'on peut dire, par principe. Pourra être entêté par accès, pour de petites choses, et cédera, dans des circonstances graves, à la première sollicitation : n'a pas de volonté de résistance et s'accommode très volontiers de n'être pas maître de soi.

C'est dans ce groupe que je rangerais des hommes comme B. Cellini, J.-J. Rousseau, Byron, Mozart, Musset, Berlioz, etc.

3° *Les Passionnés.* — Chez quelques-uns des individus que nous venons de citer, en particulier chez B. Cellini ou chez Berlioz, nous voyons apparaître une violence, une fougue du désir qui les rapproche singulièrement des passionnés. Ils forment transition. Les vrais passionnés se distinguent en effet par certains caractères sur lesquels il est nécessaire de s'entendre. Ce qui fait la passion, ce n'est pas seulement l'ardeur, la force des tendances; c'est surtout la prépondérance et la stabilité d'une certaine tendance exaltée à l'exclusion et au détriment des autres. La passion, c'est une inclination qui s'exagère, surtout qui s'installe à demeure, se fait centre de tout, se subordonne les autres inclinations et les entraîne à sa suite. La passion est, comme on l'a dit, dans le domaine de la sensibilité ce qu'est l'idée fixe dans celui de l'intelligence. Sans doute, pour être un véritable passionné, il n'est pas nécessaire de n'avoir eu dans sa vie qu'une seule passion, qui ait imposé à toute l'existence une sorte d'unité absolue, encore qu'elle soit pour ainsi dire extérieure et subie. Il est des hommes chez qui plusieurs grandes passions ont pu se succéder ou même, quoique plus rarement, coexister; mais nous ne rencontrerons pas dans cette classe ce quelque chose de tumultueux, de désordonné, d'incohérent dans l'impétuosité qui caractérice les émotifs-impulsifs, même quand ils paraissent ressembler étrangement au type que nous avons maintenant à décrire.

Le Passionné est donc un homme dont la sensibilité profonde, ardente s'emporte tout entière en un sens défini, avec plus ou moins de fièvre, de bouillonnement intérieur, de saccades violentes, ou au contraire de continuité dans le développement et d'unité, de permanence, dans la fougue elle-même. C'est le tempérament des amours et des haines puissantes et exclusives. Ces hommes sacrifient tout à leur passion, en deviennent plus ou moins les esclaves. Ils peuvent être lents à s'émouvoir, mais leur impressionnabilité est lente aussi à changer, elle est tenace et profonde et durable; elle est beaucoup moins affectivité, aptitude à être ébranlé, que tendance, appétit, désir. Pour les juger d'ailleurs, il est nécessaire de tenir compte de la nature même, de la qualité de leurs passions : il en est qui ne sont que des brutes violentes et imbéciles, il en est d'autres qui, au service de passions égoïstes encore, mettent une intelligence supérieure, il en est enfin dont les passions sont essentiellement généreuses, désintéressées, altruistes ou idéales.

L'intelligence, ai-je dit, peut être très diversement développée ; mais elle présente toujours comme une physionomie commune. Cette physionomie, nous avons essayé ailleurs de la préciser ; je n'en rappelle ici que les traits principaux. L'imagination, en général assez développée, est concrète et ardente, avec une certaine partialité, un certain manque de souplesse ; elle n'est pas volontiers contemplative. La pensée abstraite, logique, méthodique, prudente, circonspecte, se rencontre rarement chez les hommes de cette classe ; elle peut avoir une très grande vigueur, mais elle a des préventions, des prédilections, des exagérations qui dénotent un défaut grave de réflexion froide et de pondération. — L'activité est d'ordinaire puissante, énergique, mais violente, emportée, fougueuse, dominée par l'intensité même de la passion. Les passionnés sont capables de puissants efforts et d'une ténacité remarquable. L'excès d'impulsion donne à leur volonté quelque chose de vibrant et d'énergique, mais en même temps supprime en grande partie le pouvoir de contrôle et d'arrêt. Ils sont faits pour dominer les autres beaucoup plus que pour se dominer eux-mêmes.

On pourrait distinguer diverses variétés au sein de cette espèce, et d'après l'élévation de l'intelligence, et d'après la somme d'énergie active, et surtout d'après la nature des passions. Les deux variétés essentielles seraient, comme je l'ai dit : les *égoïstes* et les *altruistes*. — Mais nous avons toujours en somme un même type fondamental de caractère.

Je ne sens pas ici la nécessité de présenter un portrait anonyme, car ce groupe est riche en hommes célèbres : ce sont ceux que M. Ribot appelle les héros fougueux : hommes de guerre, grands prédicateurs, ou apôtres, révolutionnaires, orateurs, écrivains, artistes ou poètes ; — c'est Alexandre et Napoléon, Pierre l'Ermite et Luther, saint Vincent de Paul ou Savonarole et Danton et Mirabeau, et Vallès et Lamennais et Michel-Ange et Alfiéri, et vingt autres dont le nom vient à la mémoire de tous.

C. *Les Intellectuels.* — Il est des hommes chez qui la vie psychique entière semble se concentrer dans l'intellection. Les idées sont pour eux la seule chose importante : ils vivent pour elles et par elles. L'intelligence chez eux, non seulement s'organise en un système distinct, mais devient le système prépondérant et dominateur ; ils prendraient volontiers pour devise et pour formule ce mot de Buffon : « notre âme ne nous a été donnée que pour connaître. » Ce sont les Intellectuels, j'entends les intellectuels-exclusifs, les intellectuels purs. Ils ne manquent pas nécessairement de sensibilité et d'activité, mais elles semblent s'être concentrées dans le cerveau. — Schopenhauer les nomme des *monstra per excessum,* mais cette monstruosité n'est pas plus extranaturelle que celle d'un de ces grands ambitieux qui ont bouleversé l'univers. — On les pourrait subdiviser, d'après le tour d'esprit de chacun, l'objet particulier de leurs études, en concrets et abstraits, observateurs, systématisateurs, déductifs. — J'ai préféré les diviser en affectifs et spéculatifs ; et le premier groupe se subdiviserait lui-même en dilettanti et passionnés, ces distinctions me paraissent résulter des relations existant entre l'intelligence et la sensibilité. Le dilettante est celui qui, dans le jeu des idées, cherche le plaisir même qu'il y a à se prêter à toutes les formes de la pensée; c'est à sa manière un sensuel. Le spéculatif poursuit la vérité pour la vérité même; il cherche, pourrait-on dire en retournant le mot de Pascal, les choses et non la recherche des choses. Enfin il peut se passionner pour cette possession du savoir au point de sacrifier aux choses de l'esprit, au besoin de connaître, tout ce qui charme et attire les autres hommes.

Il s'en faut donc de beaucoup que l'intellectuel soit nécessairement un apathique. Sans doute il peut se faire, en vertu même de cette loi de balancement qui régit l'âme comme le corps, que le développement de l'intelligence se fasse au détriment de la sensibilité et de l'activité. Surtout il arrivera que la pensée, étendant son empire sur tout l'organisme psychique, refrène et modère les élans tumultueux de la sensibilité et, donnant à l'âme le calme et la sérénité, paraisse créer une sorte d'apathie supérieure et acquise. Mais la domination que peut exercer l'intelligence n'est nullement exclusive d'une sensibilité forte, d'une énergie puissante. Seulement il est à penser qu'elles prendront une tournure et une direction particulières. L'agitation vulgaire et extérieure et contingente disparaîtra pour faire place à des sentiments plus hauts, à des joies plus austères et moins périssables, à une activité plus intérieure, mais non moins féconde.

1° *Les Intellectuels-Affectifs.* — Faute d'un meilleur mot, j'appelle ainsi ceux chez qui l'activité intellectuelle tout en étant prépondérante apparaît comme pénétrée pour ainsi dire de sensibilité, comme ne se développant ainsi que parce qu'elle est par elle-même source de plaisirs sans cesse renouvelés ou objet de passion inassouvie. D'où les dilettanti et les passionnés.

a. Les dilettanti. On a si souvent analysé le dilettantisme de Renan qu'il semble le représentant le plus caractéristique de cette variété : et on y a tant insisté que cela ne me paraît qu'à moitié exact. Il entre pourtant bien dans cette catégorie où je rangerais volontiers aussi des hommes comme Léonard de Vinci peut-être, et à coup sûr Montaigne et Bayle.

Voici un homme que je connais et qui est un représentant moyen de ce type.

M. X... (Portrait XI). C'est un esprit avisé, ouvert et curieux ; d'une curiosité universelle, s'intéressant aussi volontiers aux choses de l'art, de la poésie qu'à celles de la science. Liseur infatigable, sachant beaucoup, apprenant beaucoup, pour le plaisir de lire, de savoir et d'apprendre. C'est le seul goût vif que je lui connaisse, mais il le porte à un rare degré. Ce n'est pas d'ailleurs une intelligence puissante, capable de construire de nouveaux systèmes, de poser les questions d'une façon originale, de laisser même une œuvre solide. Il ne songe guère à tirer parti de ses connaissances : il y trouve simplement son plaisir. — De tempérament calme et d'humeur égale, il pourrait au premier abord passer pour un apathique aimable. Ni vif, ni émotif, ni expansif, ni irritable ou susceptible c'est le modèle du galant homme et de l'homme du monde. Possesseur d'une jolie fortune il n'a pas eu besoin de rechercher une occupation pratique, et je suis convaincu qu'il y eût peu réussi s'il lui avait fallu beaucoup d'activité et d'énergie. Sa volonté n'a jamais trouvé d'occasions graves pour s'exercer ; elle est assez faible en somme, s'accommode facilement de toutes choses pourvu qu'il puisse se livrer à sa distraction favorite.

b. Les passionnés. — Ils ne se confondent pas avec les passionnés proprement dits, la passion purement intellectuelle qui les anime étant d'une nature toute spéciale et ayant des effets très particuliers. Bordas-Demoulin et ce Mentelli dont j'ai déjà parlé sont des expressions remarquables de cette variété. (Voir F. Huet, *Histoire de la vie et des ouvrages de Bordas-Demoulin*, et Descuret, *Médecine des Passions*.)

2° *Les Spéculatifs*. — Ce sont les grands intellectuels, les intelligences souveraines. Je me borne à citer au hasard du souvenir Cuvier, Gibbon, Kant, Helmholtz, Spinoza, Wœpke, Ampère. — « A quoi sert le monde ? » disait ce dernier. « A donner des pensées aux esprits. » Et M. Fouillée qui cite cette parole, ajoute : « Voici l'intellectuel et sa vision de l'univers. Ce même Ampère, peu de temps avant sa mort, discutait philosophie avec un de ses amis, et comme ce dernier lui conseillait de ménager ses forces et sa santé : « Ma santé ! s'écria-t-il, il s'agit bien de ma santé ! Il ne doit être question entre nous que de ce qui est éternel. » (*Tempérament et Caractère*, p. 153.) Et si l'on veut voir comment la sensibilité et la volonté peuvent être transformées et pour ainsi dire transfigurées par une pensée qui ne s'attache qu'aux choses éternelles, on n'a qu'à relire la biographie de celui que Schleiermacher appelait « le grand, le saint Spinoza ».

D. *Les Actifs*. — A l'encontre de M. Fouillée, je considère les actifs comme constituant un genre à part et qui se distingue des volontaires. Ce genre, M. Ribot me semble l'avoir excellemment décrit : tendance naturelle et sans cesse renaissante à l'action; ressemblant à des machines solides, bien munies d'énergie potentielle, vivant surtout extérieurement; surabondance de vie; gais, entreprenants, expansifs, hardis, audacieux, téméraires, en général optimistes, parce qu'ils se sentent assez de force pour lutter contre les obstacles, les vaincre, et parce qu'ils prennent plaisir à la lutte. Le besoin d'agir, de se dépenser, voilà ce qui est dominant chez eux. « Considérez, écrit M. Ribot, un petit marchand, sans esprit, sans culture, appartenant à ce type : il se dépense en allées et venues, offres de service, bavardage sans fin ni trêve ; ce n'est pas le seul appât du gain qui le soutient ; c'est sa nature qui le pousse ; *il faut* qu'il agisse. Mettez un sensitif à sa place, il ne fera que le strict nécessaire ou ce qui l'intéresse. » (Ribot, *Article cité*, p. 493.)

Chez les actifs la sensibilité est en général, nous venons de le voir, tournée vers le plaisir ; elle est expansive et mobile. Ce ne sont pas des émotifs, ce ne sont pas non plus de purs sensitifs, bien qu'ils se rapprochent parfois de ces derniers. Ce qui les en distingue c'est que l'activité chez eux vit d'elle-même, n'est pas subordonnée à la sensibilité, n'en attend pas les impulsions, mais semble au contraire les prévenir.

L'intelligence qui peut être, tantôt très médiocre, tantôt très élevée, pèche toujours par un défaut de réflexion, de méditation ; elle est un peu capricieuse et dispersive, insuffisamment calculatrice et spéculative. Pour agir vite, il ne faut pas trop comparer les motifs et les mobiles, il ne faut pas trop considérer surtout les raisons de s'abstenir. Aussi les vrais actifs n'ont-ils jamais le souci de ce qu'ils ne peuvent atteindre, de l'idéal ; ils se soucient peu de subtiliser ; ils ont le mépris de l'idéologie. Ils manquent de vie intérieure, précisément parce qu'ils ne vivent que pour l'action, pour le dehors.

Et cela donne à leur existence un caractère très remarquable de légèreté. Je veux dire par là que leur vie ne se déroule pas avec un enchaînement logique et progressif ; ils n'en relient pas les divers moments par une série de méditations ; elle ne se prolonge pas, elle recommence sans cesse ; l'expérience les instruit peu, parce qu'ils ne retiennent d'elle que ce qui peut les engager à agir encore. Leur volonté présente donc des lacunes graves. Ils veulent pour ainsi dire au jour le jour, et leurs volitions forment une succession et non pas une série continue : leur volonté et par conséquent leur caractère manque de cette unité intérieure (*idem velle, idem nolle*) dont les stoïciens faisaient la condition essentielle de la force morale.

Suivant que cette activité est plus ou moins puissante, qu'elle revêt des aspects différents dans sa façon de se dépenser, qu'elle est unie à une intelligence faible ou remarquable, nous avons affaire à des variétés diverses de ce type : les *médiocres*, les *agités*, les *grands-actifs*.

1° *Les actifs-médiocres*. — Ce sont ceux dont l'activité, encore que robuste et riche, ne se dépense pas avec une grande vivacité, et n'est pas mise au service d'une intelligence bien développée. La sensibilité chez eux est médiocrement impressionnable ; les émotions sont rares et fugitives ; ils conservent perpétuellement une égalité de bonne humeur assez terne et un peu molle. Ils manquent d'enthousiasme et d'exubérance. Leur intelligence est routinière et monotone. Leur volonté pèche par défaut d'originalité et de personnalité, de suite et de ténacité ; ils se laissent volontiers conduire et agissent pour agir, par besoin avant tout, et dans la direction qui se présente ou qu'on lui indique.

M. X... (Portrait XII) est bien un de ces hommes. C'est un homme facile à vivre, bon garçon, pas précisément enjoué et rieur et boute-en-train, mais de belle santé et de belle humeur, ne s'inquiétant pas, ne se troublant pas, ne perdant pas facilement son sang-froid. Passablement égoïste, peut-être tout simplement parce qu'il lui faudrait un grain de nervosité de plus : un agréable compagnon au demeurant, nullement contrariant, nullement susceptible ou irritable. — L'intelligence est moins que brillante ; il n'a jamais eu grand goût à le cultiver ; il n'aime point discuter, ne s'intéresse guère aux choses de la science, de l'art, de la littérature, de la politique : quelques idées peu originales, peu profondes, peu larges, peu variées lui suffisent à cet égard. Il ne manque pas de sens pratique et positif. — C'est un actif : il aime le mouvement, l'occupation, monte à cheval, chasse, fait de l'escrime, s'adonne à tous les exercices du corps, a le goût des voyages, le tout sans emportement, sans frénésie, comme si c'était un métier auquel il se serait consacré. — La volonté chez lui manque de relief ; il se décide vite, ou du moins ne délibère pas longtemps, mais accepte presque toujours ce qu'on lui propose, n'est ni persévérant, ni tenace, est un homme d'habitudes beaucoup plus que de principes.

2° *Les Agités.* — Ici apparaît une forme très différente d'activité, que nous avons eu précédemment à décrire. Voici des hommes qui entreprennent mille choses, quitte à n'en achever aucune ; ils sont toujours en quête de projets nouveaux ; ils vont, viennent, ne peuvent se fixer, brassent des affaires, changent de but, de métier. Leur activité n'en est pas plus féconde, bien au contraire ; mais ils s'étourdissent et étourdissent les autres : le rôle de mouche du coche leur convient à merveille. — Les désirs et les sentiments sont vifs mais très superficiels ; ils se prennent et se déprennent, s'intéressent aux choses et n'y songent plus ; sont toujours gesticulant, riant, plaisantant ; amis universels, disposés à rendre service à tout le monde, démonstratifs et bruyants, mais sur lesquels il ne faut pas compter : ils sont tellement occupés qu'ils vous oublient dès que vous n'êtes plus là, pour se mettre à la disposition d'un autre. — D'esprit brouillon, bien que parfois amusants dans leur vivacité primesautière ; passant d'une idée à une autre, distraits et dissipés. — Leur volonté présente les mêmes caractères : elle est instable et dispersée ; leur existence pourrait être figurée par une série de lignes brisées se succédant à peu près au hasard.

Je ne crois pas nécessaire de donner ici un portrait individuel, les traits que je viens de rassembler étant précisément empruntés presque tous à une personne qui me paraît un exemplaire à peu près typique de cette espèce de caractère. Il ne serait pas impossible d'ailleurs de trouver dans l'histoire des noms à citer ici, et qui seraient des représentants éminents de cette espèce, Law, par exemple, et Beaumarchais.

3° *Les grands actifs*. — Chez ceux-ci l'activité apparaît à la fois plus puissante et plus régulière, plus continue ; le besoin d'agir ne se dépense pas sans but ou pour mille buts. Ils combinent avec une intelligence plus ou moins puissante et raffinée les moyens nécessaires à la réalisation de leurs projets, qu'ils poursuivent avec hardiesse et persévérance. Ils s'intéressent sans doute vivement à ce qu'ils entreprennent, mais ce ne sont pas pourtant des hommes de grande sensibilité, ce ne sont pas des passionnés : parfois même ils semblent des sortes d'apathiques partiels. De même encore ce ne sont pas nécessairement de grands volontaires ; ils sont capables d'une énergie singulière dans l'accomplissement de leur œuvre, et peuvent être de volonté indécise et faible dans tout ce qui lui est étranger. Leur témérité témoigne même souvent d'une certaine absence de sang-froid réfléchi et de possession de soi. C'est à ce groupe qu'appartiennent, dit M. Ribot, « les *conquistadores* du xvi⁰ siècle, ces capitaines espagnols (F. Cortez, Pizarre) dont les expéditions ressemblent à un roman, qui, avec une poignée d'hommes hardis comme eux, renversent les grands empires du Mexique et du Pérou et apparaissent aux vaincus comme des dieux ». J'ai connu un homme, qui depuis s'est fait un nom comme explorateur, et que je retrouve dans mes souvenirs à peu près tel que voici :

M. X... (Portrait XIII). Un grand garçon en apparence assez mou, indifférent et calme, d'air un peu ennuyé : c'est qu'aussi bien au lycée, où nous étions, son goût de l'action, des voyages ne trouvait guère à se satisfaire. Peut-être aussi ce goût sommeillait-il encore en lui ; déjà pourtant il rêvait d'aventures. Il ne me parut alors de sensibilité ni très impressionnable, ni très ardente. Les études classiques ne le séduisaient pas vivement, bien qu'il fût d'intelligence assez ouverte et vivante. Sorti du lycée il trouva sa voie, bien qu'il prît pour gagner l'Afrique un chemin d'abord singulièrement détourné. Il se prit de passion pour les voyages, mena pendant quelque temps une vie assez aventureuse et bizarre, partit pour l'Afrique un peu par hasard et dès lors ne songea plus qu'à se livrer à cet attrait irrésistible qu'exerçait sur lui le continent noir. Il y a fait plusieurs explorations remarquables et y a trouvé la mort.

E. *Les Tempérés.* — Jusqu'à présent, nous avons étudié des types caractérisés par la prépondérance nettement accusée d'une certaine fonction de la vie psychique. Nous rencontrons maintenant des hommes chez qui ce qui frappe au premier abord c'est au contraire un juste équilibre entre ces diverses fonctions. Et c'est là une forme de caractère qui me paraît aussi naturelle et aussi typique que celles qui proviennent d'une rupture d'équilibre. Les hommes de ce genre se subdivisent tout naturellement en plusieurs espèces : 1° suivant que l'équilibre est pour ainsi dire plutôt spontané et primitif ou au contraire acquis et dans une certaine mesure artificiel ; 2° suivant que les fonctions qui se tempèrent mutuellement et s'organisent entre elles sont ou médiocres ou puissantes. — C'est ainsi que je crois pouvoir distinguer : les *amorphes* et les *équilibrés supérieurs*.

1° Les *amorphes*. — C'est l'équilibre dans la médiocrité ; ils se distinguent des apathiques en ce qu'ils n'ont même pas leur force de résistance et d'inertie. M. Ribot, qui refuse d'en faire des caractères, les dépeint excellemment : « En eux, rien d'inné, rien qui ressemble à une vocation ; la nature les a faits plastiques à l'excès. Ils sont intégralement le produit des circonstances, de leur milieu, de l'éducation qu'ils ont reçue des hommes et des choses... Ils sont ceci ou cela, au gré des circonstances. Le hasard décide de leur métier, de leur mariage et du reste : une fois pris dans l'engrenage, ils font comme tout le monde ». — Ils peuvent devenir « table ou cuvette », mais jamais « dieu ». — C'est le moins intéressant peut-être, ce n'est pas le plus rare des caractères : on n'a qu'à regarder autour de soi pour trouver des gens de cette sorte ; c'est d'eux que l'on dit : c'est « une bonne pâte d'homme ». On en rencontre à tous les degrés de l'échelle sociale, dans toutes les professions et ils y ont leur utilité : on en obtient ce qu'on veut, à condition de ne leur demander qu'une bonne volonté assez molle, une application sans

vigueur, une intelligence assez bornée, une initiative nulle.
— Je n'ai évidemment pas de noms propres à citer, si ce n'est peut-être quelque royal personnage dans le genre de Louis XVI. Je ne vois pas de nécessité de donner un portrait, qui ne serait guère qu'une répétition monotone du mot : médiocre.

2° Les *équilibrés supérieurs*. — Nous passons du groupe précédent à celui-ci par toute une série de degrés intermédiaires sur lesquels je n'ai pas à insister : une classification ne doit pas s'arrêter aux cas douteux ou ambigus, aux formes transitoires, mais dégager plutôt les formes nettes et fortement différenciées. — Chez les équilibrés-supérieurs l'harmonie se concilie avec la plénitude et la richesse de la vie psychologique dans toutes ses fonctions : c'est la modération dans la force. La sensibilité peut être fine et douée d'une certaine impressionnabilité forte et même d'une certaine ardeur ; mais elle ne s'épanche pas avec brusquerie et violence ; accessible à un très grand nombre de sentiments, elle trouve dans son étendue même et son élévation les conditions de son équilibre. L'intelligence est souple et variée, capable de s'intéresser à une foule de choses ; de la promptitude et de la netteté ; de la sûreté et un grand amour de la clarté ; beaucoup de modération plutôt encore que de force dans la pensée. Activité persévérante et réglée, de la patience et du calme, une énergie tranquille et éclairée, bien consciente de ses ressources, sans impétuosité fiévreuse, sans vibrance exagérée, mais puissante, nette dans ses déterminations, bien arrêtée dans ses fins et dans ses motifs.

Avec des nuances différentes et une légère prépondérance peut-être tantôt de la sensibilité, tantôt de l'intelligence, tantôt de l'activité, je retrouve cette forme de caractère chez

Raphaël et chez Gœthe, chez Descartes et Montesquieu, chez Buffon et chez Michel de l'Hospital ou Hampden.

Tel, par exemple, Buffon, dont M. Faguet nous donne le portrait que voici : « Le fond de ce tempérament, c'est l'énergie tranquille, la patience, la lucidité, et la fierté sans inquiétude, c'est-à-dire sans vanité... La qualité essentielle de Buffon, c'est la bonne santé. Personne n'a eu, appuyée sur une robuste constitution physique, une plus magnifique santé morale. Il n'a vraiment pas connu les passions. Ce que, dans sa vie, on peut, à la rigueur, appeler de ce nom, n'est que caprices, délassements, ou plutôt distractions d'un tempérament vigoureux. Il n'a jamais ni brigué, ni tracassé, ni demandé, ni exigé. Jamais il n'a été irrité, jamais il n'a été jaloux. Son dédain vrai des critiques est quelque chose d'admirable. Il n'a pas fait attention même aux louanges ; car, une fois pour toutes, il s'était accordé très franchement celles dont il se jugeait digne, et l'on eût été mal venu tout autant de les surfaire que d'en retrancher... Une chose humaine est inconnue de cet homme, c'est l'inquiétude. Il a trouvé la vie admirablement bonne... On définit avec netteté par les contraires. Songez à Pascal pour comprendre Buffon. Ce sont les antipodes. Ici le malade, le passionné, l'éternel inquiet et l'éternel effrayé. Là le parfait équilibre, la puissance calme, le regard tranquille, le travail facile et régulier, la parfaite sérénité d'esprit et d'âme. » (E. Faguet, *Dix-huitième siècle*.)

F. *Les Volontaires*. — Il y a des hommes enfin chez qui ce qui est dominateur c'est la volonté même. Elle y apparaît, non plus comme un pouvoir subordonné, comme un élément conditionné, mais comme le principe supérieur, le ressort capital auquel tout le reste se soumet plus ou moins complètement, duquel tout le reste dépend et reçoit son impulsion et sa direction. Ce sont proprement les volontaires, qui se présentent eux-mêmes sous deux aspects principaux, selon que la volonté s'y manifeste plutôt sous sa forme inhibitrice, ou sous sa forme agissante : d'où nos deux variétés : les Maîtres de soi, les Hommes d'Action. Il va de soi d'ailleurs que ces deux éléments constitutifs de la volonté ne sont jamais séparés l'un de l'autre et c'est pourquoi je distingue l'homme d'action de l'actif proprement dit. C'est pourquoi aussi il y a un certain nombre d'hommes qui sont à la fois de grands hommes d'action et des maîtres de soi, Wellington par exemple, pour ne citer que celui-là. Il est inutile enfin de faire observer que leur nature primitive peut être très diversement riche et puissante. Il y a, de l'une et l'autre de ces deux catégories, des représentants assez effacés, d'autres très supérieurs.

1° Les *Maîtres de soi* sont ceux qui emploient plus particulièrement leur énergie à se dominer, à se surveiller, à acquérir sur leurs passions un empire toujours plus complet. Si la sensibilité est naturellement ardente, ce gouvernement de soi suppose une lutte qui peut être sans cesse renaissante ; aussi sent-on chez eux comme un constant effort, quelque chose de contenu, le souci constant de se refréner ; d'où parfois comme une sorte d'angoisse, une réserve un peu froide, de la défiance, une fierté un peu ombrageuse, quelque chose de hautain, mais avec cette nuance particulière qui ne se rencontre que dans les âmes hautes. Ils peuvent d'ailleurs, si la nature était moins rebelle, ou si la victoire a été plus définitive, arriver à un équilibre d'une nature spéciale que j'appellerais volontiers la pondération acquise ou voulue.

Comme exemples je puis citer J. Reynaud et J. de Maistre, comme aussi Mme Swetchine et P. Mérimée, ou encore Épictète et Franklin.

Ce qui frappe le plus dans le caractère de J. de Maistre, tel qu'il se révèle surtout par ses lettres intimes, c'est une volonté constante de se surveiller, de se soumettre à de certains principes qu'il s'est faits ou qu'il a acceptés, mais qu'il veut immuables. Sa nature n'est pas de même espèce que son caractère. Il a une sensibilité vive, ardente et emportée même, impressionnable et irritable; le cœur est chaud, l'affection énergique, et on sent qu'il surveille son cœur. « Allez bravement votre chemin, mon cher Rodolphe, écrit-il à son fils. Vive la conscience et l'honneur! Jamais vous ne trouverez dans mes lettres ni craintes ni lamentations. Tout cela sans préjudice de ce qui se passe dans mon cœur. » — « Il est toujours bon de se surveiller », écrit-il ailleurs; et encore : « Je fais consister *la* prudence, ou *ma* prudence bien moins dans l'art de cacher ses pensées que dans celui de nettoyer son cœur, de manière à n'y laisser aucun sentiment qui puisse perdre à se montrer. » — C'est là ce qui nous explique que son intelligence paraisse au premier abord en contradiction presque avec son cœur: « Il était très bon, a-t-on dit, et il a fait un système méchant. » (E. Faguet.) C'est qu'il s'attache à des principes et que, dans le domaine des principes, il va jusqu'au bout, en tire avec une rigueur étrange toutes les conséquences qui lui semblent en découler; et en théorie il est intransigeant, outrancier, violent même, car y il voyait un devoir impérieux, il y mettait son honneur et sa fierté. « Je continuerai toujours à dire ce qui me paraît bon et juste, sans me gêner le moins du monde. C'est par là que je vaux, si je vaux quelque chose. » —

Cette volonté très ferme et très réfléchie, il l'appliquait surtout à se dominer. L'action proprement dite en souffre même d'une façon assez frappante. D'une prudence très calculatrice dans la préparation, d'une volonté très arrêtée, très hardie dans les décisions de principe, capable d'une très grande persévérance, il reste souvent hésitant dans l'action, irrésolu même, dans les petites circonstances de la vie pratique, lorsque son devoir, tel qu'il le conçoit, n'est pas en jeu. Et c'est en ce sens, je crois, qu'il faut prendre des passages de sa correspondance comme ceux-ci : « L'action me manque... Je voudrais vouloir, mais je finis toujours par penser... Je ne sais pas agir, je passe mon temps à contempler[1]. »

Dans la même catégorie, comme type plus particulièrement de ceux qu'on pourrait nommer les *pondérés*, voici un homme dont je voudrais très brièvement esquisser la physionomie morale.

(Portait XIV.) — Sensibilité vive et expansive, modérée par l'intervention habituelle de la réflexion et des tendances morales ; altruisme et générosité, bienveillance et bonté ; goûts esthétiques et moraux délicats ; droiture et sincérité ; de la fierté sans vanité et sans hauteur. — Intelligence naturellement fine, souple et ingénieuse, ouverte et franche, amoureuse de netteté, voyant les difficultés et les objections, très modérée et très réfléchie, avec plus de charme et de grâce que de profondeur, remarquable surtout par un souci constant de mesure, de justesse et de justice.

L'activité naturelle et physique est plutôt médiocre : le

---

1. Lettres et opuscules inédits du comte J. de Maistre, publiés par son fils le comte Rodolphe de Maistre, 2 vol. — Cf. Paulhan, *J. de Maistre et sa Philosophie*.

tempérament est maladif. Mais l'énergie morale est grande ; la volonté est ferme, persévérante, bien déterminée par des motifs attentivement pesés et appréciés, sans emballements ni entêtements irréfléchis, capable toutefois d'aller au but fixé malgré qu'il en coûte et de sacrifier ses intérêts à sa dignité et à ses convictions. Plus disposée d'ailleurs à réaliser en soi un certain idéal moral, d'harmonie autant que de force, à acquérir la sérénité du sage, que tournée vers l'activité extérieure, individuelle ou sociale.

2° *Les Hommes d'action.* — Je les ai caractérisés, en somme, en en distinguant ceux que j'ai désignés sous le nom de maîtres de soi et de pondérés. C'est dans cette classe que nous devrons faire entrer tous les individus qui ont su poursuivre sans défaillance et avec une énergie tranquille le but qu'ils s'étaient fixé. Ils peuvent être, sans doute, plus ou moins intelligents, par là même s'être proposé des fins plus ou moins hautes ; ils peuvent avoir restreint leur activité et leur fermeté et leur persévérance dans les limites de leur fonction sociale assez humble ou les avoir portées dans le domaine de la vie publique ; dans tous les cas ce sont des caractères d'une trempe supérieure, ce sont vraiment des hommes. Ils peuvent, d'ailleurs, avoir les défauts de leurs qualités, être de caractère rude et impérieux, autoritaires et sévères aux autres, d'honnêteté obstinée et non sans sécheresse et sans dureté, avoir ainsi de la raideur et je ne sais quoi d'étroit ; ils peuvent ne pas inspirer la tendresse, ne pas se faire aimer, mais ils commandent le respect ; on sent qu'on peut compter sur eux et qu'on doit compter avec eux. Je me borne à en citer quelques-uns et juste assez pour fixer les idées : Bernard Palissy et Washington, ou encore Harrisson et Guizot.

Cette classification paraîtra sans doute à quelques-uns trop compliquée, à d'autres trop simplifiée et n'enserrant pas dans ses cadres l'infinie complexité de la nature. Elle serait assez large et assez restreinte à la fois, si tous les divers caractères que l'observation permet de constater, pouvaient en somme entrer dans quelqu'une de ces divisions et subdivisions, et si chacun des types que nous avons décrits paraissait assez nettement différencié de tous les autres. — Pour permettre de l'embrasser plus aisément d'un seul coup d'œil, nous devons la présenter en un tableau schématique, où nous indiquons les genres, les espèces et seulement les variétés essentielles.

Les Apathiques.	Apathiques-purs. Apathiques-intelligents, les calculateurs. Apathiques-actifs.		
Les Affectifs.	Sensitifs.	Sensitifs-passifs. Sensitifs-vifs.	
	Émotifs.	Émotifs-mélancoliques. Émotifs-impulsifs.	
	Passionnés.		
Les Intellectuels.	Les Intellectuels-affectifs.	Dilettanti. Passionnés.	
	Les Spéculatifs.		
Les Actifs.	Actifs-médiocres. Agités. Grands-actifs.		
Les Tempérés.	Amorphes. Equilibrés-supérieurs.		
Les Volontaires.	Maîtres de soi.	Les types de lutte. Les pondérés.	
	Hommes d'action.		

Avant de clore ce chapitre, nous devons prévenir deux objections qui semblent se présenter spontanément à l'esprit au sujet de cette classification. Il faut rappeler en premier lieu que nous avons délibérément écarté les cas nettement pathologiques et que nous n'avons voulu décrire et classer que les caractères normaux[1]. Ensuite il apparaît manifestement que le dernier genre que nous avons compté, n'est pas *naturel* au même sens et au même titre que les autres. Chez les Volontaires, le caractère n'est pas primitif et inné comme chez les Apathiques ou les Affectifs par exemple ; il est quelque chose d'acquis. Mais nous devions examiner les hommes tels qu'en fait ils se présentent à nous, sans rechercher quelles causes ont contribué à les rendre tels qu'ils sont. Nous voulions seulement montrer comment, sous l'action des lois que nous avions essayé de dégager, les divers éléments du caractère peuvent, en se combinant et se subordonnant selon des relations définies, donner naissance à un certain nombre de types suffisamment généraux et caractéristiques.

C'est maintenant seulement que nous pouvons aborder la question de savoir si le caractère est toujours un don de la nature ou s'il ne peut être une création personnelle, si, en vertu de ces mêmes lois de réaction mutuelle, sa destinée interne n'est pas de se transformer et d'évoluer, si enfin la volonté ne constitue pas une force capable d'opérer cette transformation, la force souveraine qui du caractère psychologique fait sortir le caractère moral. Ce sera là l'objet de notre troisième partie.

---

1. Voir une très intéressante classification des caractères anormaux et morbides dans le récent ouvrage de M. Ribot : *La Psychologie des sentiments*, pp. 396-413.

TROISIÈME PARTIE.

LA FORMATION DU CARACTÈRE.

CHAPITRE PREMIER.

L'ÉVOLUTION DU CARACTÈRE.

L'essence même du caractère c'est de se transformer. A cette formule : tout vrai caractère est immuable, nous opposons sans hésiter celle-ci : tout caractère est non seulement modifiable, mais en voie perpétuelle d'évolution. Le changement est la loi du monde mental, comme il est celle du monde physique : nous sommes tous, physiologiquement et moralement, des êtres à métamorphoses. Il est peu de vérités dont l'importance théorique et pratique soit, à notre avis, plus considérable. Nous ne demeurons pas, nous devenons. Nous parcourons une série de stades et revêtons une pluralité d'aspects si singulièrement différents parfois, que nous avons peine à nous reconnaître nous-mêmes dans l'être psychologique et moral que nous étions dix ou quinze ans auparavant. Les événements de notre passé, les passions qui nous agitaient alors, nos désirs, nos craintes, nos espoirs, nos croyances, nos efforts, nos découragements, tout cela nous apparaît si étranger à notre moi présent, que nous avons peine à croire que c'est de nous qu'il s'agit. « La mémoire le représente, mais dans une sorte de nuage ; on dirait des songes passés. » — « Le temps, dit Pascal, amortit les affections et les querelles, parce qu'on change et qu'on devient comme une autre personne. Ni l'offensant ni l'offensé ne sont plus les mêmes. C'est comme un peuple qu'on aurait irrité et qu'on reverrait après deux générations. Ce sont encore des Français, mais non les mêmes. » (*Pensées*, Ed. Havet, art. IX, XLV.) Et c'est une source profonde de mélancolie, car c'est la preuve la plus éclatante de notre misère, que cette impuissance où nous sommes, dans le cours de notre vie éphémère, de nous maintenir quelque peu au milieu de l'universel torrent : « Le temps passe, l'eau coule et le cœur oublie. »

Ces transformations, tantôt lentes au point d'être inappréciables, tantôt subites et profondes, n'atteignent pas seulement la surface mais le fond même de notre être. Ce sont les tendances, les fonctions psychiques constitutives qui se développent, voient leur nature se modifier, leur prépondérance relative varier ; ce sont aussi leurs relations réciproques, leur mode de groupement et de combinaison qui peuvent changer. L'altération porte ainsi tout à la fois sur le caractère tout entier, sur sa matière et sur sa forme. A coup sûr, je ne veux pas prétendre que tous les caractères subissent nécessairement des modifications radicales ; je dis seulement que tous sont altérables sous l'influence de mille causes et que tous, plus ou moins profondément, plus ou moins spontanément aussi, se transforment. Et quand, en apparence, le caractère ne fait que se conserver, se maintenir, sauvegarder en quelque sorte son intégrité en face de toutes les forces qui agissent sur lui, n'est-il pas légitime encore de dire qu'il se façonne, et que, selon le mot de Descartes, la conservation est ici une sorte de création continuée.

Quoi qu'il en soit à ce dernier égard, l'immutabilité est si peu la marque essentielle du caractère qu'on pourrait se demander si les types naturels de caractères ne sont pas peut-être des « types d'évolution ». Je veux dire que les fférentes espèces de caractères seraient constituées moinsdi par une combinaison stable et permanente d'éléments permanents et stables aussi, que par une sorte de loi interne de développement en vertu de laquelle se succéderaient un certain nombre de phases, de moments, déterminés dans leur nature et dans leur ordre d'apparition. Ce développement, cela va de soi, présuppose un germe dans lequel il est, en quelque manière, contenu ; mais s'il y est, en un sens, préformé, il n'y est pas formé, il n'est pas entièrement expliqué par lui ; la série des manifestations ne découle pas du caractère inné et pour ainsi parler embryonnaire, de la même façon que les conséquences dérivent du principe qui les enveloppe.

Cette évolution du caractère résulte d'une pluralité de causes qu'il est nécessaire de distinguer. On les pourrait tout naturellement diviser en causes physiques ou organiques, causes proprement psychologiques et causes sociales. Nous préférons cependant nous placer à un autre point de vue. Certaines de ces causes sont constantes, inhérentes pour ainsi dire à l'être même, opérant dans un sens qu'on peut considérer comme uniforme, réalisant ou tout au moins tendant à réaliser des effets qui sont, d'une façon très générale, de même espèce pour tous les individus : en un mot il y a là une évolution naturelle, continue, qui a sa loi, et qui apparaît elle-même sous un double aspect : évolution physiologique, évolution psychologique. — D'un autre côté, il y a des causes dont la présence est ou passagère, ou accidentelle, dont les effets par conséquent sont variables et dans une large mesure imprévisibles. Nous avons donc affaire ici à des circonstances, très diverses d'ailleurs, qui agissent en provoquant des crises plus ou moins normales ou anormales, plus ou moins lentes ou subites; plus ou moins superficielles ou profondes, plus ou moins passagères ou durables. — Ajoutons enfin que, parmi ces agents de transformation du caractère, il en est un qui, par sa nature et son importance, mérite d'être distingué de tous les autres, et auquel nous consacrerons une étude spéciale : c'est la Volonté. Nous nous bornerons, en conséquence, dans le présent chapitre, à rechercher le sens général de l'évolution naturelle que suit tout caractère normal, et à indiquer les principales crises qu'il peut traverser.

I. — *L'Évolution normale.* — De la naissance à la mort, l'être humain décrit une courbe qui, au point de vue psychologique aussi bien qu'au point de vue physiologique, présente une régularité assez remarquable pour qu'on y voie l'expression de lois constantes et suffisamment générales.

a. Évolution organique. — Il y a d'abord une évolution organique qui, bien qu'elle doive être envisagée surtout au point de vue de ses manifestations psychiques, ne peut être passée sous silence.

L'individu normal parcourt une série de périodes qu'on réduit d'ordinaire à quatre principales : enfance, jeunesse, âge viril, vieillesse. Dans chacune d'elles on pourrait d'ailleurs établir un certain nombre de subdivisions. Les physiologistes distinguent volontiers la première enfance qui va de la naissance à la première dentition (de 7 à 8 mois), et la seconde enfance qui va jusqu'à la seconde dentition (7 ans environ). Dans la jeunesse on pourrait distinguer la jeunesse proprement dite (allant jusqu'à la puberté, — environ 17 ans), et l'adolescence (depuis la puberté jusqu'à 25 ans à peu près). L'âge viril (de 25 à 60 ans) comporterait trois stades : un stade d'augment (25 à 35), une période où l'individu ayant atteint son maximum de développement s'y maintiendrait à peu près (période de *statu quo*, de 35 à 45), enfin un stade de décroissance lente. La vieillesse enfin, ou phase de dissolution, est une préparation et comme une anticipation de la mort. — Il est à peine besoin d'observer que les chiffres indiqués ici n'ont qu'une valeur très relative, qu'ils varient fort d'un sexe à l'autre[1], d'une race à une autre race, et d'individu à individu ; ils ne sont que des moyennes et ne sont indiqués ici qu'à titre d'approximation et toutes réserves faites.

Essayons d'esquisser à grands traits les principaux caractères de ces diverses périodes, au point de vue physiologique.

Pendant l'enfance, c'est la fonction de nutrition qui prédomine presque exclusivement : c'est essentiellement une période d'accroissement où l'assimilation l'emporte sur la désassimilation. Toutes les fonctions de la vie végétative sont particulièrement actives : l'activité digestive est incessante ; la circulation est plus rapide, la respiration plus accélérée qu'elles ne seront chez l'adulte ; la production de chaleur est par là même plus grande. Les tissus primitivement très

---

1. Les chiffres que nous donnons conviennent à l'homme plutôt qu'à la femme.

mous deviennent plus consistants et plus résistants; le système osseux se solidifie.

Pendant la période suivante, ce progrès se continue, mais avec une moindre énergie; les manifestations de la vie animale, qui primitivement étaient élémentaires, n'avaient pour ainsi dire ni persistance, ni résistance, se développent d'une façon remarquable; les différents organes qui se sont accrus et différenciés tendent à jouer d'une façon plus indépendante; mais tout effort exige encore prompte réparation et repos : d'où à la fois le besoin d'agitation et la mobilité de la vie sensible.

Avec l'adolescence, un changement d'orientation se manifeste : le centre de gravité se déplace. Un fait capital se produit : l'affirmation des sexes. La fonction sexuelle, la vie sexuelle prennent la place prépondérante qu'avaient occupée la vie nutritive et la vie sensitive.

Vers l'âge de 25 ans le développement extrême est atteint; l'équilibre s'établit entre les fonctions d'assimilation et les fonctions de sécrétion ; le maximum d'énergie active et motrice semble atteint; il y a équilibre entre le sang, les muscles et les nerfs, — avec prépondérance variable, suivant les individus, de la vie active ou de la vie cérébrale. Les facultés intellectuelles vont en effet atteindre leur plein épanouissement. C'est la période de conservation, qui va bientôt être suivie d'une période de dépression lente et continue.

Enfin arrive la vieillesse, caractérisée par la diminution d'énergie des diverses fonctions; les tissus deviennent plus mous, excepté les tissus fibreux qui tendent à s'ossifier; les os deviennent plus denses et plus fragiles; la digestion est plus pénible et moins complète, la circulation se ralentit, les muscles se contractent plus lentement et moins facilement;

le système nerveux devient moins irritable, les organes des sens s'affaiblissent, les fonctions cérébrales s'altèrent. D'une manière générale, il y a désharmonisation fonctionnelle, « l'homme est tout entier occupé à maintenir entre ses énergies restantes un difficile équilibre ».

Il y a ainsi évolution et régression ; cette évolution consiste vraisemblement en un passage vers une différenciation plus nette des diverses fonctions, dont chacune acquiert une vitalité plus énergique (et successivement prépondérante d'ailleurs); en même temps il y a passage vers une coordination, un équilibre mieux définis et plus exacts. La période de régression est un passage vers une activité moindre de chaque fonction (dont certaines disparaissent même plus ou moins totalement), en même temps que vers une incoordination croissante, une rupture de l'équilibre lentement acquis.

Au point de vue psychologique, on pourrait dire peut-être que cette évolution organique a pour conséquence ou du moins pour correspondant un passage progressif de l'activité organico-motrice à l'activité sensitivo-motrice et enfin à l'activité idéo-motrice, avec retour à une activité organico-motrice pénible et affaiblie.

Il ne s'agit ici, bien entendu, que du développement normal et moyen de l'être humain. Les arrêts de développement, la dégénérescence empêchent une foule d'individus de parcourir ces divers stades; mais il semble bien que c'est là leur ordre naturel et constant d'apparition. Il est évident d'autre part que le passage de l'un de ces états organiques à un autre (états si différents qu'on a voulu en faire des tempéraments successifs : tempérament colloïde, tempérament érotique, tempérament adulte, tempérament asexuel ou de conservation[1]) il est évident, dis-je, que cette succession d'états physiologiques a sur le caractère une influence considérable et par conséquent donne naissance à une évolution concordante de la vie mentale, de sorte qu'on pourrait presque soutenir que l'homme passe par un certain nombre de caractères, dont l'ordre de succession est lui-même défini et constant.

L'évolution organique nous semble donc la base de l'évolution psychologique; mais celle-ci mérite d'être décrite pour elle-même et plus attentivement.

b. Évolution psychologique. — Par là j'entends l'évolution naturelle et normale des diverses fonctions de la vie mentale, telle qu'elle se poursuit sous l'influence de lois psychologiques très générales, et abstraction faite, autant que possible, de toutes les actions perturbatrices accidentelles et intercurrentes. Ici encore il y a développement et régression, et ce double mouvement peut être poursuivi dans chacune des grandes fonctions psychiques.

Dans son savant ouvrage sur la *Psychologie des Sentiments*, M. Ribot nous fournit une précieuse contribution à l'étude de cette double loi d'évolution et de dissolution dans la sphère de la sensibilité, bien qu'il s'occupe particulièrement de l'ordre d'apparition et de disparition des *phénomènes* ou des *tendances* sensibles, instincts, inclinations, émotions, sentiments. L'évolution va du simple au complexe, de l'inférieur au supérieur, du stable à l'instable; des émotions égoïstes, aux ego-altruistes, aux altruistes, enfin aux émotions désintéressées; — la loi de dissolution suit l'ordre inverse : « Les manifestations qui sont les dernières en date

---

1. V. *Nouveau dictionnaire de médecine et de chirurgie* de Jaccoud, article : Tempérament.

dans l'évolution disparaissent les premières ; celles qui ont apparu les premières disparaissent les dernières... La dissolution va du supérieur à l'inférieur, de l'adaptation complexe à l'adaptation simple, en rétrécissant peu à peu le champ de la vie affective. » (*Op. cit.,* IIe partie, ch. xiv.) Si nous considérions, non plus la matière pour ainsi dire, mais la forme de la vie affective, les divers modes de la sensibilité, nous verrions quelque chose d'analogue. A la sensibilité mobile, superficielle, éphémère, capricieuse de l'enfance, succède une phase où l'impulsivité devient plus ardente, plus impétueuse, caractérisée par la vivacité plus grande des émotions et des passions. Puis s'opère une sorte de tassement, ou plus exactement un équilibre supérieur entre les diverses sortes d'émotions et d'inclinations qui s'opposent et s'organisent, forment des synthèses plus complexes, d'où résulte une impulsivité moindre, l'impulsivité étant toujours un signe de désorganisation, de rupture d'équilibre. A ce moment d'ailleurs le développement des facultés proprement intellectuelles intervient pour modérer le tumulte des tendances affectives. Enfin commence une période où le zèle, l'ardeur, le désir s'éteignent progressivement ; la fatigue, l'épuisement se traduisent pas une sorte d'envahissement graduel de l'indifférence, de l'apathie et un retour à l'égoïsme.

L'évolution intellectuelle suit une courbe analogue. Le développement de l'intelligence est plus tardif que celui de la sensibilité. Les diverses fonctions intellectuelles apparaissent d'ailleurs dans un ordre qui va lui aussi du plus simple au plus complexe ; les pouvoirs de représentation, de restauration, de combinaison sensible, précèdent ceux de conception, de systématisation proprement intellectuelle. Si nous appelons les premières, des opérations automatiques, les secondes, des opérations actives, on voit que l'individu va de l'automatisme primitif à l'activité mentale pour revenir à l'automatisme. A l'éparpillement mental succède la réflexion, la capacité plus grande d'attention volontaire, de jugement compréhensif, d'abstraction, de raisonnement logique. Puis la déchéance se signale par une diminution dans la souplesse de l'esprit, dans l'aptitude assimilatrice, le pouvoir d'adaptation, la faculté d'acquérir, de se plier à des points de vue nouveaux; la pensée se borne pendant quelque temps à se maintenir dans ses positions; elle s'ankylose en quelque sorte et s'ossifie; les idées nouvelles ne se font plus jour : il y a un état singulier de misonéisme. L'esprit, qui est passé de la crédulité à la critique, tombe dans la routine. Enfin se produit la désagrégation, les systèmes se dissocient et l'individu va, plus ou moins lentement, plus ou moins complètement, vers la démence sénile.

L'activité, qui dépend en grande partie, comme on l'a vu, de la sensibilité et de l'intelligence, suit leur fortune. Elle paraît à son apogée dans la jeunesse et l'adolescence ; mais c'est peut-être une illusion. L'agitation, l'élan impétueux et turbulent n'est pas la véritable plénitude de l'activité, tout manque d'équilibre, toute incoordination, tout conflit se traduisant en dernière analyse par une déperdition de forces. L'activité la plus riche, la plus féconde, c'est la plus nettement orientée, la mieux réglée, aussi apparaît-elle après la mobilité enfantine, la fougue de la jeunesse et atteint-elle son apogée, du moins se manifeste-t-elle sous sa forme la plus haute d'activité volontaire, seulement dans l'âge mûr. Ensuite les forces physiques déclinent; le goût et la puissance d'agir diminuent; on répugne de plus en plus à l'effort, on désire la paix, le repos, l'inertie. La force morale, le pouvoir volontaire sont altérés : l'irritabilité morose des vieillards en est la preuve.

Et, de même qu'au point de vue physiologique les différentes phases de la vie individuelle semblent constituer des tempéraments différents, peut-être pourrait-on se demander si, considéré dans son évolution psychologique, chaque homme ne passe pas par différents types de caractères, l'enfance et la jeunesse correspondant au type affectif, la virilité au type intellectuel ou au type actif, ou au type pondéré, la vieillesse au type apathique. Seulement il y aurait ici aussi des phénomènes analogues aux arrêts de développement et aux faits de récurrence.

Laissons de côté ces considérations trop hasardeuses, pour noter l'influence qu'exercent sur l'évolution psychologique trois lois d'une importance capitale : la loi d'adaptation, la loi de l'habitude, la loi de balancement.

La loi d'adaptation apparaît sous un double aspect : externe et interne ; elle est adaptation du sujet conscient avec le milieu, ou adaptation du sujet conscient avec lui-même. Sous son premier aspect, elle exprime surtout une action sociale (éducation, instruction, mœurs, lois, métier, usages mondains, etc.); sous son second aspect, elle exprime essentiellement une action psychologique. Par loi d'adaptation j'entends alors la tendance plus ou moins consciente de l'être vers la coordination, la systématisation de ses diverses fonctions. En ce sens, elle travaille à réaliser l'équilibre et l'unité. Je laisse ici de côté la question de savoir si c'est une loi de mécanisme ou de finalité[1]; je me borne à indiquer ses effets généraux.

1. Cf. Paulhan, l'*Activité mentale et les Éléments de l'esprit*.

L'esprit (en prenant le mot dans son acception la plus large) est essentiellement une synthèse active d'une infinité d'éléments, de tendances. Celles qui peuvent s'organiser finissent d'ordinaire par y arriver. Nous faisons en quelque sorte spontanément effort pour nous mettre d'accord avec nous-mêmes, pour faire « convenir », « conspirer » la sensibilité, l'intelligence, l'activité. Les fonctions mentales ne se développent pas toutes *pari passu,* n'apparaissent pas toutes simultanément, ne se dirigent pas toutes nécessairement et primitivement dans le même sens. Aussi l'accommodation se réalise-t-elle progressivement et donne-t-elle naissance à une série de changements : et ainsi la loi d'adaptation est une véritable loi du devenir, une loi d'évolution. A coup sûr, on ne doit pas croire que l'unité soit jamais parfaite; mais de cet idéal on se rapproche plus ou moins et la santé morale consiste précisément en cela. Toujours des tendances divergentes subsistent, toujours nous sommes plus ou moins divisés contre nous-mêmes; des systèmes peuvent se former indépendamment des autres systèmes. Mais l'être s'accommode mal de ces tiraillements et de ces conflits; aussi, cherchons-nous à les faire cesser : nous adaptons nos idées, nos théories à nos sentiments, à notre conduite, et réciproquement. « Presque toujours, pour vivre en repos avec nous-mêmes, nous travestissons en calculs et en systèmes nos impuissances ou nos faiblesses. » (B. Constant, *Adolphe.*) Et c'est peut-être pourquoi nous ne sommes jamais ni tout à fait sincères ni entièrement de mauvaise foi. Malgré l'apparente unité la multiplicité subsiste en effet, et l'incoordination sous la coordination. Mais encore faut-il que la désagrégation du composé mental n'aille pas trop loin. Si elle s'exagère nous tombons dans la pathologie, nous voyons apparaître cet état de « misère psychologique » qui consiste essentiellement dans une impuissance singulière de réaliser la synthèse des phénomènes psychologiques : les éléments jouent alors d'une façon indépendante et automatique. Et selon que l'équilibre, l'adaptation, la systématisation se réalisent plus ou moins complètement, nous avons diverses formes de caractères. Mais ce qui nous importe en ce moment, c'est de noter de nouveau qu'en vertu de cette loi même qui tend à produire l'unité, le caractère doit se transformer et se modifier perpétuellement. La loi même de constitution du caractère est une loi d'évolution : la continuité n'est pas ici permanence, fixité, immutabilité, elle est continuité de développement.

Il en est de même, au fond, de la loi d'habitude. Sur l'habitude, son rôle, ses effets dans le domaine de l'activité, de la pensée, de la sensibilité, tout a été dit et trop bien dit pour que nous y revenions ici[1]. C'est elle qui fait la solidarité des différents moments de la vie individuelle, qui lie le présent au passé et dans le présent préforme l'avenir. « Les actes successifs qui composent l'histoire d'une même vie sont liés entre eux, influent les uns sur les autres et forment, je ne dis pas un enchaînement nécessaire, mais une série où tout se tient... Il y a une logique dans les choses... Ce que nous semons germe tout seul et nous récoltons en conséquence. Nous n'irions pas jusqu'à dire que la loi mécanique régit à la rigueur les phénomènes moraux. Mais, si quelque chose dans le vouloir se crée (nous ignorons comment), il est certain que *rien ne se perd*. Tout ce qui a été une fois inséré dans le tissu de notre vie morale tend à y

---

1. Voir en particulier Marion, *Solidarité morale*, 1re partie, ch. III.

persister, à y faire sentir indéfiniment ses effets. » (Marion, *loc. cit.*) Mais l'habitude n'est pas seulement un pouvoir conservateur, elle est aussi et surtout un pouvoir multiplicateur et transformateur. Elle permet aux effets partiels de s'ajouter les uns aux autres, de se renforcer mutuellement, par là même elle amplifie. Et quand elle nous a engagés dans une voie, non seulement elle nous y maintient, mais elle nous y entraîne avec une rapidité croissante. Du même coup elle devient une force modificatrice; elle nous impose en quelque sorte la nécessité d'évoluer dans une certaine direction. La prépondérance qu'elle confère aux inclinations fréquemment satisfaites devient de plus en plus marquée, en même temps que s'atrophient celles qui n'ont pas été exercées. Ainsi se trouve altéré le plan d'organisation de tout le système psychique.

Reste la loi de balancement, qui unit ses effets à ceux des deux grandes lois précédentes; mais tandis que celles-ci tendent à produire et à maintenir l'équilibre, celle-là tend au contraire à le rompre. La loi de balancement des organes porte en effet que toute hypertrophie d'un système organique s'accompagne d'une atrophie correspondante de certains autres systèmes. Ce qui est vrai des organes l'est aussi des fonctions. Ce qui est vrai du corps l'est aussi de l'esprit. Toutefois il faut bien entendre cette loi. H. Spencer remarque (*Principes de Biologie*, tr. fr., II, p. 431 sqq.) que, dans les êtres vivants, l'activité fonctionnelle plus grande d'un système suppose en général et à son tour tend à produire une coordination supérieure des fonctions, de même que son activité moindre et plus lente provoque une moindre régularité, une moindre harmonie des diverses autres fonctions. Il se rencontre quelque chose d'analogue dans la vie psychologique. La lenteur et l'appauvrissement d'une fonction mentale entraîne d'ordinaire une moindre coordination; et par contre le consensus du jeu des tendances est tout ensemble la condition et le résultat de leur activité plus riche et plus pleine. — Mais cela admis, il n'en reste pas moins que s'il y a suractivité disproportionnée d'un système organique ou psychique, cet excès de développement se fait au détriment du fonctionnement normal des autres systèmes, au détriment de leur harmonie totale aussi. Qu'une tendance vienne à s'exagérer, à s'exalter, de manière à absorber en quelque sorte, à accaparer toutes ou presque toutes les énergies disponibles, il faudra bien que les autres tendances soient ou supprimées ou du moins profondément transformées; ou bien elles dépériront, ou bien elles seront entraînées par la tendance prédominante, se mettront à sa remorque. Si l'organisation, la redistribution suivant ce nouveau plan, se peuvent assez aisément réaliser, le trouble sera passager et un équilibre d'une nouvelle sorte, avec un nouveau centre de gravité, s'établira au sein de l'être. Mais si les tendances répugnent à se plier ainsi à ce nouveau mode de subordination, si la disproportion devient extrême, l'équilibre vital ou mental est compromis, la banqueroute finale est imminente. La loi de balancement combinant ses effets avec ceux de la loi d'habitude, fait que l'individu, si rien ne s'y vient opposer, doit fatalement tomber de plus en plus du côté où il penchait naturellement.

Une fois de plus, nous le voyons, s'il y a bien dans le caractère quelque chose de primitif et de permanent aussi, s'il y a bien certaines parties de nous-mêmes qui sont si intimement, si profondément nôtres qu'elles subsistent et se maintiennent, — du moins est-il impossible de croire que tout reste immuable et que cela même qui demeure soit toujours identique à lui-même. Tout devient autour de nous; tont devient aussi en nous. Le changement est la condition de la vie ; comment ne serait-il pas la loi du caractère ?

II. *Les Crises*. — Cette évolution du caractère, dont nous avons essayé de dégager les conditions et les causes générales, ne se poursuit pas, cela est évident, avec une régularité, une continuité parfaites. Nous en avons déjà vu en partie les raisons. Il s'y produit un certain nombre de crises. Elles peuvent être différentes de nature ; elles peuvent être plus ou moins nombreuses et profondes suivant les individus ; mais, en dernière analyse, quelle que soit leur origine, quels que doivent être leurs conséquences, on peut y découvrir un mécanisme psychologique à peu près constant.

Tantôt un élément nouveau s'introduit, tantôt un élément ancien disparaît, et cela soit lentement, soit brusquement. Les synthèses mentales antérieures sont, dans une mesure plus ou moins large, dissociées, désorganisées. Puis, d'ordinaire, l'équilibre se rétablit suivant un nouveau plan. Parfois le choc peut être assez violent, le trouble assez profond pour que l'équilibre reste définitivement rompu, pour que la santé morale soit irrémédiablement compromise. L'état de désagrégation devient alors permanent et pour ainsi dire constitutionnel ; ce qui a lieu, par exemple, dans l'hystérie d'origine traumatique : nous sommes dans le domaine de la pathologie. Aussi nous bornons-nous à signaler le cas, sans insister, pour ne nous occuper que des cas normaux. — Le désordre a été passager, mais il y a toujours eu une période de trouble, d'anxiété, d'agitation. Le changement porte en effet tout à la fois sur le contenu du caractère et sur l'orientation, le mode d'organisation des éléments.

Y a-t-il appauvrissement? il est évident que le fond même de l'être est altéré, que la disparition de tendances autrefois actives provoque un sentiment pénible de diminution, de vide, un état de malaise, de tristesse, de faiblesse. Y a-t-il enrichissement, au contraire ? il se produit une sorte d'expansion, un sentiment de plénitude, la conscience d'un surcroît, d'une vie plus active, une exaltation qui s'accompagne de joie; mais comme la tendance nouvelle n'a pas eu le temps encore de se combiner, de s'harmoniser avec les autres, l'activité est en quelque sorte fragmentaire, intermittente, procédant par poussées quelque peu incohérentes et désordonnées ; — de plus, certaines tendances de formation plus anciennes se trouvent toujours au moins partiellement contrariées, inhibées, et ces arrêts doivent nécessairement donner naissance à des accès de mélancolie, d'anxiété, de découragement, d'affaissement, coupant en quelque sorte les périodes d'excitation. — Tel est, en somme, le schéma commun de toutes les crises, dont il reste maintenant à indiquer brièvement les principales.

Elles sont, avons-nous dit, de trois sortes principales : organiques, sociales, psychologiques.

Les crises morales qui viennent du tempérament sont elles-mêmes normales ou purement accidentelles. Les unes et les autres ont un retentissement profond dans la vie mentale et souvent ont pour premier symptôme un changement dans le caractère; c'est là aussi parfois le résultat le plus marqué et le plus durable. « Remarquons, dit Maudsley, l'effet souvent produit par une violente attaque de folie. Le malade recouvre entièrement la raison, ses facultés intellectuelles n'ont rien perdu de leur vivacité ; mais son caractère n'est plus le même ; il n'est plus moralement le même homme... Désormais peut-être sa vie sera-t-elle aussi différente de sa conduite passée que, dans un sens opposé, l'existence de Saul de Tarse le fut de celle de l'apôtre Paul. Une attaque d'épilepsie produit le même effet. Une fièvre, une blessure à la tête transforme aussi le caractère. » (*Crime et Folie*, p. 62.) Tantôt du reste la folie substitue la violence, la haine à la douceur, à la bonté ; tantôt elle exagère une disposition naturelle, change la dureté en cruauté, l'irascibilité en impulsion frénétique.

J'appelle crises normales celles que doit traverser tout être dans son développement naturel. Telles sont, par exemple, la crise de la puberté et celle de la ménopause. Je n'ai pas à les décrire ici dans le détail ; je me borne donc à rappeler ce passage de Griesinger : « Avec l'entrée en activité de certaines parties du corps qui jusque-là étaient restées dans un calme complet et avec la révolution totale qui se produit dans l'organisme à cette époque de la vie, de grandes masses de sensations nouvelles, de penchants nouveaux, d'idées vagues ou distinctes et d'impulsions nouvelles passent dans un espace de temps relativement court à la conscience. Elles pénètrent peu à peu le cercle des idées anciennes et arrivent à faire partie intégrante du moi. Celui-ci devient par là-même tout autre ; il se renouvelle et le sentiment de soi-même subit une métamorphose radicale. » (*Traité des Maladies mentales*, p. 55 et suiv.[1])

---

1. Cf. Beaunis, *Les Sensations internes*, pp. 44-46. — « C'est comme une seconde naissance, moins rapide et moins violente que la première, mais qui, au lieu de surprendre un organisme dans un état encore apathique, à peine conscient, comme celui du fœtus, surprend un être intelligent, sensible, impressionnable, et sachant jusqu'à un certain point s'observer et analyser ce qu'il éprouve. »

A l'image de ces crises très caractéristiques et frappantes, il y en a certainement une foule d'autres moins apparentes, moins définies : des crises de croissance et de tempérament, très variables au demeurant dans leur intensité et leur fréquence.

Je ne parle pas de la maternité, parce qu'elle est une crise sentimentale, morale et sociale autant et plus qu'une crise organique.

Les crises accidentelles et imprévisibles résultent d'une maladie, d'un accident proprement dit. — Les fièvres infectieuses, les maladies de cœur, d'estomac, de matrice, le diabète, etc., ont une influence considérable sur le caractère. A plus forte raison, des affections comme la chorée, l'épilepsie, l'hystérie, et toutes les maladies proprement mentales. Presque toujours, dans ces derniers cas, il y a une prédisposition, une tare héréditaire plus ou moins lourde ; mais le hasard, les circonstances, un choc brusque, une émotion violente, sont la cause occasionnelle du développement considérable d'un germe qui peut-être serait demeuré latent. C'est ainsi de plus que l'état vague, généralisé, indéterminé, se fixe, s'oriente, revêt une forme précise.

Il y a, d'un autre côté, des crises qu'on peut appeler sociales. Je n'y insiste pas, car elles revêtent en somme toujours la forme de crise psychologique, et sont sociales seulement par leur cause, parce qu'elles expriment l'action du milieu social, et l'adaptation de l'individu à ce milieu. Choix du métier, habitudes professionnelles, mariage, etc., voilà quelques-unes, entre mille autres, de ces influences extérieures qui donnent naissance à des crises d'ordre sentimental ou intellectuel dont il faut maintenant dire quelque chose.

Ce sont celles-ci que j'ai nommées psychologiques à proprement parler. — Les crises sentimentales semblent parfois se confondre avec certaines crises organiques ; elles s'en distinguent néanmoins. L'amour, par exemple, n'est pas la même chose que la puberté. Or, l'apparition de l'amour, l'aspect qu'il revêtira, la violence qu'il acquerra, voilà qui est imprévisible : et voilà une des crises morales les plus graves qu'un homme puisse traverser. Quels effets ne peuvent pas produire aussi sur notre caractère une grande douleur, un deuil, une déception, un espoir brisé, une illusion évanouie ? de même qu'une joie inattendue, un bonheur, un succès inespérés ? — Ici encore, il faut bien le reconnaître, le choc extérieur a pu simplement mettre en branle des tendances sommeillantes, et nous faire reconnaître qu'à notre insu nous vivons par mille points. Mais cette révélation n'est-elle pas pour troubler violemment nos âmes ? Et n'est-ce pas ainsi, bien des fois, que nous aussi nous trouvons notre chemin de Damas ?

L'intelligence encore peut être subitement métamorphosée, et par son intermédiaire le caractère tout entier. Ces crises intellectuelles sont parfois préparées et s'étendent sur une période assez considérable de la vie : il y a développement, plutôt encore qu'apparition soudaine. Le moment, par exemple, où l'enfant atteint ce qu'on nomme « l'âge de raison », est singulièrement indéterminé, et il n'y a pas là une sorte de création subite. Mais il n'en reste pas moins vrai qu'un jour l'enfant découvre en lui une capacité de raisonner, de penser pour soi et par soi, qu'il ne soupçonnait qu'à peine. Et en quelques mois son caractère s'altère singulièrement : il peut devenir indocile, indiscipliné, « répondeur », « raisonneur ». — Certaines crises sont plus rapides et plus fortuites : elles résultent de l'introduction dans la pensée d'une idée, d'une doctrine, d'un système scientifique, politique, moral, philosophique, jusqu'alors totalement ignorés. — Je ne me fais pas trop d'illusions sur l'efficacité de l'enseignement de la morale, par exemple. Et pourtant j'ai pu remarquer, chez un certain nombre de jeunes gens, une sorte de révolution morale, le jour où leur esprit s'était ouvert à la séduction que peut exercer la doctrine de Kant. Ils avaient vraiment *découvert* l'idée du Devoir pur : et cela peut aller très loin. Un mot, tombé ainsi de la bouche d'un maître, et dit avec l'accent qu'il faut, peut devenir, un jour ou l'autre, pour celui-ci ou celui-là, une cause de rénovation, un principe de salut. Encore faut-il qu'il ait été prononcé.

Reste à savoir enfin, s'il ne peut y avoir des crises de la Volonté, et, pour ainsi parler, des crises de la Liberté. En quoi elles peuvent consister, dans quelle mesure et de quelle manière nous pouvons être les artisans volontaires et autonomes de notre propre caractère, c'est ce que je me propose d'examiner dans le prochain chapitre.

Ce que j'ai voulu montrer ici, c'est seulement, car il convient de le répéter, puisque cela est méconnu par quelques-uns et sert d'excuse à beaucoup, c'est que sous l'action de tant de causes, entrecroisant, combinant leurs effets, notre caractère n'est rien moins qu'immuable, que sa destinée nécessaire est d'évoluer perpétuellement.

CHAPITRE II.

LA CRÉATION DU CARACTÈRE PAR LA VOLONTÉ.

Notre caractère se fait; mais pouvons-nous le faire nous-mêmes? Voilà la grande question qu'il est impossible d'éluder.

Nous naissons avec une nature psychologique définie, tout au moins en puissance; ce quelque chose de primitif, résultat du tempérament, de l'hérédité, de l'entrecroisement d'une infinité de causes inconnues et mystérieuses, dont l'effet seul est visible et dont l'action est contraignante, c'est notre caractère *inné*. Ce caractère inné subit à son tour mille influences diverses et se transforme incessamment; nous avons ainsi un caractère *acquis*. Cette transformation est-elle fatale? Peut-elle être assimilée au développement d'une formule, et l'homme, selon un mot célèbre, est-il « un théorème qui marche? » Se fait-elle comme la croissance d'un végétal? Est-elle la résultante nécessaire de causes nécessaires aussi? Contre les fatalistes de toutes les écoles, nous estimons que cette évolution dépend ou peut dépendre de la réaction propre de l'individu, est ou peut être son œuvre, une création personnelle de sa volonté. Outre le caractère inné, et le caractère acquis, il peut y avoir un caractère *voulu*.

I. — Quelque chose en nous-mêmes est indépendant de

nous, quelque chose vient de nous : telle est la double vérité que Kant et Schopenhauer ont voulu établir et en tout cas ont fortement mise en lumière, par leur théorie fameuse du caractère intelligible et du caractère empirique. Il vaut la peine de s'y arrêter un instant.

Considérées au point de vue de leur développement dans le temps, toutes les actions de l'homme, par cela même qu'elles font partie du monde des phénomènes, sont soumises à la loi d'universelle causalité et se doivent pouvoir expliquer par des causes naturelles nécessaires. En sorte que, si nous connaissions toutes les circonstances, tant externes qu'internes, dans lesquelles se trouve placé un individu, « nous calculerions sa conduite future avec autant de certitude qu'une éclipse de lune ou de soleil. » — L'ensemble de ces conditions internes avec leur efficacité propre et nécessaire, abstraction faite de toutes les circonstances extérieures, — ou, en d'autres termes, « la loi de la causalité intérieure » d'un être donné, voilà le *caractère empirique*. Il est, comme tel, soustrait aux prises de la volonté libre, ne peut être modifié, altéré, dirigé, employé par elle : son développement est fatal. Et le caractère empirique ne se révèle même à nous que par ce développement, par la série de ses manifestations phénoménales ; il est cette série, et, comme elle, ne peut être connu que par expérience. — Seulement ce caractère empirique, comme tout ce qui est « phénoménal », trouve sa suprême raison d'être dans une « chose en soi », dans un « noumène » ; — c'est à savoir dans le *caractère intelligible*. Ce caractère intelligible, à la vérité, ne peut être immédiatement connu ; nous n'en prenons pas conscience ; nous ne saisissons que ses expressions successives ; il est seulement « conçu d'après le caractère empirique, de la même manière que nous sommes obligés en général de donner par la pensée pour fondement aux phénomènes un objet transcendantal, quoique nous ne sachions rien de ce qu'il est en lui-même. » Nous pouvons pourtant en savoir quelque chose ; nous pouvons, si je puis dire, le déterminer négativement, en disant ce qu'il n'est pas. Étant situé en dehors de la sphère des phénomènes, « il n'est soumis à aucune condition de temps », ni par conséquent « à la loi de toute détermination du temps » ; d'un mot il est en dehors de la causalité : il est libre, il est la liberté même. Ce caractère une fois donné, toute la conduite est nécessaire ; mais avant la naissance, ou mieux en dehors de toute naissance, par un acte de création intemporelle, chacun s'est fait librement ce qu'il doit être. « On dirait très bien, écrit Kant, qu'il commence *de lui-même* et spontanément ses effets dans le monde sensible, sans que l'action commence *en lui*; et cela serait vrai sans que les effets dussent pour cela commencer d'eux-mêmes dans le monde sensible, parce qu'ils y sont toujours prédéterminés par des conditions empiriques dans le temps passé, mais cependant par le moyen seul du caractère empirique (qui est simplement le phénomène de l'intelligible), et qu'ils ne sont possibles que comme une continuation de la série des causes physiques. Ainsi donc, liberté et nature, chacune dans son sens complet, se trouvent en même temps et sans contradiction dans les mêmes actions, suivant qu'on les compare avec leur cause intelligible ou sensible. » [Kant, *Critique de la Raison pure*, § 675-648 ; — cf. *Critique de la Raison pratique*.] Schopenhauer qui accepte et reprend cette distinction, l'exprime en ces termes : « Il faut prendre le caractère intelligible en chacun de nous comme un acte de volonté extérieur au temps, donc indivisible et inaltérable ; cet acte, déployé dans le temps et l'espace, et selon toutes les formes du principe de raison suffisante, analysé et par là même manifesté, c'est le caractère empirique, qui se révèle aux yeux de l'expérience par toute la conduite et par tout le cours de la vie de l'individu dont il s'agit... Les actes d'un homme ne sont que la traduction répétée, variée seulement pour la forme, de son caractère intelligible. » (*Le Monde comme Volonté et Représentation*, livre IV, § 55, trad. Burdeau, I, p. 303.) — Au total, fatalité quant au devenir, liberté quant à l'être, voilà le caractère et voilà l'homme.

Cette grande et belle conception, le plus puissant effort qui ait été fait pour concilier la liberté que réclame la morale et le déterminisme que semble postuler la science, est, pourrait-on dire, vraie en ce qu'elle nie, fausse en ce qu'elle affirme [1]. Elle intervertit l'ordre réel des choses. — Oui, il y a en nous quelque chose de fatal. Oui encore, notre caractère est en un sens l'œuvre de la liberté. Mais la part de la fatalité en nous, c'est ce qui est inné, c'est le fond primitif de notre tempérament et de notre caractère, c'est cette matière première qui nous vient de la nature, dont nous ne pouvons pas faire qu'elle ait été autre, moins ingrate et moins rebelle. Loin d'être le produit de la raison et de la liberté, ce prétendu caractère intelligible est proprement ce qu'il y a de radicalement inintelligible, ce qui est réfractaire à toute explication, ce dont nous ne savons pas d'où il vient, et que la lumière de la conscience ne saurait même jamais complè-

---

1. Nous n'avons pas ici à la critiquer ; ce serait toute la philosophie kantienne, dont cette théorie est en quelque sorte le centre, qu'il faudrait discuter. On trouvera d'intéressantes indications sur ce point dans : Fouillée, *Liberté et Déterminisme* ; P. Janet, *La Morale*, etc.

tement pénétrer. Il est vraiment empirique parce qu'il est donné comme un fait, qu'il ne peut être connu que par expérience et n'est jamais connu entièrement et en son fond. En ce sens, il est de la nature de l'homme de s'ignorer éternellement lui-même, parce qu'il ignorera toujours la série infinie des événements et des causes. — Et par contre, ce qui est créé par l'intelligence et par la volonté, ce qui est l'expression de la liberté, c'est le prétendu caractère empirique, c'est le développement de la nature, c'est la forme imprimée à cette matière qui nous résiste, où d'ailleurs nous trouvons notre point d'appui, et dans laquelle chacun doit, selon la belle expression antique, « sculpter sa statue ». Cette œuvre à laquelle nous convie la Morale, c'est à la Psychologie qu'il appartient de nous montrer qu'elle est possible et comment elle est possible.

Or c'est un fait d'expérience qu'un homme peut modifier sa conduite, qu'il peut refréner certains de ses penchants, qu'il peut exercer sur ses tendances un contrôle plus ou moins sévère, les soumettre à une discipline. Je n'ai pas évidemment à discuter le problème métaphysique de la Liberté. Pour l'instant je me borne à constater que la Volonté (quelle qu'en soit la nature intime) est un pouvoir d'une nature particulière, grâce auquel nous sommes non l'esclave, mais au contraire, dans une large mesure le maître, de nos désirs, de nos habitudes, de nos tentations. Ainsi, comme le dit St. Mill, « notre caractère est formé *par nous* aussi bien que *pour nous*. » On se fait un caractère dans le cours de la vie, à force d'expérience et de réflexion. Et cela est si manifeste que Schopenhauer est bien forcé de le reconnaître; c'est ce qu'il nomme un caractère *acquis*, un caractère *artificiel*. Et voici alors comment il cherchera à concilier cette

vérité de fait avec sa théorie de l'immutabilité du caractère.
« Les motifs déterminent la forme sous laquelle se manifeste
le caractère, c'est-à-dire la conduite, et cela par l'intermédiaire de la connaissance : or cette dernière est capable de
changements ; ... par suite la conduite d'un homme peut
changer visiblement, sans qu'il soit permis de conclure de
là à un changement dans son caractère. Ce que l'homme
veut proprement, ce qu'il veut au fond, l'objet des désirs de
son être intime, le but qu'ils poursuivent, il n'y a pas d'action extérieure, pas d'instruction qui puisse le changer :
sans quoi nous pourrions à nouveau créer l'homme... Il n'y
a pour agir du dehors sur la volonté qu'un moyen, les motifs. Mais les motifs ne sauraient changer la volonté en elle-
même : s'ils ont sur elle quelque action, c'est uniquement
sous la condition qu'elle reste ce qu'elle est. Tout ce qu'ils
peuvent faire donc, c'est de modifier la direction de son
effort, de l'amener, sans changer l'objet de sa recherche,
à le rechercher par de nouvelles voies. « (*Le Monde comme
Volonté et Représentation*, livre IV, § 55.) — Mais est-ce
donc un fait négligeable que ce changement de direction
de nos efforts ? Et quand saint Augustin abandonne la vie
de plaisir pour se consacrer à Dieu, y a-t-il là un changement sans importance ? Changer de conduite est-ce donc
insignifiant ? — Savoir ce que l'on poursuit, pourquoi on
le poursuit, comment on y atteint, se montrer toujours
pareil et conséquent et fidèle à soi-même, est-ce donc rien ?
Est-ce la même chose, pour employer les expressions de
Schopenhauer, que de courir en zigzag, de tendre les
mains comme les enfants à la foire vers tout ce qui nous
fait envie, de poursuivre deçà delà des feux follets, ou
au contraire suivre une ligne de conduite avec méthode

et réflexion, aller sans hésitation, sans inconséquence, appliquer en chaque délibération des principes généraux et constants ? Et si tout cela peut être acquis, comment soutenir que « le caractère ne saurait changer » ? — Qui ne voit, d'autre part, combien est singulière cette conception métaphysique de la Volonté qui en fait je ne sais quelle mystérieuse entité, indépendante des motifs, qui agissent sur elle « du dehors » et ne peuvent la modifier ? — St. Mill, qui n'a nul souci de « sauver » la liberté, mais qui voit la question en psychologue, est bien plus près de la vérité ; et la page suivante est d'autant plus significative qu'elle se rencontre sous la plume d'un déterministe avéré. « Penser que nous n'avons aucun pouvoir de modifier notre caractère, et penser que nous n'userons pas de ce pouvoir si nous n'en avons pas le désir, sont des choses très différentes et qui ont un effet très différent sur l'esprit... Peu importe à quoi nous attribuons la formation de notre caractère, quand nous n'avons aucun désir de travailler à le former nous-mêmes ; mais il nous importe beaucoup que ce désir ne soit pas étouffé par la pensée que le succès est impossible, et de savoir que, si nous avons ce désir, l'œuvre n'est pas si irrévocablement achevée qu'elle ne puisse plus être modifiée. — Et en effet, si nous y regardons de près, nous reconnaîtrons que ce sentiment de la faculté que nous avons de modifier, *si nous le voulons,* notre propre caractère, est celui même de la liberté morale dont nous avons conscience... — La doctrine du libre arbitre, mettant en évidence précisément cette portion de la vérité que le mot Nécessité fait perdre de vue, c'est-à-dire la faculté que possède l'homme de coopérer à la formation de son propre caractère, a donné à ses partisans un sentiment pratique beaucoup plus approchant de la vérité que ne l'a généralement été, je crois, celui des Nécessitariens. Ces derniers peuvent avoir plus fortement senti ce que les hommes peuvent faire pour se former mutuellement leur caractère ; mais la doctrine du libre-arbitre a, je pense, entretenu chez ses défenseurs un sentiment plus vif de l'éducation et de la culture personnelles. » (St. Mill, *Système de logique*, livre VI, ch. II, tr. fr., II, p. 424-425.)

Pour notre part, nous croyons sincèrement à la possibilité de cette culture personnelle, nous pensons qu'elle peut aller très loin, que son efficacité peut être singulièrement puissante, — et pourtant nous considérons comme fausse et étrangement dangereuse cette opinion, que la volonté peut exercer un pouvoir direct et absolu, à tout instant, sur nos sentiments, nos pensées, notre conduite, qu'elle peut, par une sorte d'acte pur, créer subitement le caractère. Cette excuse que se donnent tant de gens : on ne refait pas son caractère, est une sottise ou un aveu d'impuissance. Mais s'imaginer qu'on peut le refaire tout à coup, au moment où on en sent le besoin, est une aussi grave erreur et une ridicule présomption. La liberté morale, c'est-à-dire la puissance de la volonté, n'est pas un don, c'est la récompense de pénibles efforts, d'un long et persévérant travail. Et comme la persévérance est la forme la plus rare du courage, comme il y a une foule d'hommes qui répugnent à l'effort et qui s'abandonnent, bien peu peut-être, parmi les innombrables individus humains, arrivent à l'affranchissement, à la prise de possession de soi-même, bien peu deviennent vraiment des caractères, c'est-à-dire, comme parle Novalis « des volontés entièrement façonnées ». A prendre les choses de ce biais, on pourrait dire qu'il y a, en dernière analyse, deux grandes classes d'hommes : ceux qui ont *un* caractère, c'est-à-dire une nature dont ils sont les esclaves quand ils ne le sont pas des circonstances et du milieu ; ceux qui ont *du* caractère, c'est-à-dire qui, se rendant maîtres de leur nature, s'élèvent au-dessus d'elle et la rapprochent d'un certain idéal qu'ils ont conçu.

II. — Cette œuvre suprême de la volonté, voyons donc dans quelle mesure et de quelle manière elle se peut réaliser.

Il y a en nous un fond sous-jacent, très résistant, très solide et qui semble dans une large mesure inaltérable ; il y a des parties de nous-mêmes qui sont si intimement, si profondément nôtres qu'elles ne se laissent pas entamer par les causes perturbatrices. La preuve en pourrait être cherchée dans les expériences hypnotiques. On a cru que, par la suggestion, il était possible de créer artificiellement et à volonté des personnalités nouvelles, des caractères déterminés. C'est le phénomène bien connu de l'objectivation des types. Mais il a fallu en rabattre. Outre que ces transformations sont essentiellement passagères, on a reconnu que l'hypnotiseur ne fait que donner une prépondérance relative à certaines tendances préexistantes, endormir momentanément certaines autres. Ou bien l'hypnotisé joue plus ou moins sincèrement et habilement un rôle qu'on lui propose, qu'on lui impose même si l'on veut; il le joue d'autant mieux qu'il l'a mieux compris et qu'il s'accorde plus facilement aussi avec sa propre nature. Dans ces sortes de comédies qu'il joue aux autres et qu'il se joue à lui-même, son caractère se réfléchit et transparaît. C'est ce que nous montre encore la résistance des somnambules aux suggestions[1], et, au cas

---

1. Sur ce point, voir : Pitres, *Les Suggestions hypnotiques* ; Bernheim,

même où ils obéissent, la façon particulière dont ils accomplissent les actes suggérés, les raisons qu'ils leur trouvent, l'interprétation qu'ils en fournissent. — L'être virtuel qui est au fond de nous-même, que nous ne connaissons pas toujours complètement, qui peut se révéler sous une impulsion donnée (suggestion, passion, etc.) voilà qui ne semble guère accessible aux influences dont nous disposons.

C'est qu'en effet, cet être qu'exprime-t-il ? Je laisse ici de côté l'action si contraignante pourtant de l'éducation, du milieu social, je prends l'individu en lui-même, et, si l'on veut, au moment de sa naissance. Chaque homme qui vient au monde trouve pour ainsi dire inscrite dans son organisme physiologique et mental une sorte de fatalité intérieure. Il porte en soi la trace obscure de tous les actes, de toutes les pensées, de toutes les passions d'une longue série d'ancêtres ; en lui vit un mystérieux héritage non seulement physique, mais intellectuel et moral, que lui ont transmis toutes les générations précédentes. Dans cette œuvre qui se poursuit depuis des centaines, des milliers, des millions de siècles, de quelle efficacité peut être mon effort personnel ? Dépositaire pour quelques minutes de tout le passé de la race, de tout le passé de l'univers, éphémère représentant de cet éternel labeur, que suis-je et que puis-je ? Que vaut cette force infime qui est moi, en face de l'effroyable poids qu'il me faudrait vaincre ? Et si cette évolution de l'espèce est trop vaste pour se laisser embrasser d'un seul regard, considérons la famille qui nous est plus visible et présente ;

De la Suggestion dans l'état hypnotique et dans l'état de veille; P. Richer, *Études cliniques sur la grande hystérie;* Gilles de la Tourette, *l'Hypnotisme et les états analogues;* Beaunis, l'*Expérimentation en psychologie,* etc.

voyons-y agir cette terrible puissance de l'hérédité. La théorie de Morel sur la dégénérescence, les tableaux lamentables que nous mettent sous les yeux les aliénistes, nous montrent comment une lésion psychique, une tare originelle se transmet, se transforme, évolue, avec une inexorable fatalité dans la suite des générations. Les familles, comme les individus, ont leurs maladies, dont l'évolution plus ou moins lente est nécessaire, et qui « après quelques générations débiles amènent la mort de la race ». Admirables exemples que ne manque pas d'invoquer l'école fataliste.

Et pourtant l'hérédité peut être une force salutaire. Le relèvement, la réaccession à la raison, à la santé morale peuvent aussi être son œuvre. Le progrès du mal peut être enrayé. D'autres tableaux généalogiques, consolants ceux-là, nous montrent la famille se relevant peu à peu, remontant pour ainsi dire le courant qui l'entraînait à sa ruine, poursuivant et achevant l'œuvre, collective aussi, de sa restauration. Et l'homme qui, en apparence, a fait le moins, celui qui, sans se guérir lui-même, a du moins enrayé le mouvement de déchéance, qui a dit en quelque sorte à la maladie : « tu n'iras pas plus loin », celui-là n'a-t-il pas été vraiment le Rédempteur de sa race? Or cet effort sauveur en quoi a-t-il pu consister? Dans la discipline de soi. Écoutons Maudsley. « D'où qu'elle vienne, la folie est la déchéance de la volonté, la perte de la faculté de coordonner les idées et les sentiments ; donc le sage développement du contrôle de la volonté sur les sentiments et sur les idées fournit à l'homme une force qui lutte énergiquement en faveur de la sanité... Plus le développement de la nature intellectuelle et morale est sincère et complet, plus l'individu se trouve protégé contre toute espèce d'infiltration de la dégénérescence morale. Négliger la culture continuelle et l'exercice de ses facultés intellectuelles et morales, c'est laisser son esprit à la merci des circonstances extérieures. Pour l'esprit comme pour le corps, cesser de lutter, c'est commencer à mourir... Il est probable que le nombre des fous diminuerait en une ou deux générations si les hommes cessaient de se tromper eux-mêmes et s'appliquaient à fortifier leur caractère en le mettant d'accord avec soi-même. » (*Le crime et la folie*, pp. 255-281.)

Revenons de la famille à l'humanité. Sans doute, l'effet visible de mon effort personnel m'échappe ici ; sans doute, mon œuvre individuelle est un infiniment petit dans l'œuvre universelle. Mais qu'importe, au point de vue moral, si je ne suis tenu que dans les limites de mon pouvoir, si, pygmée, je ne suis tenu qu'à une œuvre de pygmée. Songeons-y, d'ailleurs : à qui verrait la série infinie des causes et des effets, ce grain de sable que chaque homme apporte à l'édifice qu'élève péniblement l'humanité, ne paraîtrait pas de nulle valeur. Dans l'être futur qui sourdement s'élabore, et qui sera peut-être autant supérieur aux meilleurs d'entre nous qu'un Vincent de Paul l'est à un Caraïbe, se perpétueront nos vouloirs les plus purs, revivront nos pensées les plus hautes, nos espérances les plus nobles. Notre valeur propre se peut mesurer à ce que nous aurons tenté pour préparer cet avenir. En ce sens, on peut dire que les hommes qui arrivent à être, au sens le plus complet et le plus fort, *des caractères*, détiennent en eux le secret des destinées humaines.

III. — Si telle est l'œuvre, comment se peut-elle accomplir ? Où trouver le point d'appui qui permettra à la volonté de soulever le monde ? A cela je réponds : dans la nature même. La volonté ne peut s'exercer dans le vide. Il lui faut une matière et il lui faut des instruments. Cette matière, c'est ma constitution physique et mentale innée ; son instrument, ce sont les lois qui régissent le monde mental, lois de succession et lois de réaction mutuelle ; c'est un déterminisme encore, mais dont elle se sert et qu'elle est capable de plier à son usage. La solidarité qui relie et enchaîne les actes de l'homme lui permet de se transformer. Et c'est le cas de redire le mot profond de Bacon : *non nisi serviendo imperat.*

Voyons comment. — Ce que nous sommes aujourd'hui dépend de ce que nous étions hier, et demain a sa condition dans aujourd'hui. L'homme est enchaîné, l'homme s'enchaîne lui-même : et là est le secret de sa libération. Car le présent n'est pas totalement contenu dans le passé ; sans doute ces idées, ces désirs, ces tendances, ces habitudes que je rencontre actuellement en moi, je ne puis les empêcher d'être là, de tendre à l'action dans la mesure de leurs forces ; seulement la manière particulière dont je les combine et les emploie, n'est pas pleinement expliquée par les éléments mêmes qui sont en présence : c'est dans cette synthèse vraiment personnelle et neuve que se rencontre ce je ne sais quoi d'original et d'irréductible, d'imprévisible aussi, qui constitue le vouloir et vraisemblablement aussi la liberté. Ainsi, c'est en ajoutant quelque chose au passé que le présent prépare le futur. Et par là même, comme tout acte mental laisse après lui quelque chose, comme il se conserve en une certaine manière et se prolonge indéfiniment, chacun de mes vouloirs est une force qui ne se perd plus, dont les effets se peuvent additionner et multiplier, devenir le principe d'une vie nouvelle. Du même coup, le passé lui-même se trouve transformé. Et si cela peut au premier coup d'œil paraître un paradoxe, c'est que nous sommes aveuglés par une fausse assimilation des phénomènes *internes* aux phénomènes *extérieurs*. En dehors de nous les faits se succèdent ; nous durons, — et ce n'est pas la même chose. En nous plaçant au point de vue logique ou au point de vue physique, nous pouvons dire que le passé est radicalement soustrait à nos prises, que nulle puissance humaine ou même divine ne saurait faire que ce qui a été n'ait pas été. Au point de vue psychologique, cette proposition n'est plus rigoureusement vraie. Dans la conscience, en effet, le passé se survit à lui-même ; d'une façon merveilleuse et mystérieuse il est encore le présent et nous avons barres sur lui. Regardons, en effet. — Mes désirs, mes goûts, mes souvenirs, mes principes d'action antérieurement acceptés et suivis sont *des facteurs* de ma décision actuelle, et à ce moment ils ont, chacun pour sa part, leur efficacité relative, leur vitalité propre. Sont-ils donc les uniques facteurs, non seulement nécessaires mais encore suffisants, de ma volition ? N'y faut-il pas encore l'acte même de vouloir ? Or cet acte nouveau, cet effort, cette impulsion psychique, ce *fiat*, comme dit W. James, dont nous avons conscience, voilà qui confère à toutes ces conditions antécédentes une valeur autre, voilà qui leur impose, si je puis dire, un coefficient différent de celui dont ils étaient affectés. Ce n'est pas seulement une force antagoniste opposée désormais aux forces préexistantes, et qui par la suite modifiera leur résultante. Il se passe quelque chose d'autrement profond et d'autrement important. La résolution que je prends à cet instant peut et doit, non pas sans doute supprimer, annihiler les motifs et les mobiles préalablement existants, mais les altérer, modifier leurs rapports réciproques de subordination, déposséder ceux-ci d'une partie de leur puissance, confirmer ou accroître l'autorité de ceux-là. Ce n'est donc pas assez de dire que j'ai par là rendu possible un avenir qui sans cela n'eût jamais été ; il faut ajouter encore, si paradoxale que paraisse l'expression, que j'ai créé en moi un passé nouveau.

Si tel est ce qu'on pourrait appeler le mécanisme de la Volonté, on voit par quel moyen l'homme peut arriver à transformer et les différents éléments dont se compose le caractère, et le mode de combinaison de ces éléments, la synthèse particulière qu'ils constituent. Ce n'est pas créer, mais c'est recréer. Il faut dire du caractère, ainsi compris, ce que Bacon dit de l'art: *Homo naturæ additus*. Et si la Vénus ou l'Apollon dépendent de la pierre de marbre, et du marteau et du ciseau, ils dépendent aussi du génie de l'artiste. S'il ne dépend pas de lui que la matière soit plus pure ou moins ingrate, les instruments plus délicats ou moins défectueux, du moins c'est de lui que vient l'emploi qu'il en sait faire, l'œuvre qu'il en tire. De même ce qui est l'œuvre de la volonté, c'est non pas notre nature, mais l'*usage* que nous en faisons. Seulement cet usage même contribue à développer une seconde nature qui ne se joint pas seulement, ne se superpose pas à la nature première, mais s'y substitue progressivement, tout au moins se combine avec elle pour donner naissance à un composé nouveau. On a donc eu raison de le dire: « Nos actes procèdent au moins autant de notre caractère que de notre initiative personnelle et volontaire. Or, notre caractère, notre nature est quelque chose de donné, quelque chose d'antérieur à notre causalité propre, qui lui emprunte bien souvent son ressort et même sa direction. » (L. Lévy-Brühl, *l'Idée de Responsabilité*, p. 15). Et en ce sens, comme se plaît à le répéter Schopenhauer, *operari sequitur esse*. Mais ce n'est là qu'une partie de la vérité. C'est qu'en effet, dans notre caractère inné, nous trouvons les moyens mêmes qui peuvent rendre possible l'affranchissement à l'égard de la nature ; c'est à savoir une certaine capacité de réflexion, grâce à laquelle nous nous rendons compte de ce que nous sommes, de ce que nous pouvons, de la multiplicité des actes possibles, de leurs conséquences, de leur valeur pratique, sociale, morale, grâce à laquelle aussi nous pouvons apprécier, juger nos tendances diverses et par là même les opposer les unes aux autres, les corriger et les refréner mutuellement ; c'est à savoir aussi un désir possible de certains biens autrement et mieux compris ou goûtés ; c'est enfin ce pouvoir d'agir, qui est variable sans doute et dans son énergie native et dans ses effets spontanés, mais qui rend néanmoins toujours possible notre intervention personnelle, qui nous permet d'user par nous-mêmes de ces capacités naturelles. — Les causes aussi qui viennent du dehors agir sur notre caractère inné et dont la pression semble constituer une fatalité nouvelle s'ajoutant à la fatalité primitive, ces causes peuvent être des principes de délivrance aussi bien que d'esclavage. Le milieu social, par exemple (en même temps qu'il nous engage dans une direction définie), par la multiplicité même de ses sollicitations, par la foule d'exemples variés qu'il nous propose, d'idées qu'il nous suggère, de voies qu'il ouvre devant nous, d'horizons nouveaux qu'il nous révèle, nous met mieux à même de choisir. — L'habitude enfin conserve et consacre nos victoires comme nos défaites ; elles nous confirme dans nos efforts et notre vaillance tout autant que dans nos défaillances et notre lâcheté. Il y a solidarité dans et pour la liberté de même que dans et pour la nécessité. Et de cette façon l'action, qui en partie procède de notre nature, change et pétrit cette nature. En ce sens il faut dire : *esse sequitur operari.*

La liberté peut donc soulever dans une certaine mesure cette chape de plomb qui pèse si lourdement sur nos épaules. C'est une liberté restreinte, à coup sûr, réelle toutefois. Ce n'est pas un pouvoir infini et sans rapport avec la réalité, comme celui que se plaisent à imaginer quelques métaphysiciens ; c'est une puissance encore et la seule, après tout, que nous soyons en droit d'exiger. « La liberté, dit excellemment M. Renouvier, ne demande point une table rase. Elle modifie seulement ce qui est donné, comme ce qui est donné modifie la sphère où elle s'exerce. » (*Psychologie Rationnelle*, II, p. 84).

IV. — Sur quoi peut s'exercer cette action de la Volonté ? — Sur tous les éléments de notre personnalité morale, sur toutes les fonctions psychiques, voire même sur notre organisme.

Nous pouvons modifier notre tempérament. Toute l'hygiène — cette partie essentielle de l'éducation morale — est fondée sur ce postulat. « La répétition fréquente des mêmes impressions et des mouvements qui s'y rapportent, écrit Cabanis, est capable de modifier beaucoup l'action des organes et même les dispositions primitives de la sensibilité. — Si donc les causes de certaines impressions agissent assez fréquemment, ou durant un temps assez long, sur le système, elles pourront changer ses habitudes et celles de ses organes ; elles pourront conséquemment introduire les dispositions accidentelles ou les tempéraments nouveaux que ces habitudes constituent. Telle est la véritable source des *tempéraments acquis.....* Il faut donc entendre par *tempérament naturel* celui qui naît avec les individus, ou dont ils apportent les dispositions en venant au jour, et par *tempérament acquis,* celui qui se forme chez les individus par la longue persistance des impressions accidentelles auxquelles ils sont exposés... — Les causes capables de changer ou de modifier le tempérament sont les maladies, le climat, le régime, les travaux habituels du corps ou de l'esprit. » (Cabanis, *Rapports du Physique et du Moral*, XIIe mémoire[1].) — Or le régime, les habitudes du corps et d'esprit, cela dépend de nous. Et par là nous pouvons modifier l'expression consciente la plus directe du tempérament, c'est-à-dire l'humeur. Une éducation bien comprise, une hygiène intelligente et méthodique peuvent combattre avec succès chez les enfants la disposition à la tristesse. Plus tard la tentative sera sans doute plus difficile, non pas impossible toutefois : car là nous trouvons des auxiliaires non seulement dans la médecine, mais dans l'intelligence et la volonté. « Rachel de Varnhagen, le Dr Johnson, Henriette Martineau, nous dit M. Fouillée, étaient nés avec un tempérament mélancolique ; ils étaient de ces attristés qui voudraient fuir le battement incessant de la vie et dire à leur cœur : Endors-toi ! Mais, par leur intelligence et leur volonté, ils firent une noble tentative pour triompher de leur tendance organique au découragement, et ils arrivèrent à vaincre

---

1. Cf. Cabanis, *ibid.*, 8e mémoire, Influence du régime sur les habitudes morales.

cet ennemi caché de la paix intérieure. A la mélancolie de tempérament ils ont opposé la sérénité de caractère. » (*Tempérament et Caractère,* p. 103.)

Nous avons prise donc sur notre vie affective, et quant à sa vivacité et quant à sa nature. On ne se donne pas, bien entendu, et par un simple acte de vouloir, la sensibilité dont on a été privé par la nature ; mais on avive celle qu'on a. Il y a une culture possible de la sensibilité ; on arrive à développer des goûts et des sentiments nouveaux ; on amollit un cœur dur, on rend plus tendre une âme sèche, plus chaude une âme froide. Cela est vrai surtout de la sensibilité morale. Les émotions élevées, les sentiments généreux, les aspirations nobles, sont comme des fleurs délicates qui se flétrissent au moindre souffle et demandent à être cultivées avec des soins ingénieux et incessants ; on peut donc les laisser périr en soi ; mais on peut aussi leur créer une atmosphère plus pure, plus douce et plus égale où elles écloront pour ainsi dire d'elles-mêmes. — De la même manière et inversement, nous pouvons modérer les mouvements excessifs de notre sensibilité, atténuer la violence de nos émotions, l'impétuosité de nos désirs et de nos passions : c'est une partie essentielle du gouvernement de soi-même ; c'est peut-être là, comme le remarque Bain, qu'on peut le mieux découvrir et mesurer « la puissance volitionnelle du caractère individuel ». « Ce qu'on appelle *force de volonté* est assez bien manifesté par le plus ou moins de contrôle exercé sur les manifestations émotionnelles. » (*Émotions et volonté,* tr. fr., p. 355.) La volonté, en opérant directement sur les muscles qui servent à traduire extérieurement nos émotions, agit sur l'émotion intérieure elle-même et l'apaise. Nous pouvons par exemple provoquer volontairement le relâchement des muscles de la face, du cou, des membres, et par ce moyen faire tomber presque subitement un accès de colère naissant. Arrêter l'expression d'une émotion, c'est arrêter l'émotion; de même que nous pouvons, en en reproduisant les manifestations externes, réveiller une émotion apaisée. — Ce contrôle s'étend aussi aux actes auxquels nous pousse l'émotion; sous l'impression de la colère, il nous est possible, sinon d'empêcher le cœur de battre plus précipitamment et les mâchoires de se contracter, du moins de nous abstenir de frapper. Cette demi-victoire rendra plus facile une victoire moins incomplète, et nous atteindrons peu à peu jusqu'aux profondeurs les plus cachées de la sensibilité. Enfin il est en notre pouvoir d'accomplir des mouvements et des actes diamétralement opposés à ceux que tend à produire l'émotion. Nous sommes capables, si nous le voulons, de marcher en avant quand la frayeur nous engage à fuir, de dire à notre corps ce que disait Turenne, et de vaincre la peur organique par le courage moral. L'intelligence joue son rôle et un rôle capital dans cette œuvre puisqu'elle nous permet d'opposer des motifs appropriés aux cas différents : le raisonnement peut triompher de la peur ou de la colère. Par une discipline rigide et infatigable on parvient ainsi à tempérer la turbulence et l'impétuosité de sa nature. Washington, nous dit son biographe, « avait un tempérament ardent, des passions vives, et dans un milieu où les causes de tentations et d'excitations se renouvelaient sans cesse, il fit de constants efforts pour en triompher, et eut plus tard la gloire d'avoir réussi ». Et plus loin : « Ses passions étaient violentes et parfois elles éclataient avec véhémence, mais il avait la force de les réprimer aussitôt. Son empire sur lui-même était peut-être le trait le plus remarquable de son caractère ». (Jared Spark's, *Life of Washington*, p. 7 et 534.) — Et Tyndall, dans le beau portrait qu'il a tracé du caractère de Faraday : « Sous sa douceur et sa mansuétude se cachait le foyer d'un volcan. Il était vif et inflammable, mais il s'était dompté ; il n'avait pas laissé le feu se consumer en passions inutiles, il l'avait converti en un centre de rayons lumineux pour éclairer sa vie et celle des autres. » (*On Faraday as a discoverer.*)

L'égalité d'humeur et le calme de l'âme peuvent donc être chez certains un heureux don de la nature ; chez d'autres ils sont une conquête de la volonté.

De toutes les fonctions psychiques, l'intelligence est celle à coup sûr que l'éducation peut le plus aisément transformer et développer ; c'est pourquoi c'est elle seule qu'on s'attache le plus souvent à cultiver. Et, pour ma part, tout en concédant volontiers que l'éducation intellectuelle n'est pas le tout de l'éducation, j'incline fort à croire que, si elle est bien comprise et bien conduite, elle demeure la partie essentielle de l'éducation morale. Entendons-nous en effet. Il ne saurait s'agir de la somme des connaissances acquises, ni de l'étendue et de la puissance de l'intelligence elle-même. A cet égard le pouvoir de l'éducation est évidemment limité par les capacités inhérentes à la nature de l'individu. « Il n'y a pas, comme dit Maudsley, d'éducation au monde qui puisse faire porter des raisins à un prunier ou des figues à un chardon. » Il n'y en a pas non plus qui puisse faire de tout homme un Shakespeare ou un Newton. Mais l'éducation peut porter à leur plus haut degré d'activité et d'épanouissement les virtualités de chaque nature. Surtout elle peut amener l'intelligence à s'exercer suivant un certaine mode, à prendre des habitudes d'action. On peut corriger la mobilité brouillonne de l'esprit, on peut le soustraire à l'esclavage de la routine, on peut à l'automatisme substituer l'activité propre de la pensée. Or c'est là la véritable éducation de l'intelligence et elle est l'œuvre propre de l'individu autant que celle des éducateurs. Elle consiste essentiellement dans le développement des facultés d'attention et de réflexion. Ici encore une part revient à la nature; sous ce rapport comme sous les autres les hommes naissent diversement doués. Cela est vrai des animaux mêmes. Et c'est à leur capacité naturelle d'attention que se mesure leur aptitude à être éduqués. Il reste cependant qu'il y a là un germe qu'une culture appropriée peut développer dans une très large mesure. Au point de vue de la formation du caractère, cela est capital. Car si la liberté est quelque part, c'est précisément dans le pouvoir de réflexion personnelle qu'elle se trouve. C'est lui, en effet, le véritable agent du progrès qui « au règne des caprices, des impulsions passagères et discordantes, substitue par degré le règne des impulsions tenaces, en harmonie les uns avec les autres », qui, d'un mot, tend à former le *caractère*. C'est lui qui, permettant à la conscience de se fixer, d'arrêter le flot des impressions successives, d'appeler d'autres représentations, d'éveiller d'autres idées capables de s'opposer à l'impulsion actuelle, de se former des principes généraux et stables au niveau desquels devront se plier toutes les diverses tendances, c'est lui qui est l'essence même de ce qu'on nomme l'empire de la volonté et de la raison sur les passions. C'est grâce à lui que nous pouvons ne pas appartenir à « ce genre si commun des hommes *du torrent* que la faiblesse ou le défaut d'exercice des fonctions réflexives rendent le jouet des événements et des idées, et qui, livrés sans défense aux idées qui les traversent, vivent et meurent sans s'être jamais témoignés à eux-mêmes comme en possession d'une certitude quelconque qui fut leur œuvre ». (Renouvier, *Psychol. rationnelle*, II, p. 135. — Cf. id., *ibid.*, II, p. 10-20, l'ingénieuse et profonde théorie de ce que M. Renouvier appelle le « vertige moral ».) C'est pourquoi le vrai but et le vrai moyen de l'éducation n'est pas de *suggérer* des croyances, de les imposer ou du moins de les faire pénétrer du dehors jusqu'à l'âme[1]; si nobles, si généreuses qu'elles soient, elles nous resteraient dans une large mesure étrangères; elles seraient encore pour nous un principe, je n'ose pas dire d'esclavage, mais de soumission. Ce qu'il faut c'est développer chez l'enfant la puissance de se former à lui-même des croyances, dans la plénitude et l'intégrité de sa liberté et de sa raison. Il faut avoir foi et lui donner foi en l'efficacité souveraine de la lumière et de la vérité. Il faut, non pas pétrir et modeler son âme, mais la mettre en état de modeler et de pétrir par lui-même son propre caractère.

La volonté devient ainsi créatrice d'elle-même; je veux dire que la volonté, en tant que pouvoir d'agir, donne peu à peu naissance à la volonté comme principe dominateur, comme pouvoir de se gouverner, de se rendre maître de soi. Car le mot Volonté comme le mot Liberté se peut prendre en un double sens. On peut être « doué de Volonté » sans être « une Volonté », de même qu'on peut posséder une sorte de puissance de liberté sans être encore un agent vraiment libre. C'est pourquoi, dire, d'une part, comme nous l'avons fait, que l'acte volontaire est déterminé par mon caractère, qu'il est la réaction propre du « moi », et

---

1. V. la très intéressante thèse de M. Payot, *La Croyance*, Alcan, Paris, 1896.

dire ensuite que le caractère est déterminé par la Volonté, ce n'est pas se contredire. La Volonté, en effet, c'est en dernière analyse la conscience que je prends de tout ce que je suis, de tout ce que je peux, de mes appétits et de mes désirs clairs ou confus, de ce résidu obscur qu'ont laissé après elles toutes mes joies et toutes mes peines passées, de tous mes souvenirs, de toutes les idées lentement emmagasinées en moi, de toutes mes habitudes de sentir, de penser et d'agir, et c'est aussi la conscience que j'ai de pouvoir combiner suivant un dessein constant et invariable cette masse d'éléments; c'est la conscience de tout ce *moi agissant*. Par cela même qu'il devient conscient de soi, de sa puissance et de ses effets, qu'il se réfléchit, qu'il est transparent à lui-même, le moi devient une force nouvelle, un principe d'évolution et de progrès : il en arrive à se vouloir et à se faire. Mais pour y parvenir, il est nécessaire d'abord de croire à la possibilité de l'œuvre ; il est nécessaire de la tenter. Pour mériter et conquérir la liberté, il faut d'abord se vouloir libre. « La première des lois pratiques, avant ce qu'on appelle un bon usage de la liberté, c'est l'usage même. » (Renouvier.)

Maintenant « se vouloir » au sens où nous venons de prendre ce mot, c'est avoir « du caractère », c'est, à ce qu'on pourrait appeler le caractère psychologique, substituer le caractère moral. « Au point de vue pragmatique, écrit Kant, la séméiotique universelle emploie le mot caractère dans un double sens, puisqu'on dit d'une part qu'un homme a *tel* caractère ou tel autre, et d'autre part qu'il a en général *du* caractère... Pouvoir dire absolument d'un homme : « Il a du caractère », ce n'est pas seulement avoir dit beaucoup de lui, c'est encore avoir fait son éloge... Avoir du caractère absolument, c'est posséder cette propriété de la volonté par laquelle le sujet s'attache à des principes déterminés qu'il s'est invariablement posés par sa propre raison. » (*Anthropologie,* IIe partie, section A.) Avoir un certain caractère c'est être, si l'on peut dire, le siège d'une association de phénomènes et de besoins qui font que l'individu sent, pense, agit d'une certaine manière. Mais être un caractère c'est être l'auteur, le directeur responsable de ce système de pouvoirs, de forces, de tendances. Dans le premier cas, nos états, nos actes sont bien *en nous* et *à nous,* et en un sens ils sont bien *nous;* dans le second cas, ils sont *de nous* et *par nous.* Par l'effet de cette transformation du « naturel » en « caractère », l' « individu » devient « personne ». « Lorsque la Liberté, dit profondément M. Renouvier, fait son apparition dans un être donné, cet être, lié par mille rapports aux autres êtres et à ce que lui-même était, à toutes les lois qui le constituent en le liant à soi et au monde, cet être acquiert une existence incomparablement plus propre ; il se distinguait, il se sépare ; il était lui, il devient par lui : de là une essence, ou, si l'on veut, une substance, dans le sens donné quelquefois à ces mots, un individu, et le plus individuel qui nous soit connu, l'individu humain, la personne humaine. » (*Psychol. rationnelle,* II, p. 367.)

C'est ainsi, enfin, que se réalise la véritable unité, sans laquelle on n'est pas un caractère. Être quelqu'un, c'est être un, pourrait-on dire, en modifiant légèrement le mot de Liebnitz[1]. L'unité dans l'esprit c'est la logique, l'accord de

---

1. « Tout ce qui n'est pas *un* être, n'est pas non plus vraiment un *être.* » — « Ens et unum convertuntur. »

l'esprit avec lui-même ; l'unité dans la conduite, c'est l'accord du vouloir avec lui-même, c'est, disaient les stoïciens, la vertu. Cette unité là, elle est non pas extérieure et subie, mais intérieure et créée. Ce n'est pas celle qui résulte de la prédominance d'un instinct ou d'une passion ; c'est celle qui vient de la constance avec laquelle on accepte d'invariables principes. Les caractères les plus solides, les caractères sur lesquels on peut compter, ce sont ceux qui se sont faits eux-mêmes à coups de volonté. C'est là ce que j'appelle Liberté. Celle-ci n'est donc pas imprévisibilité, bien au contraire. L'imprévisibilité c'est l'esclavage. L'individu suggestible est esclave, et qui peut prédire sa conduite ? L'homme passionné est esclave aussi, et qui peut prévoir où l'entraînera sa passion ? L'homme maître de soi sait où il va et cette cohérence, cette conséquence (ὁμολογία) c'est précisément l'expression de son indépendance à l'égard des choses et des hommes, à l'égard de tout ce qui ne dépend pas de lui. Il n'est pas revêtu d'une personnalité d'emprunt, variable au gré des événements. Sa personnalité n'est pas non plus l'individualité égoïste et basse, la tyrannie de l'instinct, c'est la volonté de l'universel. Le caractère le plus élevé, c'est aussi le plus large ; le caractère le plus un, c'est, nous l'allons dire, le plus général et le plus généreux.

CONCLUSION.

Mon caractère est un système défini de tendances diverses dont chacune a sa vivacité, sa direction, sa nature propres, et qui sont reliées entre elles par certains rapports de coordination et de subordination. Ces tendances et aussi leur importance relative, le mode particulier de leur combinaison, tout cela vient en partie de mon tempérament physique et moral inné, en partie des transformations que lui ont fait subir le milieu, les circonstances, le cours même de la vie, et enfin la réaction propre de la volonté et de la raison. Les modifications ultérieures sont elles-mêmes, nous l'avons vu, conditionnées par le naturel primitif. Nous ne sommes donc pas tous également aptes aux mêmes choses. « L'homme, a-t-on dit, n'est que ce qu'il devient, profonde vérité, mais il ne devient que ce qu'il est, vérité encore plus profonde. » (Amiel, *Journal intime*, I, p. 83.)

Si les hommes connaissaient mieux leur caractère, ils apprendraient à éviter non seulement bien des malheurs, mais bien des fautes. Ils sauraient mieux ce qu'ils peuvent et aussi ce qu'ils doivent. Car le devoir n'est pas partout identique à lui-même. Je veux bien croire qu'il existe un Devoir absolu et immuable, un idéal éternel du Bien. Encore faut-il avouer qu'en fait le Devoir se diversifie de mille manières différentes, que cet idéal se réfracte en mille rayons lorsqu'il traverse les consciences individuelles. Ce qui existe, en réalité, c'est l'infinie complexité des obligations particulières ; la moralité concrète, si j'ose dire, c'est la série des actes par lesquels je satisfais à ces diverses obligations. Et comme elles dépendent des circonstances au milieu desquelles l'agent moral se trouve placé, de même elles dépendent de la nature même de cet agent, de ses aptitudes, de ses énergies, de sa conscience, de son caractère. Tout homme n'est pas apte à exprimer de la même manière, sous le même biais, le « modèle idéal de la nature humaine » ; il ne peut non plus y employer les mêmes moyens. Pourrait-il y être obligé ? Sans vouloir soutenir ce paradoxe qu'il y a une morale particulière aux grands hommes, que l'homme de génie est en dehors et au-dessus des règles de la morale commune, je suis convaincu que le devoir de l'homme de génie n'est pas identique à celui de l'homme du commun, en ce sens d'abord que le premier a plus d'obligations, en ce sens aussi qu'il a des obligations autres. Qu'on entende bien au reste notre pensée. Nous ne voulons pas accepter cette proposition d'un sociologue contemporain : « L'impératif de la conscience morale est en train de prendre la forme suivante : « Mets-toi en état de remplir utilement une fonction déterminée[1] », — si par là on entend une fonction *sociale*. Nous y souscrivons entièrement, si l'on veut bien admettre qu'il peut y avoir aussi pour chacun une fonction *morale* particulière. Car chacun de nous est plus spécialement apte à jouer tel ou tel rôle au point de vue moral, comme au point de vue intellectuel ou social. Chaque homme, à sa manière et en un sens déterminé, doit faire effort pour apprendre et jouer ce rôle ; — d'une part, parce qu'il doit évi-

---

1. Durkheim, *De la division du travail social*, p. 40.

ter de tomber du côté où il penche, de verser dans les défauts auxquels il est plus spontanément invité et comme incliné (le devoir d'un Fontenelle n'est pas le même que celui d'un Rousseau); — d'autre part, parce qu'il doit tendre à faire produire à sa nature tout le bien dont elle est capable, à en tirer la plus grande somme possible d'utilité morale, si je puis dire : le devoir d'un Spinoza n'est pas celui d'un Léonidas ; un saint Vincent de Paul en suivant sa voie remplit sa fonction et donne un grand exemple moral, comme aussi un Épictète, qui n'eût été sans doute qu'un médiocre Vincent de Paul. La perfection morale de l'un n'est pas identique à celle de l'autre. Le devoir c'est de se perfectionner, et la perfection pour chacun c'est le plus haut degré de développement, de maturité, d'énergie harmonieuse et réglée que comportent ses facultés, c'est la réalisation libre et complète de son être.

Ainsi nous arrivons à cette formule : le devoir pour chacun c'est d'avoir *du caractère*. Avoir du caractère, en effet, c'est, nous l'avons vu, réaliser en soi l'ordre et l'unité, c'est substituer au jeu discordant, passager et fatal des impulsions, l'harmonie des tendances, leur coordination, c'est obéir à un principe conscient, raisonnable, permanent : c'est en somme s'approcher de l'idéal de sa propre nature. Du même coup, c'est travailler à la réalisation de l'idéal de la nature humaine.

Je vois bien l'objection, sans doute. C'est qu'on peut avoir du caractère sans être pour cela moralement bon ; c'est qu'une volonté forte peut être en même temps une volonté immorale et anti-sociale. Cela est vrai, mais d'une vérité très particulière et pour ainsi parler accidentelle. Le caractère, en effet, s'il est bien la tendance à l'harmonie et à l'unité sous la loi d'une idée, contient nécessairement en soi un élément nécessaire de beauté et de moralité. « On peut affirmer que les hommes qui ont le plus de volonté sont en général ceux qui ont la volonté la meilleure ; que les vies les mieux coordonnées sont les plus morales ; qu'il suffit de pouvoir établir en soi une autorité et une subordination quelconques pour y établir plus ou moins partiellement le règne de la moralité. » (Guyau, *Éducation et Hérédité*, p. 220.) Par là même le point de vue de la moralité individuelle et celui de l'utilité sociale coïncident.

Rien n'est plus utile à la société que des hommes de caractère. Car un caractère, ce ne peut être seulement un homme qui, dans ses pensées, dans ses intentions, ses volitions, obéit à des principes stables et généraux ; cette harmonie et cette unité il est naturellement amené à les vouloir hors de soi aussi bien qu'en soi. Le moi, en s'organisant, s'élargit et cherche à embrasser l'univers, à le soumettre à la loi même à laquelle il se soumet. Pour être soi, il ne faut pas s'enfermer jalousement en soi-même ; se trouver, c'est en somme se retrouver dans les autres et par là c'est se donner. Accroître dans sa propre personne autant qu'il est possible le pouvoir et l'autonomie de la volonté, c'est mieux concevoir ses rapports avec ce qui nous entoure, mieux connaître sa force et en même temps son rôle, sa place dans le tout et sa solidarité avec le tout. Le caractère le plus libre et le plus raisonnable, c'est celui pour qui se concentrer c'est du même coup se répandre, puisqu'il doit traduire moins l'individu que l'humanité, ou mieux puisqu'il exprime l'indissoluble union de l'individu et de l'humanité.

Voilà pourquoi le vrai moyen de former le caractère, c'est l'action. Car elle a des vertus merveilleuses pour nous guérir de l'égoïsme sous toutes ses formes, de l'égoïsme mesquin ou de l'égoïsme subtil. Elle nous détache de nous-mêmes, et dans son énergie féconde accroît la conscience de notre valeur comme êtres intelligents et volontaires.

Voilà aussi pourquoi il faut faire du perfectionnement de la personnalité le principe de toute morale et de toute éducation, sans craindre par là « de dissoudre la Société »[1]. A une époque où, comme on l'a maintes fois remarqué, nulle théorie, nulle croyance, nulle foi ne demeurent incontestées, il est une foi à laquelle il se faut attacher. Cette croyance préalable et sans laquelle toutes les autres seraient inefficaces et mortes, c'est celle-ci : l'homme n'est pas le jouet de la fatalité de ses instincts, de ses passions, de ses intérêts, des forces du dehors ; il peut, s'il sait le vouloir, créer en soi une nature morale et une nature sociale supérieures ; il peut avancer ou retarder le progrès ; il peut se faire et faire l'avenir. Et pour oser tenter l'épreuve, il faut avoir foi en l'efficacité de l'effort, il faut avoir foi en la valeur absolue de la dignité humaine, c'est-à-dire d'un mot en la Liberté.

1. V. Durkheim, *De la division du travail social*, p. 187.

TABLE DES MATIÈRES

	Pages.
INTRODUCTION.	VII

PREMIÈRE PARTIE.

Les Éléments du Caractère.

CHAPITRE I. — Le Tempérament Physique..	1
CHAPITRE II. — Le Tempérament de l'Ame.	16
CHAPITRE III. — Les Modes de la Sensibilité.	24
CHAPITRE IV. — Les Modes de l'Intelligence.	50
CHAPITRE V. — Les Modes de l'Activité..	77
CHAPITRE VI. — Les Formes de la Volonté.	93

DEUXIÈME PARTIE.

Les Lois de composition des Éléments du Caractère.

CHAPITRE I. — Lois de Coordination et Lois de Subordination..	117
CHAPITRE II. — Des Relations existant entre les Modes de la Sensibilité et ceux de l'Intelligence.	131
CHAPITRE III. — Des Relations existant entre les Modes de la Sensibilité et de l'intelligence et ceux de l'Activité.	162
CHAPITRE IV. — Les Classifications des Caractères.	189

TROISIÈME PARTIE.

La Formation du Caractère.

CHAPITRE I. — L'Évolution du Caractère.	251
CHAPITRE II. — La Création du Caractère par la Volonté..	272
CONCLUSION.	298

www.ingramcontent.com/pod-product-compliance
Lightning Source LLC
Chambersburg PA
CBHW071301160426
43196CB00009B/1383